环保 PPP "议十"

(第一辑)

傅 涛 主编

中国财经出版传媒集团

经济科学出版社
Economic Science Press

图书在版编目（CIP）数据

环保 PPP"议十". 第一辑/傅涛主编. —北京：经济科学出版社，2017.7

ISBN 978-7-5141-8232-3

Ⅰ. ①环⋯　Ⅱ. ①傅⋯　Ⅲ. ①政府投资－合作－社会资本－研究　Ⅳ. ①F830.59②F014.39

中国版本图书馆 CIP 数据核字（2017）第 169569 号

责任编辑：王　洁
责任校对：杨　海
版式设计：齐　杰
责任印制：王世伟

环保 PPP"议十"

（第一辑）

傅　涛　主编

经济科学出版社出版、发行　新华书店经销
社址：北京市海淀区阜成路甲 28 号　邮编：100142
总编部电话：010-88191217　发行部电话：010-88191522
网址：www.esp.com.cn
电子邮件：esp@esp.com.cn
天猫网店：经济科学出版社旗舰店
网址：http://jjkxcbs.tmall.com
北京季蜂印刷有限公司印装
787×1092　16 开　15 印张　250000 字
2017 年 7 月第 1 版　2017 年 7 月第 1 次印刷
ISBN 978-7-5141-8232-3　定价：45.00 元
(图书出现印装问题，本社负责调换。电话：010-88191510)
(版权所有　侵权必究　举报电话：010-88191586
电子邮箱：dbts@esp.com.cn)

编委会

主任 傅　涛

委员 傅　涛　薛　涛　黄晓军
　　　　肖　琼　李　斯

前言

2004年,原建设部126号文(《市政公用事业特许经营管理办法》(建设部令第126号))打开了PPP(政府与社会资本合作)在中国的第一次大批量落地的实践大门,深刻影响了我国市政公用行业的产业格局,后来者称其为特许经营时代或PPP1.0时代。2013年底起,国家发改委和财政部共同全面推动基础设施投资模式改革,新一轮的PPP热潮开启,此被称为PPP的2.0时代。

回望PPP2.0走过的近四年历程,PPP市场可谓快速发展,在项目层面取得了突破性的成绩。根据E20研究院PPP大数据(纳入财政部PPP入库项目、财政部三批PPP环保示范项目、中国政府采购网环保PPP项目、上市公司环保PPP项目等外部公开数据)显示,当前泛环保类PPP项目(含供水、水利和管廊等)总规模和项目数仅仅排在交通类项目之后,投资额高达2.99万亿元。从当前的政策导向及发展趋势来看,PPP(政府与社会资本合作)的基本国策定位在近两年应该不会发生变化。PPP项目市场在未来两年也将会大量、快速释放,特别是在环保产业领域。据E20研究院判断分析,2017年将是环保PPP项目落地高峰年。

在PPP快速发展的这四年中,一批具有顶层设计能力和实操经验的专家及从业人员不断涌现,同时围绕理论、顶层设计、实操等方面的研究类文章层出不穷。在此背景下,为总结当前PPP2.0在"政策、监管、交易结构、投融资、法律"等核心问题上已取得的成绩与经验,推动环保领域PPP研究的专业化进程,本书特面向环境产业及PPP领域的咨询机构、学术研究机构、环境企业等相关参与方,策划并开展了PPP文章的征集活动,最终以"四有"基准：有逻辑、有观点、有数据、有案例为参评标准，经由来自E20研究院、A方阵企业以及全国工商环境服务业商会PPP专委会的十大专家组成的专业评委会的评审，选定本书"议"集部分收录的十篇优秀文章。本书分为两部分。第一部分："议"集，来自各界投稿中的优秀文章，共收录10篇（文章按第一作者姓名首字母先后排序）；第二部分："道"集，来自本书十位专家顾问团的优秀研究成果集，共收录19篇。

在本书编著的过程中，得到了十大专家的鼎力支持以及专业度的贡献，他们分别是：E20研究院执行院长/北大环境学院E20联合研究院副院长薛涛、威立雅集团中国区副总裁、董事总经理/中华全国工商联合会环境服务业商会执行会长/欧盟中国商会环境工作组主席黄晓军、苏伊士亚洲地区执行副总裁兼德润环境总裁/全国工商联环境服务业商会执行会长孙明华、上海城投集团战略企划部高级主管/上海社科院PPP研究中心秘书长/国家发改委专家库定向邀请专家王强、君合律师事务所合伙人/君合金融与基础设施业务部北京负责人刘世坚、清华大学PPP研究中心特聘高级专家罗桂连、上海市财政局涉外经济处纪鑫华、清华PPP中心特聘专家李飞、京都律师事务所高级合伙人刘敬霞、毕马威企业咨询（中国）有限公司财务咨询及基础设施（PPP）咨询总监李炜十位专家的大力支持。在此，对各有关单位与领导专家的理解和支持表示衷心的感谢。

本书只是我们PPP研究工作的一个开始。我们将会继续努力，期望在不远的将来，《环保PPP"议十"》（第二辑）也将会面世。我们愿意并期望，携手更多优秀的PPP人，推动环保PPP的健康发展。

2017年6月8日

目 录

第一部分 "议"集

评最高人民法院指导案例53号
　　——兼论特许经营权质押的可行性及其保护 ……………… 江　河（3）
"PPP+绿色金融"的五个领域及案例详解 ………… 刘　倩　许寅硕（12）
园林行业PPP现状及未来应用分析 ………………… 马洪双　曹建庭（22）
法律视角下的PPP项目资产证券化 ………………… 孙丕伟　刘世坚（30）
PPP+EPC整体采购模式之探讨 ……………………………… 唐凤池（48）
财政部、发改委PPP项目实际操作流程图 …………………… 唐凤池（54）
E20研究院：环卫市场化报告之一
　　——从政府购买服务到PPP ………………… 汤明旺　赵喜亮（57）
中国的PPP发展中存在的主要问题剖析 ……………………… 赵　飞（65）
基于"不完全契约理论"看水务PPP项目合同绩效考核
　　机制的不足与完善 ………………………… 张皓昱　杨庆鹤（69）
完善物有所值评价体系，推动PPP模式健康发展 …………… 张继峰（83）

第二部分 "道"集

警惕PPP中的行政迷恋 ………………………………………… 傅　涛（91）

不要用商业机密阻挠PPP的合同公开 ·················· 傅 涛（93）
PPP的热与惑
　　——关于PPP目的及概念的再认知 ··············· 傅 涛（94）
从北排低价事件说开去，警惕PPP的逆市场化趋势 ········· 傅 涛（101）
环保PPP年度盘点：分类后的顶层思考与产业变局 ········· 薛 涛（106）
中国特色三大关系决定PPP国情 ······················ 薛 涛（126）
浅析PPP模式在法国的实践 ················· 黄晓军　张啸渤（132）
从阿大葱油饼看公共服务的顶层制度设计 ··············· 王 强（141）
中国PPP的天象 ································· 王 强（151）
PPP合同争议解决机制浅谈 ························· 刘世坚（158）
PPP立法及配套制度体系刍议 ······················· 刘世坚（169）
融资平台与PPP的协同发展 ························· 罗桂连（181）
国内大规模推进PPP模式的九大制约因素 ··············· 罗桂连（188）
基于"不完全契约理论"来看PPP合同的不完全性及改善 ······ 纪鑫华（192）
关于水务行业PPP项目税收安排现状的调研报告 ·········· 纪鑫华（200）
基础设施PPP项目可持续发展需关注的问题 ·············· 李 飞（208）
显微镜下的社会投资人 ···························· 李 飞（211）
2000余万元罚款敲响PPP项目反垄断的警钟 ············· 刘敬霞（218）
政府购买服务规范操作势在必行 ····················· 李 炜（226）

第一部分 "议"集

评最高人民法院指导案例 53 号

——兼论特许经营权质押的可行性及其保护

江 河

一、案情简介

案情如下[①]：

2003 年，长乐市建设局为让与方、福州市政公司（本案被告二）为受让方、长乐市财政局为见证方，三方签订《长乐市城区污水处理厂特许建设经营合同》。2004 年 10 月 22 日，长乐亚新公司（本案被告一）成立。该公司系福州市政公司为履行《长乐市城区污水处理厂特许建设经营合同》而设立的项目公司。

2005 年 3 月 24 日，海峡银行五一支行（本案原告）与长乐亚新公司签订《单位借款合同》。福州市政公司为长乐亚新公司的上述借款承担连带责任保证。同日，海峡银行五一支行与长乐亚新公司、福州市政公司、长乐市建设局共同签订《特许经营权质押担保协议》，约定：福州市政公司以《长乐市城区污水处理厂特许建设经营协议》授予的特许经营权为长乐亚新公司向海峡银行五一支行的借款提供质押担保，长乐市建设局同意该担保；福州市政公司同意将特许经营权收益优先用于清偿借款合同项下的长乐亚新公司的债务，长乐市建设局和福州市政公司同意将污水处理费优先用于清偿借款合同项下的长乐亚新公司的债务；海峡银行五一支行未受清偿的，有权依

[①] 参见最高人民法院指导案例 53 号"福建海峡银行股份有限公司、福州五一支行诉长乐亚新污水处理有限公司、福州市政工程有限公司金融借款合同纠纷案"（最高人民法院审判委员会讨论通过，2015 年 11 月 19 日发布）。

法通过拍卖等方式实现质押权利等。上述合同签订后，海峡银行五一支行依约向长乐亚新公司发放贷款。长乐亚新公司于2007年10月21日起未依约按期足额还本付息。

原告海峡银行五一支行因长乐亚新公司未能按期偿还贷款本金和利息，诉请法院判令：长乐亚新公司偿还原告借款本金和利息；确认《特许经营权质押担保协议》合法有效，拍卖、变卖该协议项下的质物，原告有优先受偿权；将长乐市建设局支付给两被告的污水处理服务费优先用于清偿应偿还原告的所有款项；福州市政公司承担连带清偿责任。被告长乐亚新公司和福州市政公司辩称：长乐市城区污水处理厂特许经营权，并非法定的可以质押的权利，且该特许经营权并未办理质押登记，故原告诉请拍卖、变卖长乐市城区污水处理厂特许经营权，于法无据。

二、判决要旨

被告长乐亚新公司未依约偿还原告借款本金及利息，已构成违约，应向原告偿还借款本金，并支付利息及实现债权的费用；福州市政公司作为连带责任保证人，应对讼争债务承担连带清偿责任。以上理所应当，毫无疑义。

本案争议焦点主要涉及污水处理项目特许经营权质押是否有效以及该质权如何实现问题。

（一）关于污水处理项目特许经营权能否出质问题

裁判要点：特许经营权质押，实质上系特许经营权的收益权的质押；特许经营权的收益权可以质押，并可作为应收账款进行出质登记。理由如下：

1. 污水处理项目特许经营权是对污水处理厂进行运营和维护，并获得相应收益的权利。污水处理厂的运营和维护，属于经营者的义务，而其收益权，则属于经营者的权利。由于对污水处理厂的运营和维护，并不属于可转让的财产权利，故讼争的污水处理项目特许经营权质押，实质上系污水处理项目收益权的质押。

2. 污水处理项目等特许经营的收益权可以质押：其一，污水处理项目收益权与公路收益权性质上相类似。《最高人民法院关于适用〈中华人民共和国担保法〉若干问题的解释》第九十七条规定,"以公路桥梁、公路隧道或者公路渡口等不动产收益权出质的,按照担保法第七十五条第(四)项的规定处理",明确公路收益权属于依法可质押的其他权利,与其类似的污水处理收益权亦应允许出质。其二,《国务院西部开发办〈关于西部大开发若干政策措施的实施意见〉》,首次明确可试行将污水处理项目的收益权进行质押。其三,污水处理项目收益权虽系将来金钱债权,但其行使期间及收益金额均可确定,其属于确定的财产权利。其四,在《中华人民共和国物权法》(以下简称《物权法》)颁布实施后,因污水处理项目收益权系基于提供污水处理服务而产生的将来金钱债权,依其性质亦可纳入依法可出质的"应收账款"的范畴。

(二) 关于污水处理项目收益权的质权实现方式问题

裁判要点:特许经营权的收益权依其性质不宜折价、拍卖或变卖,质权人主张优先受偿权的,人民法院可以判令出质债权的债务人将收益权的应收账款优先支付质权人。

理由:我国担保法和物权法均未具体规定权利质权的具体实现方式,仅就质权的实现作出一般性的规定,即质权人在行使质权时,可与出质人协议以质押财产折价,或就拍卖、变卖质押财产所得的价款优先受偿。但污水处理项目收益权属于将来金钱债权,质权人可请求法院判令其直接向出质人的债务人收取金钱并对该金钱行使优先受偿权,故无需采取折价或拍卖、变卖之方式。况且收益权均附有一定之负担,且其经营主体具有特定性,故依其性质亦不宜拍卖、变卖。因此,原告请求将《特许经营权质押担保协议》项下的质物予以拍卖、变卖并行使优先受偿权,不予支持。根据协议约定,原告海峡银行五一支行有权直接向长乐市建设局收取污水处理服务费,并对所收取的污水处理服务费行使优先受偿权。由于被告仍应依约对污水处理厂进行正常运营和维护,若无法正常运营,则将影响到长乐市城区污水的处理,亦将影响原告对污水处理费的收取,故原告在向长乐市建设局收取污水处理服务费时,应当合理行使权利,为被告预留经营污水处理厂的必要合理费用。

三、案例评析

（一）最高人民法院指导案例 53 号的积极作用

1. 该指导案例将当事人明确约定的污水处理项目特许经营权质押，认定为实质上系污水处理项目特许经营权的收益权质押，并将污水处理项目特许经营权的收益权纳入应收账款，解决了污水处理项目特许经营权的收益权质押的合法性，间接认定了污水处理项目特许经营权质押的合法性。该认定在特许经营权仍不属于可质押的权利的情况下，不失为有效解决现实纠纷，合理保护各方权益的明智变通之选，在促进特许经营项目融资方面有积极意义。同时，该指导案例确认了特许经营权的收益权质押的效力，对整个 PPP 行业具有示范意义。

2. 该指导案例在论述特许经营权的收益权质押的合法性后，指出特许经营项目的经营主体具有特定性，且收益权有一定负担，质权人主张优先受偿权的，人民法院可以判令出质债权的债务人将收益权的应收账款优先支付质权人，但同时应为特许经营权人预留必要的合理费用以保证其项目正常运营。该认定确认了特许经营权的收益权有一定负担，与普通的应收账款不同，必须要在保留必要合理费用使项目能正常运转的前提下方可能实现收益权，较准确地反映了特许经营权收益权的特点，对维持项目的运转起到一定的保护作用。同时，通过该指导案例，明确了一种"新"的质权实现方式，即请求次债务人直接向质权人付款，无需通过拍卖和变卖。

（二）最高人民法院指导案例 53 号裁判可探讨的方面

1. 将当事人明确约定的污水处理项目特许经营权质押，以"污水处理厂的运营和维护，属于经营者的义务，而其收益权，则属于经营者的权利。由于对污水处理厂的运营和维护，并不属于可转让的财产权利"为由，认定污水处理项目特许经营权质押，实质上系污水处理项目特许经营权的收益权质押。

首先，正如《基础设施与公用事业特许经营办法》的定义，特许经营权包含了一定期限和范围内投资建设、运营维护和获得收益的权利。特许经营权与特许经营权的收益权并不是同一概念，特许经营权包含了特许经营权的收益权。

其次，项目的投资建设、运营维护虽然也是经营者的义务，但它更是特许经营者的独家的、排他性的权利，只有这种独家的、排他性的权利的存在才是收益权获得保障的基础。

第三，特定项目特许经营权的价值可按项目边界条件及市场所有经营者的平均收益水平进行估值，而特定项目特许经营权的收益权只能基于项目边界条件和特定经营者的经营能力进行估值，两者可能存在较大差距。

2. 以"污水处理收益权与公路桥梁、公路隧道或者公路渡口等不动产收益权性质上相类似"以及"污水处理项目特许经营权的收益权虽系将来金钱债权，但其行使期间及收益金额均可确定，其属于确定的财产权利"为由，认定依其性质亦可纳入"应收账款"范畴。

首先，污水处理项目特许经营权的收益权与公路等不动产收益权性质不完全相同，污水处理项目特许经营权的收益权虽然也有赖不动产作为基础，但其是基于合格污水处理服务效果而取得相应的污水处理服务费，并非简单的基于不动产而取得的收益权。

其次，特定项目特许经营权收益金额，因不同经营者的经营管理水平不同可能呈现较大差别，并非"收益金额均可确定"。

3. 以"污水处理项目收益权属于将来金钱债权，质权人可请求法院判令其直接向出质人的债务人收取金钱并对该金钱行使优先受偿权，故无需采取折价或拍卖、变卖之方式。况且收益权均附有一定之负担，且其经营主体具有特定性"为由，得出污水项目特许经营权的收益权依其性质亦不宜折价、拍卖或变卖。

首先，质权人可请求法院判令其直接向出质人的债务人收取金钱并对该金钱行使优先受偿权，并不意味着质权人无权请求法院判令将质押权利折价或拍卖、变卖，更无法推导出"无需采取折价或拍卖、变卖之方式"。

其次，"经营主体具有特定性"，无法得出污水处理项目特许经营权的收益权不宜折价、拍卖或变卖之结论。其一，"特许经营权主体的特定性"

与"特许经营权的收益权主体的特定性"不是同一概念。特许经营权主体有特定性要求,而特许经营权的收益权主体,并无特定性要求。其二,"经营主体具有特定性"不同于"经营主体具有唯一性",有"特定性"并不意味就不宜"折价、拍卖或变卖",可以依其"特定性"要求,在继承原有特许经营权利义务前提下,设置相应资格条件,在合格经营主体中实施"折价、拍卖或变卖"。

上述判决存在的问题,导致实践中"问题特许经营权项目"难以更换合格经营人,表面上似乎是维护公共利益,实际上将导致金融机构难以尽快收回呆账、原有经营人无心优化经营、项目经营受影响严重无法实现公共利益最大化、政府主管部门也难以实施有效监管。

四、特许经营权质押的可行性及其保护建议

虽然特许经营权并未被《物权法》和《担保法》作为一项单独的可出质权利列明,迄今也未被其他法律和行政法规明确规定为可出质的权利,特许经营权目前仍不属于可质押的权利。但是,特许经营权质押具有可行性,同时,特许经营权质押相对特许经营权的收益权质押具有明显的比较优势,将其合法化并予以依法保护有利于促进特许经营项目融资和PPP市场的繁荣发展。

(一)特许经营权本身的可质押性

根据《物权法》、《担保法》及有关规定,理论上一般认为,能够成为权利质押标的的权利须具有以下特征:财产权利、可让与性、可控性(质押登记)以及不属于法律法规禁止质押的对象。

基于特许经营权上的经营权、经营收益权或收费权,显然有财产权利,直接体现于每年的经营收益或收费收入、权利转让收入。虽然特许经营是由政府针对具备特殊资质的特定企业发放的,一般不被允许在市场中自由转让,但是,一般均非绝对禁止,在满足一定年限和受让人具有一定资格条件基础上,特许经营权经批准是允许转让的,因此,特许经营权具有一定的可

让与性。特许经营权为确定的相关行政主管部门授予，具有可登记公示的天然条件，只要在履行登记公示手续后，质押权人完全可以控制该权利。目前，尚无相关法律、法规禁止特许经营权作为权利质押的对象。因此，可转让的特许经营权本身满足作为可质押性权利的所有要求。

（二）特许经营权质押与特许经营权的收益权质押的比较优势

1. 解决未来价值的不确定性问题

特许经营权的收益权是"未来价值"，具体的付款金额（收费总额）、付款时间都还是未知数，且不同的经营主体可能产生不同的价值，尽管可以预测，但这种预测通常依据经验，准确性较差，可以说不能准确衡量，而且这种价值只能在未来实现，很难转化为"即时价值"，使得特许经营权的收益权质押几乎难以成为金融机构认可的"强担保"增信措施，金融机构仅依靠"特许经营权的收益权质押"很难规避风险，从而给项目公司融资带来困难；而特许经营权的价值可按项目边界条件及市场所有经营者的平均水平进行估值，属"即时价值"，具有相当的确定性，具有担保价值，可以成为金融机构认可的"强担保"，从而有利于项目公司融资。

2. 解决登记公示主体问题

虽然《最高人民法院指导案例53号》将特许经营权的收益权等"将来的金钱债权"纳入"应收账款"范畴，并明确应当在中国人民银行征信中心的应收账款质押登记公示系统进行出质登记，质权才能依法成立。但是，目前由于特许经营权的收益权不在《应收账款质押登记办法》登记的权利范围内，实践中，在许多地方仍难以在应收账款质押登记公示系统登记，使得质押权人的权利缺乏有效的法定登记作为保障。而特许经营权为确定的相关行政主管部门授予，具有可登记公示并排除重复质押的天然条件。

3. 解决的质权实现方式问题

我国《担保法》和《物权法》就质权的实现作出一般性的规定，即质权人在行使质权时，可与出质人协议以质押财产折价，或就拍卖、变卖质押财产所得的价款优先受偿。一方面《最高人民法院指导案例53号》认定特许经营权的收益权依其性质不宜折价、拍卖或变卖，质权人主张优先受偿权的，人民法院可以判令出质债权的债务人将收益权的应收账款优先支付质权人。这属于创设了一种"新"的质权实现方式，从另一方面来说，实际上也是违背了现有法律的有关规定。质押财产无法通过折价、拍卖、变卖来优先受偿，使得质押权人无法在较短时间内一次性收回债权，实质上背离了担保的重要功能，损害了质权人的合法权益。因此，《最高人民法院指导案例53号》对于特许经营权的收益权质权实现方式的判定不仅在理论上存在较大争议，在实践中也不利于保护质权人利益。而特许经营权完全可以在满足原《特许经营协议》约定的条件下，在合格的购买人中进行拍卖、变卖，实现质权的依法处置，保护质权人的合法权益。实际上，特许经营权在合格购买人中的依法拍卖、变卖完全符合现有法律法规关于以竞争性方式选择特许经营者的要求，通过依法公开的拍卖、变卖，不仅可以淘汰陷入困境的现有特许经营者，还可找到更有利于项目经营的合格经营者，不仅不会损害公共利益反而更好地维护了公共利益。

（三）将可转让的特许经营权质押合法化并依法保护的建议

目前实践中，特许经营权质押大量存在，有其内在必然性。因其可质押性，可转让的特许经营权质押不仅不具有社会危害性，反而有利于社会资本的融资，有利于促进特许经营项目的市场繁荣，因此对可转让的特许经营权质押予以依法保护十分有必要。要保护特许经营权质押首先要解决其合法性问题。根据《物权法》第二百二十三条"法律、行政法规规定可以出质的其他财产权利可以出质"的规定，建议可以在拟出台的国务院PPP立法中明确规定可转让的特许经营权可以出质，从而实现可转让的特许经营权可以合法质押。

相关条文建议如下：依照《特许经营协议》可转让的特许经营权可以质押，特许经营权出质应当取得特许经营权授权方书面批准并在特许经营权授权方登记公示。特许经营权质权的实现，应当确保新的特许经营者满足原有资格要求并愿意承担原《特许经营协议》的全部义务。

作者简介：

江河，法学士、工商管理硕士，高级经济师，同时具有律师资格、企业法律顾问资格、上市公司董事会秘书资格、上市公司独立董事资格。担任国家发改委 PPP 专家库专家、福州仲裁委员会仲裁员、福州市经济系列高级职务任职资格评审专家、第四届福州市律师协会民商事专业委员会委员、福建省水资源利用与开发行业协会副会长、福建省建设法制协会副会长、福建省诚信促进会理事、原福建省建设厅政策法律服务团成员。现任福建海峡环保集团股份有限公司（股票代码：603817）副总裁兼总法律顾问。

"PPP＋绿色金融"的五个领域及案例详解

刘 倩 许寅硕

2016年，《实现联合国可持续发展目标以人为本的 PPP 善治指导原则（草案）》发布，为 PPP 提供了可持续发展的导向标；同年8月我国七部委首次联合发布《关于构建绿色金融体系的指导意见》，明确以绿色金融支持环境改善、应对气候变化和资源节约高效利用的经济活动，对环保、节能、清洁能源、绿色交通、绿色建筑等领域的项目投融资、项目运营、风险管理等提供金融服务。在绿色发展业已成为国家可持续繁荣的内在动力的大背景下，PPP 与绿色金融多层次交融促进，渐成水到渠成之势。本文将展示全球 PPP 与绿色金融结合发展的五个领域和案例，以探讨二者如何为促进我国社会、经济、环境的可持续发展贡献合力。

一、绿色基金＋垃圾发电 PPP：英国国家绿色投资机构的探索

英国的绿色投资银行（GIB）成立于2012年，是英国立法支持的以盈利为目的的国家级绿色投资基金，建立之初由英国政府100%持股。发挥"绿色影响力"和实现"盈利"是其基本任务。"绿色影响力"是指投资活动应限制在"绿色项目"，GIB 绿色绩效关注的五个绿色目标包括：减少温室气体排放；提高自然资源的使用效率；保护或美化自然环境；保护或加强生物多样性；促进环境可持续发展。其主要投资领域为海上风能、垃圾发电和能效提升。截至2015年，GIB 共支持了7个地方政府 PPP/PFI 的垃圾发电项目（项目示例见表1）。

表1　英国绿色投资银行以优先债方式支持垃圾发电 PPP 项目

年（项目周期）	项目内容	GIB 直接投资（英镑）	GIB 撬动投资（英镑）	绿色影响
2014（27年）	德比（Derby）固废发电 PPP 项目	6400万	1.27亿	每年循环利用固废 3.5 万吨，减少垃圾填埋量 1.7 万吨；减少温室气体排放 4.8 万吨
2013（30年）	默西塞德郡（Merseyside）固废发电 PFI 项目	2000万	3.355亿	每年减少 42 万吨废物填埋，12.6 万吨固废循环利用；全生命周期减少温室气体排放 180 万吨
2013（25年）	西伦敦（West London）固废发电 PFI 项目	2000万	2.237亿	每年减少温室气体排放 200 万吨，减少垃圾填埋量 30 万吨；循环利用固废 9 万吨
2013（25年）	韦克菲尔德（Wakefield）固废发电 PFI 项目	3040万	1.217亿	200 万吨废物填埋量，本地废物循环率达到 52%，高于英国 2020 目标设定的标准；每年减排温室气体 3.3 万吨
2013（25年）	格洛斯特（Gloucester）固废发电 PPP 项目	4680万	1.854亿	每年减少 19 万吨废物填埋量，92% 的固废避免了填埋处理，每年减少温室气体排放 6500 吨

英国不仅是 PPP 模式的经验输出国，对于绿色项目和绿色技术创新提供的融资支持也值得跟踪研究。以 Addenbrooke's 医院的热电联产项目为例，为推进英国国家医疗服务体系的能源改造升级，GIB 与英国英杰华集团旗下的资产管理公司合作，1∶1 投资 3600 万英镑，以 PPP 方式为医院提供综合热电动力装置、生物质能锅炉、高效双重燃料锅炉以及垃圾焚烧供电技术，并采取诸如新型照明、改进加热和照明控制措施，为该医院节省了大量能耗成本。医院竣工后每年可降低 3 万吨 CO_2 当量，碳排放量相比改造前降低了 47%。

对该医院的投资仅为 GIB 支持英国国家医疗服务体系（NHS）实现能效目标的地方案例之一。对于类似的项目，GIB 可直接债权投资，也可与 Aviva ReALM 能源中心基金，法国基础设施协会（Societe Generale Equipment Finance）等机构联合投资，或通过 GIB 能效基金（SDCL 和 Equitix）来投资。虽然投资的组织方式灵活多样，但所有投资组合都遵循三个主要原则：(1) 还款来源要有保障，偿还贷款的资金主要来源于系统运行过程中节省的能源支出；(2) 贷款期限与热电联产系统的生命周期一致；(3) 提供有市场竞争力的融资利率。

GIB 本着不与私人资本竞争的原则，专门投向无风险记录、私人资本不愿投资，但经 GIB 判断收益有保障的绿色前沿领域，其治理结构和绩效结构的设计确保其能够提供包括专业的绿色技术咨询、环境与气候风险管理及融资解决方案在内的整合服务。GIB 实质上起到了 PPP+绿色金融实验室的作用，在为项目量身定制融资方案的同时也尽可能地保证模式的可复制性，进而不断推动符合经济、社会和环境诉求的项目落地，使得更多绿色项目的商业模式趋向成熟。

二、社会和环境影响力债券+绿色医院 PPP：世行集团在土耳其的突破

2014 年，ELZ Sağlık Yatırım A. Ş. 公司在土耳其东部的埃拉泽省获得 28 年特许经营权，负责当地一个辐射整个省域的绿色医院的设计、建造、融资、装备和运营。该项目是土耳其政府以绿色债券支持的第一个 PPP 项目，也是土耳其基础设施融资改革、引入私人资本的"试点工程"。

该项目总成本约 3.6 亿欧元，为 80% 债权加 20% 股权融资，项目在世行集团国际金融公司（IFC）的支持下发行了 2.88 亿以欧元计价、为期 20 年的绿色债券。

为了提升债券评级，提高对投资者的吸引力，欧洲复兴开发银行（EBRD）以及世行的多边投资担保机构（MIGA）在项目中引入了增信机制，AAA 级别的 EBRD 出资 890 万欧元，提供临时流动性支持，以降低项目建设和运营过程中的风险，且覆盖 MIGA 的政治风险。MIGA 为债券投资级别的 2080 万欧元提供了长达 20 年的政治风险担保，也为工程的债券融资提供了担保，令债券获得了穆迪 Baa2 的评级，比土耳其的主权评级高出 2 个等级。法国开发署的私营部门机构 Proparco 与荷兰开发署的 FMO 发展金融机构认购了债券。世行的国际复兴发展银行（IBRD）和 EBRD 也帮助土耳其卫生部完善了 PPP 合同管理与监管所必需的制度基础和能力建设。

该项目债券经第三方机构 Vigeo EIRIS 绿色评级，被认证为"绿色且有利于社会"，确保项目建设和运营过程中符合低碳化标准，该项目也完全符合 IFC 和 EBRD 的绩效标准、EBRD 业绩标准，以及世界银行集团环境、健康与安全指南（EHS）的要求。

绿色债券与普通债券相比，具有融资成本相对较低、融资期限拉长、投资者结构优化、环境和社会影响较好等优势。去年底我国出台的《绿色债券发行指引》和《绿色债券支持项目目录》初步构成了我国绿色债券管理体系的基础，且正持续完善项目认定口径、"第三方意见"的报告和披露标准、项目环境与社会影响的跟踪评估方法、风险管理及激励政策等方面。未来若能借鉴国际经验，为绿色 PPP 项目债券提供信用担保，并通过市场化和差别化的担保、补贴或税收优惠政策进一步优化风险与收益的分担机制，将为私人资本参与可持续基础设施的建设提供更为完善的激励和保障。

三、集中式太阳能发电 + PPP：如何实现风险管理

摩洛哥计划到 2020 年利用太阳能获得 14% 的能源供应，且计划将电力出口欧洲。在欧盟的支持下，摩洛哥政府制定了"太阳能发展计划"，计划的第一个项目在摩洛哥中部的沙漠城市瓦尔扎扎特（Ouarzazate）开展。该项目首期工程首次引入了 PPP 模式，标志着摩洛哥政府在太阳能发电计划中将逐步引入私人部门的大规模参与，首期建成电厂已于 2016 年初投入使用。

强有力的公共支持及基于 PPP 模式的风险分担机制是该项目得以顺利延续的重要前提。首先，摩洛哥政府成立了摩洛哥太阳能管理局（MAS-EN），专门负责摩洛哥太阳能计划，并且筹集了充足的资金用以支付集中太阳能发电技术的额外成本（据估计为每年 6000 万美元）。国家以"购电协议"的形式承诺购买生产的电力，大大降低了产出阶段的运营风险。经过竞争性投标后，入围的太阳能电力生产企业组成了太阳能电力公司，与政府签订长期合同，以确保项目的建设、融资和运行按照合同约定实施；且以有竞争力的投标价格将产出的电力销售给 MASEN。

摩洛哥政府通过可再生能源法、摩洛哥太阳能管理局与摩洛哥政府公约

的方式保证政府以财政补贴来弥补 MASEN 购电成本与销售电价之间的价差。且世行承诺,在摩洛哥政府需要动用财政资金弥补差价的情况下,世行 IBRD 以 2 亿美元贷款来支付这部分增量成本。这一机制与很多国家"上网电价基金"的作用相同,能够大幅度减少私人参与气候类项目融资的交易成本和风险,还可以复制到很多新能源和能效项目的融资结构中。

该项目得以实施和延续无疑有赖于多层次的国际合作。项目获得了清洁技术基金(CTF)1.97 亿美元优惠贷款;非洲开发银行、法国开发署、欧洲投资银行和德国复兴银行为该项目提供贷款;欧洲社区投资机构(NIF)提供了赠款,国际捐赠和借款达到了约 10 亿美元。早期的优惠融资(参见图1)使初期成本降低了 25%~30%。另外,国际金融协会还提供了必要的专家和技术支持。

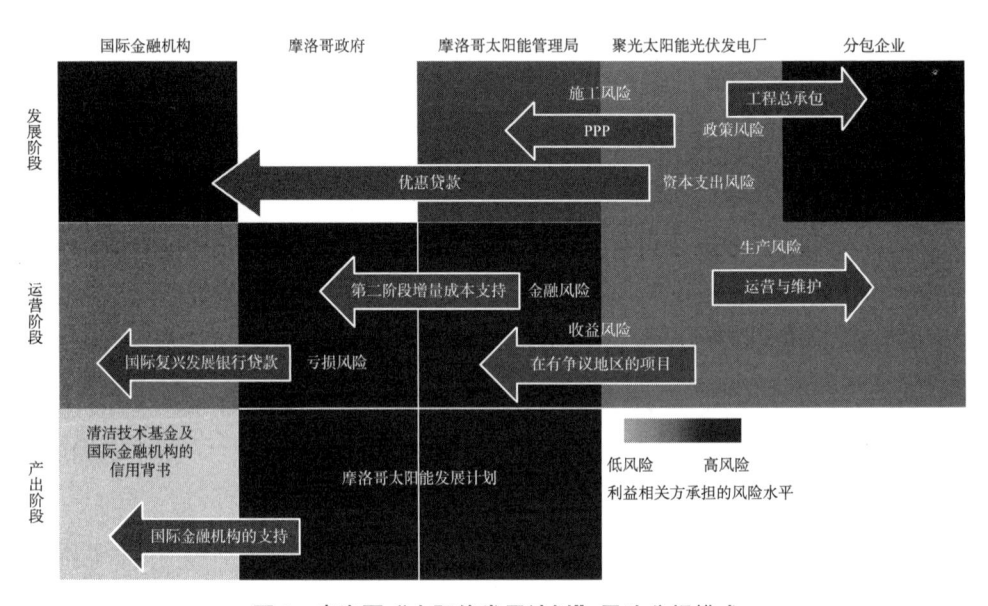

图 1 摩洛哥"太阳能发展计划"风险分担模式

摩洛哥太阳能项目以公共—私人合作模式为基础形成了有效的风险分担框架。安永对该项目评价颇高,认为项目资金来源架构有利于业主、提供资金的国际机构和私营承建商共同承担风险。MASEN 在公共—私人合作模式中同时充当了资产投资者和资源购买者的角色,发挥了整合公共与私人部门能力的作用。在这一框架下,私人部门的投资者承担建设和运营风险,摩洛哥政府则承担电力市场风险(收益风险);提供优惠融资的借款人减缓融资风险的作用在风险分担框架中也得以充分体现。

四、气候风险下的 PPP：可用的风险管理工具

近期，世行集团基础设施委员会（PPIFA）连续发布报告，提示利益相关者在大型基础设施的规划、建设和运营全过程主动识别和管理气候风险。联合国环境规划署（UNEP）和国际清算银行（BIS）的研究表明近年来巨灾事件的发生频率越来越高，且相比发达国家，发展中国家更易受到气候风险的威胁。例如，2011 年 3 月，洪水造成了南非约翰内斯堡豪登桥（Wit-Koppen Bridge）坍塌。坦桑尼亚的干旱对 Mtera 堤坝的影响导致了该地区的长期断电。印度钦奈（Chennai）发生的降雨和洪水灾害造成了整个城市连续数天的断电和交通体系崩溃。新加坡大学的一项研究也发现，亚洲城市最大的 11 个基础设施完全不具备抵御洪水的功能。

PPIFA 认为气候风险对 PPP 的影响引发了以下问题：

1. 在新的风险情境下是否仍然使用 PPP 模式，需要重新决策。且若预期私人部门要求对气候风险导致的额外风险进行补偿，是否会降低 PPP 项目对私人部门的吸引力？

2. 私人部门提出的用于气候风险管理的新的适应（adaptation）措施可能需要额外的补偿。在竞争性招标采购情景下经济评估标准所占权重较高，PPP 采购框架能否激励私人部门在进行适应措施创新的同时确保项目全生命周期的成本最优，且仍具有竞争力？

3. 分散激励（split incentives）：PPP 全生命周期服务成本与合同的期限一致，不能覆盖基础设施资产的使用寿命。为加强基础设施全生命周期气候风险的适应和管理，激励机制的结构设计能否使得私人部门在基础设施使用寿命期限内，而不仅仅是在 PPP 合同存续期内（尤其是当基础设施使用寿命和 PPP 的合同存续期不同时）确保资本、运营成本和维护成本之间的平衡？

4. 委托代理问题：传统意义上，与 PPP 相关的诸如信息不对称和道德风险等委托代理问题，可以通过合同、监管、透明度和信息披露要求得到缓解。然而，对于气候风险这一类难以界定和分配的风险，委托代理问题更为

突出。PPP能否通过提高透明度和信息披露等措施进行气候风险管理，从而减缓委托代理问题？能否通过公共部门和私人部门利益相关者之间更为合理的风险分配杜绝气候风险管理中的寻租行为？

5. 合同的固定性和不确定性事件之间的矛盾。原则上，PPP合同的固定性不利于管理如政治动荡、洪泛灾害等突发性事件，这类风险一般通过不可抗力条款进行管理。但是随着气候风险事件发生的越来越频繁，仍然使用不可抗力条款进行应对显然不合适。未来PPP合同能否提供更为灵活的方式应对具有高度不确定性和不可预测性的气候风险是在气候风险框架下需要持续讨论的问题。

目前全球绿色金融领域气候、环境风险缓释和管理工具正在发展之中，例如：

1. 基于指数的天气衍生品：例如，可以使用降雨指数预测水坝和水电等水敏感项目的损失，当降水量下降到约定的临界值则启动对项目的赔付。

2. 巨灾风险递延提取期权（CatDDO）：在自然灾害发生后可以提供即时流动性的或有信用额度，以帮助成员国家应对灾害和实施重建。

3. 主权保险计划：脆弱的、低收入的小国家可能缺乏足够多元化的资产组合，无力抵御极端自然灾害，因此越来越多地寻求与保险相关的担保计划。该计划集合相似的周边国家的主权资金建立巨灾风险池，有望降低高达50%的风险溢价。

4. 不动产巨灾风险保险：此类保险适用于具有低保险渗透的市场，涵盖与极端天气或自然灾害相关的私人和公共资产，包括基础设施。例如，世行的此类保险具有较低溢价，且可实现对保险金额的100%赔偿。

5. 部分风险担保：在政府不能履行其合同约定的责任时，这些保障工具能够对私人部门起到保护作用。但是，只有在合同规定的特定风险导致违约的情况下，这些担保才会进行赔付。

6. 多边投资担保机构担保：在PPP结构下，MIGA能够为投资者提供政治风险担保，如货币转移限制和兑换风险（TR）、征收风险、战争和内乱风险（WCD）和违约风险。其中，违约风险担保（BOC）和PPP项目尤其相关，能够保护私人投资者免受政府违约或单方终止合同（比如，特许经营协议、购电协议）带来的损失。在特定情况下，BOC可扩展到国有企业的履约责任。如果由于政府对争端解决机制的干预（拒绝追索权）而使得投资者在特定期限内没能获得判决结果，或者判决结果已下达，但投资者没有收到相应的支付，MIGA 将支付赔偿金。在 BOC 以及不可抗力条款下，MIGA 还可能会涉及投资者和政府的协议中的特定条款，明确与气候事件相关的不可预见、不可避免的行为发生时的各方权利和责任。

迄今为止，仅有很少的风险管理工具大规模地运用于水电、风电电站、交通基础设施等易受气候风险影响相关的项目。未来将有更多为项目增信的保险政策和担保，保证商品和货币稳定性的基于合同的工具，在 PPP 项目的气候风险管理中起到稳定收入、控制成本、管理现金余额的作用。

五、"PPP+绿色金融"：不仅可以很大，也可以很小

当前，全球都在期盼越来越壮观的基础设施工程和创纪录的投资额，然而在各国经济迅速发展的同时，越来越多的国家面临公共服务均等化的严峻挑战。在这一背景下，以社区为单位的雨洪管理、灌溉、分散能效等次地区级、小型公共基础设施的发展中也逐渐引入了 PPP 模式，类似的项目还包括城镇的固废管理、路灯、停车场、市政公园的发展和维护以及乡村食物仓储的建设和维护等。小型 PPP 项目不但有利于公共服务的均等化，且有利于培育本地企业、满足不同终端用户的需求、提振本地经济、避免过度依赖外债而引发的财政金融风险等。近年来这类项目在印度等南亚地区以及非洲等地发展的比较迅速。

根据世界银行 2014 年对小于 5000 万美元的项目进行的案例研究和评估，这类小型 PPP 项目的特点是可借鉴的经验少、缺少标准化合同、信用级别低、管理成本过高，因此很容易在政府治理框架中被忽视，导致制度和规则保障的缺失。而这类项目的融资支持，不能仅依赖于融资产品和服务的改进，更要在政策渠道、融资机制和多层次国际合作上取得突破。

首先，鉴于独立的小型项目无法通过发行债券进行融资，短期和中期内商业银行融资仍将是小型项目的主要融资渠道，可创新合同条款降低信用风险，简化融资程序，加强商业银行内部能力建设，使商业银行更加了解小型项目及其风险，从而为项目提供包括增信和债务融资等在内的服务。同时，探索引入"收益性公司"等聚合机制，推进贷款合同标准化，尝试通过跨

地域聚合小型项目并以资产证券化、绿色债券等方式为项目提供长期资金支持。

其次，建立适合小型项目的融资机构和可复制的金融解决方案。以世行推荐的小型项目融资机制为例，受资助国家/州政府和 IFC 可以共同建立损失分担机制，两者共同承担 50% 及以下的一级损失（分担比例可以是受资助国家 15%，IFC 35%，受资助国家的损失分担部分由世界银行的部分信用担保工具支持），其余更为细节融资设计可因地制宜。除了担保工具，还需要发展项目发展基金、"绿色挑战基金"等为创新型小型项目提供融资，以鼓励绿色标准领先的、具有发展潜力的新项目（见图2）。

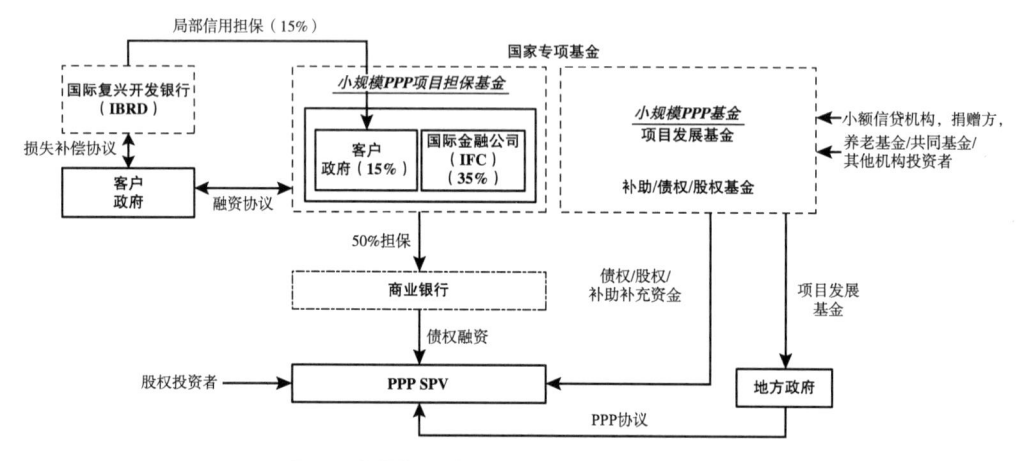

图 2　世界银行小型 PPP 项目融资解决方案

长期来看，为小型绿色和社会项目提供长期可持续的融资，需要系统梳理小型项目融资市场的法律和监管约束、融资体制和机制上的障碍，并且破除发展融资租赁及养老金和保险金等机构投资者参与投资的屏障。

PPP 不仅可以提供基础设施和公共服务，也是减排降污、提升能效，创建绿色岗位，促进社区发展，提供更加符合人类未来需求的公共服务模式等多个目标的综合性载体。从以上五个案例不难看出，在 PPP 项目中贯彻环境、社会和经济的可持续发展目标，政府的政治意愿和领导力是先决条件，这不仅体现在将政治意愿贯彻到 PPP 法律法规和整体的政策框架之中，还需要从项目招投标开始到项目运营的整个生命周期以一系列具体的规范、导则和管理工具予以保障，更需要多层次、灵活性、定制化的融资方案以覆盖增量投入并切实降低私人部门风险。

绿色金融的大力发展也预示着未来PPP项目的资金来源将更加多元化，例如，增加绿色基金、绿色债券等"绿色"资金来源并享受政策上的"绿色通道"；增添环境权益资产等可抵押的"绿色资产"；增加新能源发电收益权，"绿色汽车"贷款，建筑物能效改进贷款等可供证券化的基础资产；获得能够与可持续基础设施质量、服务寿命及环境和社会影响相匹配的绿色资产评级等。

PPP与绿色金融殊途同归于满足可持续发展诉求，以人为本的绿色项目，而绿色项目的发展仍有诸多切实难点需要突破。例如，需要建立绿色先进技术项目库，明确各类基础设施绿色标准；增强金融部门、各投资主体对环境要素价值、能效提升效益及可持续供应链经济收益的敏感度。更重要的是如何通过着眼于PPP的物有所值，以PPP实施全过程的价值评估与绩效考核体系切实引导基础设施全生命周期中环境和社会外部性的内部化。

作者简介：

刘倩，中央财经大学绿色金融国际研究院研究员，气候与能源金融研究中心执行主任，2015年起作为财政部的部委共建项目长期学术支持专家之一，辅助财政部国际经济合作司从事国际气候资金机制谈判和与全球及中国气候融资机制相关的对策研究。2017年出版译著《环境金融准则：支持可再生能源和可持续环境的金融政策》。

许寅硕，中央财经大学财经研究院助理研究员，中央财经大学绿色金融国际研究院研究人员，澳大利亚南昆士兰大学环境金融学博士。主要研究领域为商业银行环境风险、绿色金融及生态服务付费等。

园林行业 PPP 现状及未来应用分析

马洪双　曹建庭

随着城市化进程的加快和人们对城市生活质量要求的提高，全球范围内的园林绿化行业得到了快速的发展。同时，营建园林、绿化、景观是消除人类快速发展带来的诸多现代城市弊病而寻找改革的最佳良方。自欧洲多国将绿地系统引入到城市的总体规划以来，西方公园绿地已经发展了近百年，园林绿化在改善城市环境方面起到了十分重要的作用，从而扭转了"近代城市"拥挤、杂乱、污染的形象。

改革开放以来，我国城市化水平不断提高。1990年我国城市化水平为26.4%，2016年全国城镇化率已达到57.35%，城镇人口为7.93亿。我国的城市化水平在这20多年间几乎以每年1个百分点的速度增长。受益于城市化推进过程中城市绿化配套建设需求的增加和社会发展过程中人们对城市环境改善需求的日益增强，以及政府对城市绿化建设重视程度的不断提升，绿化建设投资的持续加大（参见图1），我国市政园林市场不断地壮大，我国城市绿地面积和绿化覆盖率稳步提高（参见图2）。但是与中等收入国家及高收入国家的城市化水平相比，我国的城市化水平仍然较低。

随着我国居民收入的增加，城市化水平将继续提高。城市化直接推动了城市建成区的扩张，2006年到2015年城市建成区面积从33659.8平方公里增长到52102.3平方公里，年平均增速为4.97%。城市建成区的扩张直接推动了城市市政公用设施的建设，2006年到2015年，城市市政公用设施固定资产投资完成额从5765.1亿元增加到16204.4亿元，年平均增长率达12.17%，占同期GDP比重在2.39%~2.67%之间。园林绿化作为城市基础公用设施的一部分，其投资额增长速度比城市市政公用设施投资总额的增长速度还快，从2006年429.00亿元到2015年的1594.7亿元，年平均增长率

图 1 我国城市绿化投资图

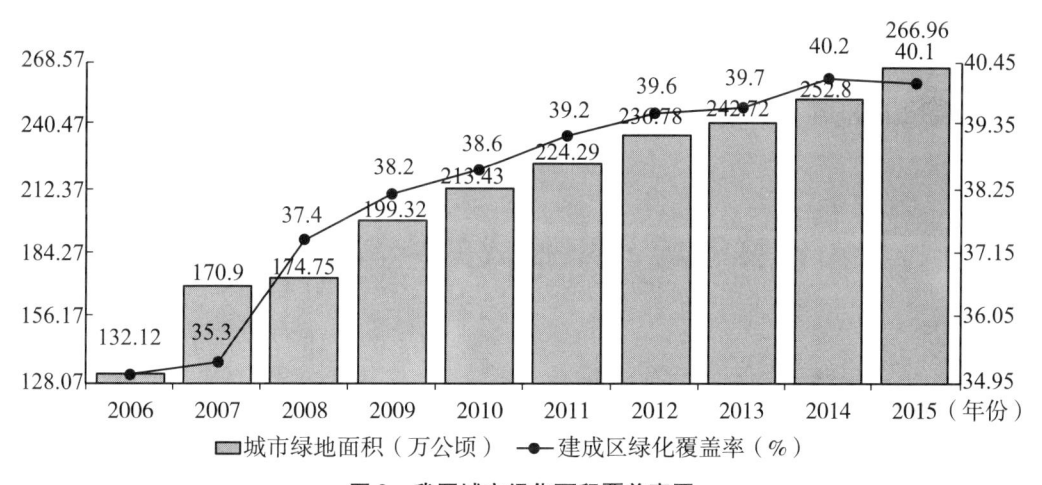

图 2 我国城市绿化面积覆盖率图

达15.71%；其投资额占城市市政公用设施固定资产投资的比重稳定上升，从2006年的7.44%到2015年的9.84%。城市建成区绿化覆盖率也从2006年的35.11%增长到2015年的40.12%。人均绿地面积则从2006年的8.3平方米增长到2015年的13.35平方米（参见图3）。

城市园林绿化是国家生态文明建设的核心内容之一，是实现美丽中国和中国梦的重要路径。但目前我国经济正处于保稳调整期、地方政府财政也面临着重重困难。城市园林绿化若仅靠政府投资建设的方式已经不能满足新型城镇化建设与生态文明建设的需要。为此，国家在园林绿化领域积极推行PPP模式，以期解决园林绿化的投融资、建设与运营问题，缓解财政资金压

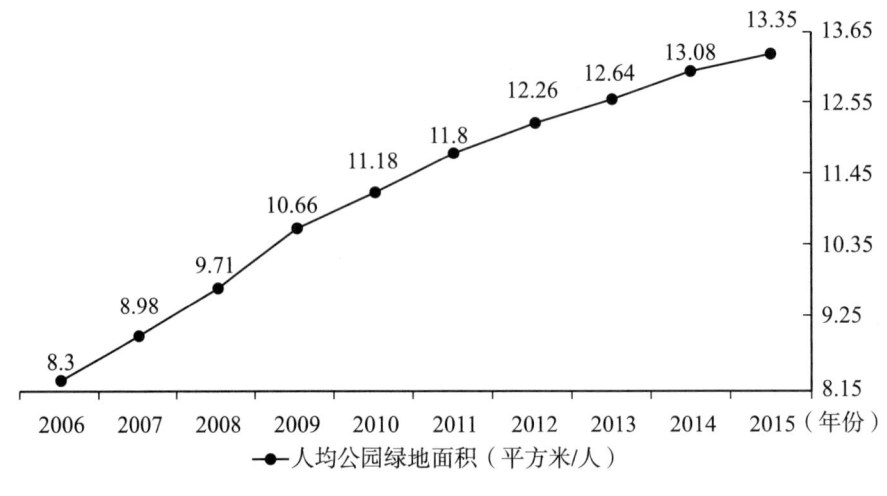

图3 我国人均公园绿地面积图

力的同时，加快改善生态环境，并通过长期合作机制解决大量社会就业等问题，对城市可持续发展具有很强的社会意义。

一、城市园林领域 PPP 模式的应用情况

PPP 模式有三大显著特征：伙伴关系、利益共享和风险共担。运用到城市园林上，利用 PPP 模式，将使社会资本投入到城市园林的建设、运营。对于中国城市园林产业来说，引入 PPP 模式不仅缓解了政府的财政压力，更是中国城市园林发展史上的一次历史性变革。

PPP 模式是根据城市园林公共产品的经济特点，将其公益性与营利性区分开来并进行量化研究，由政府负责公益性部分的回购和养管运营的购买服务，同时承担在此过程中政策变更的风险，通过政策制度的安排解决部分外部性问题。同时利用城市园林交互性好的特点设置营利性内容吸引多元化的社会投资，由社会投资者负责经营和承担与之对应的风险，通过建设前的竞争招标机制，建设后科学合理的风险分担和利益共享机制、规范的监管标准和规则，实现政资分开、政企分开。因此，PPP 模式其表象是在城市园林行业吸引社会资金，实质上是为了推动建立科学新型的政企关系，是为了解决城市园林行业中存在的体制机制问题，培育和建立一个科学合理的制度基础。

在稳增长和降低地方政府债务压力的背景下，PPP 作为投融资创新模式自 2014 年底以来得到国家的大力支持，地方政府也积极申报。截至 2017 年 4 月末，全部入库项目 11784 个，总投资额 14.44 万亿元。根据图中所示泛园林 PPP 项目已达到项目总量的半数及以上，仅以最直接的"公园"、"园林"和"植物园"作为搜索词库中项目就达到 355 个。入库项目正在加速落地，落地率稳步提升（参见表 1）。

表 1　　　　　　　　全国园林落地 PPP 项目（部分）

序号	PPP 项目名称	投资金额（亿元）	项目年限（年）	合作模式	中标企业
1	吉林省松原市城区园林绿化项目	5.5	10	BOT	中邦园林
2	大同文瀛湖生态公园 PPP 项目	12	30	TOT	东方园林
3	杭州市萧山钱江世纪城沿江公园 PPP 项目	16.57	10	BOT	中国城建开发有限公司与中城建第六工程局集团有限公司、江苏东珠景观股份有限公司联合体
4	南太湖一体化之太湖图影湿地公园景区开发 PPP 项目	29.5	10	BOT	中国邮政储蓄银行股份有限公司
5	山东省济宁市汶上县莲花湖湿地公园及泉河河道治理项目	3.46	30	TOT＋BOT	江苏姜堰市政建设工程有限公司
6	禹州市神垕老街改造、文化公园建设和肖河综合治理 PPP 项目	5	12	其他	上海博大园林建设发展有限公司
7	资阳市凤岭公园改建项目及沱江西岸（沱一桥至沱四桥段）滨江景观带 PPP 项目	3.5	10	ROT	中国建筑第五工程局有限公司、上海宏信基础设施投资有限公司（联合体）
8	太原植物园一期工程 PPP 项目	23.55	14	BOT	上海博大园林建设发展有限公司、上海绿地建设（集团）有限公司、绿地城市投资集团有限公司联合体

二、现阶段园林 PPP 的特点及问题

1. PPP 模式改变了原有城市园林的模式，更是 BT 模式的一种巨大进步；目前众多的园林 PPP 项目吸引了企业探索相关多元业务，从而改善自身业务结构和现金流，实现华丽转身。PPP 模式作为一种公共项目融资方式，有利于缓解财政压力、控制政府债务和分解财政风险；作为一种项目管理方式，有利于降低项目全生命周期成本、提高公共服务质量；作为一种社会治理模式，有利于转变政府职能、改善社会治理、实现多元主体的协同治理；但我们也应注意到目前我国许多地方政府片面强调 PPP 的融资功能，忽视其作为项目管理模式和社会治理模式所带来的其他优势。

2. PPP 项目的爆发园林最为受益，首先园林行业是少数行业内无大型央企参与竞争的基建细分子行业之一；其次园林行业是盈利能力最强的基建细分子行业；同时园林公司在环保、旅游、生态治理等领域有着天然的契合性，众多企业已经开始布局相关领域，必将加大 PPP 订单增速；最后园林行业工期较短，业绩释放较快更加促进了园林 PPP 的发展。但从以往国内外采用 PPP 模式的成功项目来分析，绝大多数是带有经营性的城市基础设施建设类型项目（如垃圾处理、收费公路、污水处理等），很少涉及非经营性项目领域，而城市园林建设行业的项目以非经营性的市政和公益景观为主，无收费机制，没有资金流入，如城市道路及公共绿地等设施系统。就是目前落地进入执行阶段的 PPP 项目也大多使用政府付费或可行性缺口补助。

3. 园林类 PPP 项目投资额度动则上亿元甚至几十亿元，这就要求参与企业有充足的资金和融资途径。但是除了短期信贷以外，其他融资渠道对民营企业的开放度很低。民营企业相对于国有企业的融资机会少、规模小、期限短、比重低、品种少、担保难、成本高，远远满足不了各类民营企业融资的需求。另外，尽管民营企业的投资权益保护环境已经取得了很大的进步，但是"谁投资、谁经营、谁占有、谁支配、谁收益"这一投资原则，仍然难以得到很好的贯彻执行。民营企业的投资收益权易受侵犯，投资经营契约的履行较为艰难，投资所有权的安全性、完整性和独立性缺乏保障。

三、未来园林行业 PPP 模式的应用分析

　　PPP 模式作为日后主导市场的新型投资经营管理模式，将市场机制有效地引入基础设施建设领域，使公共部门与私营部门在建设中互利双赢和优势互补，从而实现两者在公共建设中参与程度的帕累托最优，在实际园林项目建设中，由于 PPP 项目各参与主体之间的关系并不是合理的伙伴关系，其可持续性实现的根本取决于利益主体之间形成的合作状态，所以必须以公共部门为核心主体，结合 PPP 模式的运作机理，充分发挥各参与方在 PPP 项目中的职能，开辟一个与其相适应的可持续性实现途径，才能更好地在未来市场上生存。

（一）合理选择运作模式

　　目前入库的园林类 PPP 项目，大多使用 BOT 模式，多地政府也把园林类项目单纯的看做是基础设施类建设项目，更多的是利用社会资本方的资金推进项目的实施，然而，PPP 的根本目的不是解决融资，而是提供优质高效的公共服务。如何优质、如何高效、由谁来提供，这都是 PPP 的重大问题，归根到底，公共服务是最终由项目的设计者、建设者和运营者来提供，也就是由专业的技术力量来承担。这就需要政府方改变之前的招录程序，在完成项目的前期评审，并建立服务绩效指标要求之后，经过一个较短的资格预审程序，接下来就让入围的社会资本自报实施方案，其中最重要的是技术与设计方案，而不是业主方自行完成设计、选择技术路线，最后抛给社会资本进行按图操作。这样的流程，就会充分体现社会资本和企业的核心竞争力，让社会资本有充足的施展空间，发挥自己的特色和设置盈利性内容，从本源上促动社会资本方加强运营提高公共服务质量，同时减轻政府还款压力。

（二）充分做好 PPP 项目风险评估和控制

　　PPP 模式项目整个周期包含识别—准备—采购—融资—建设—运营—移

交，经历阶段较多所处时间较长且动态变化，使风险分配成为一个贯穿项目周期的动态过程。这就要求园林企业在与政府部门进行PPP项目合作谈判前，应充分分析PPP项目的风险及自身的风险承担能力，寻求最佳的合作模式及风险分配模式。在谈判前预先辨识合同拟订条款中的潜在风险以及可能造成的不利后果，并在合同正式谈判阶段力争对不合理合同条款或权责不对等合同条款进行有效修订，对社会投资商自留风险进行有针对性的防范。另一方面，社会投资商应充分考察谈判项目利益相关各方的资产及信用水平，预先防范各方履约风险，同时预留一定金额的企业风险费用，用以防备在突发产生紧急状况时使用。

（三）完善资本市场、开发适合PPP的金融工具

PPP项目投资巨大且建设周期和投资回收期比较长，仅仅依赖项目投资人和发起人的资信来安排融资是远远不够的。通常PPP项目融资主要根据项目的预期收益、资产以及政府的扶持措施的力度来安排融资。不可追索和有限追索贷款、资产负债表外的融资（如资产证券化）都是可利用的工具。按照基础资产的类型划分，PPP项目证券化中基础资产包括收益权类资产、债权资产和股权资产等，其中收益权类资产为PPP项目证券化最主要的基础资产类型，包括使用者付费模式下的收费收益权、政府补贴模式下的财政补贴、可行性缺口模式下的收费收益权和财政补贴，体现了PPP证券化项目的鲜明特征。同时，进一步发展债券市场，特别是长期债券市场，吸引到要求安全性高、利率低的社保基金和养老基金，共同持续发展。

作者简介：

马洪双，林学博士，高级工程师，太原市青年学科带头人。现任太原植物园副主任，主导太原植物园PPP项目全过程运作，并成功入选财政部第三批示范项目，目前正在执行阶段。主要研究领域：植物逆境生理学、植物逆境分子生物学和林木育种。学术论文曾被评为第四届梁希青年论文奖，博士学位论文获得2011年北京市优秀博士学位论文奖和2012年全国优秀博士学位论文提名奖。

曹建庭，现任太原植物园书记、主任。曾主持或参编出版《山西省城

市绿化常用苗木标准》、《山西省大树移植技术规程》、《山西省城市道路绿化养护管理》、《山西省古树名木保护技术规程》等四项行业标准、参与编著《园林树木绿化指南》。其研究成果《柠条细根的空间分布特征及其季节动态》发表于《生态学报》；《太原市小蠹虫综合防治技术》发表于《山西林业科技》，先后获得省技术承包奖二等奖 1 项，太原市优秀科技项目二等奖 2 项，"国内领先"研究成果多项。其中，《农林主要害虫天敌防治技术研究》成果在同类研究中达到"国际领先水平"，《太原市行道树及有害实时监测系统的研发》成果达到"国内领先水平"，《十五种新优绿化品种在太原地区的引种试验及示范》课题获得"国内先进"成果和"太原市优秀科技项目二等奖"奖项；《太原市反季节带冠大树移栽输液提高成活率技术研究》课题获得"国内领先"成果和"山西省农村技术承包奖集体二等奖"（排名第二）奖项。"药陶土复配水溶胶物理隔层防治小蠹虫技术"获得"国内领先"成果和"太原市优秀科技项目二等奖"。

法律视角下的PPP项目资产证券化

孙丞伟　刘世坚

自2016年12月21日国家发改委和证监会联合发布《关于推进传统基础设施领域政府和社会资本合作（PPP）项目资产证券化相关工作的通知》以来，PPP项目资产证券化的实践迅速落地，给资本市场和基础设施投资市场均带来了更多活力和创新，本文从法律角度阐述了PPP项目资产证券化的可行性、风险及应对，并对PPP项目资产证券化的实践和发展提出若干建议。PPP项目资产证券化可以在PPP项目与资本市场之间架起一座桥梁，对于盘活存量资产，拓宽二次融资渠道均有助益，并有望凸显绩效考核、全生命周期管理等PPP项目应有之意。

一、PPP项目资产证券化相关法律法规

以下对PPP项目资产证券化已经出台的法律法规进行简要梳理：

（一）中共中央、国务院

1.《国务院关于创新重点领域投融资机制鼓励社会投资的指导意见》

2014年11月26日，国务院发布《国务院关于创新重点领域投融资机制鼓励社会投资的指导意见》（国发〔2014〕60号，下称"国发60号文"），提出"支持重点领域建设项目开展股权和债权融资。大力发展债权投资计划、股权投资计划、资产支持计划等融资工具，延长投资期限，引导社保资金、

保险资金等用于收益稳定、回收期长的基础设施和基础产业项目。"

2. 《中共中央、国务院关于深化投融资体制改革的意见》

2016年7月5日，中共中央、国务院发布《中共中央、国务院关于深化投融资体制改革的意见》（下称"中发18号文"），提出要"大力发展直接融资。依托多层次资本市场体系，拓宽投资项目融资渠道，支持有真实经济活动支撑的资产证券化，盘活存量资产，优化金融资源配置，更好地服务投资兴业。"

（二）国家发改委、证监会

1. 《关于推进传统基础设施领域政府和社会资本合作（PPP）项目资产证券化相关工作的通知》

2016年12月21日，国家发改委和证监会联合发布《关于推进传统基础设施领域政府和社会资本合作（PPP）项目资产证券化相关工作的通知》（发改投资〔2016〕2698号，下称"2698号文"）。其发文依据为中发18号文和国发60号文，发文目的在于创新PPP项目融资方式，适用范围则为传统基础设施领域。根据2698号文，资产证券化制度对接的主要是PPP项目存量资产，这为盘活存量资产、打通PPP项目融资渠道提供了很好的政策导向。2698号文也对可进行资产证券化的PPP项目的范围和条件进行了规定。明确了三大保障机制（风险监测、违约处置和市场化增信）的建设。

对于完善PPP项目的融资方式、激发市场主体的积极性，2698号文无异于一剂强心针。但从实务角度来看，PPP项目的资产证券化还有若干技术性问题（例如，基础资产的界定、风险隔离等）需要解决，相关配套政策法规也有待跟进。

2. 《证监会关于PPP资产证券化实施建议的答复》（对十二届全国人大第四次会议第6127号建议的答复（摘要））

证监会提出将与国家发改委加强合作，优先鼓励符合国家发展战略的

PPP 项目开展资产证券化。上海证券交易所、深圳证券交易所、中国证券投资基金业协会将建立专门的业务受理、审核及备案绿色通道，专人专岗负责，提高国家发改委优选的 PPP 项目相关资产证券化产品的审核、挂牌和备案的工作效率。

（三）基金业协会和交易所

1. 《资产证券化业务基础资产负面清单指引》（下称"《负面清单》"）

在中国证券投资基金业协会发布的《资产支持专项计划备案管理办法》及配套规则中包括了《资产证券化业务基础资产负面清单指引》，指引中明确以地方政府直接或间接为债务人的基础资产不符合基础资产的要求，但采取政府与社会资本合作模式项目中地方政府应支付或承担的财政补贴除外，为 PPP 项目资产证券化预留了操作空间。

2. 《中国证券投资基金业协会关于 PPP 项目资产证券化产品实施专人专岗备案的通知》

2017 年 2 月 17 日，中国证券投资基金业协会发布《中国证券投资基金业协会关于 PPP 项目资产证券化产品实施专人专岗备案的通知》，通知要求专项计划管理人按照《资产支持专项计划备案管理办法》的要求，通过基金业协会备案管理系统以电子化方式报备 PPP 项目资产证券化产品。针对符合 2698 号文要求的 PPP 项目资产证券化产品，协会指定专人负责，即报即审、提高效率，加快备案速度，优先出具备案确认函。

3. 《上海证券交易所关于推进传统基础设施领域政府和社会资本合作（PPP）项目资产证券化业务的通知》

2017 年 2 月 17 日，上海证券交易所发布《上海证券交易所关于推进传统基础设施领域政府和社会资本合作（PPP）项目资产证券化业务的通知》，该通知提及上海证券交易所将成立 PPP 项目资产证券化工作小组，明确专人负责落实，对于符合条件的优质 PPP 项目资产证券化产品建立绿色通道，提升受理、评审和挂牌转让工作效率。项目申报阶段实行即报即审，受理后5个工作日内出具反馈意见，管理人提交反馈回复确认后3个工作日内召开工作小组会议，明确是否符合挂牌要求。项目挂牌阶段专人专岗负责，提升挂牌手续办理效率。

4.《深圳证券交易所关于推进传统基础设施领域政府和社会资本合作（PPP）项目资产证券化业务的通知》

2017年2月17日，深圳证券交易所发布《深圳证券交易所关于推进传统基础设施领域政府和社会资本合作（PPP）项目资产证券化业务的通知》，该通知提及深圳证券交易所将成立PPP项目资产证券化工作小组，明确专人落实相应职责，对于符合条件的优质PPP项目资产证券化产品，提升受理、评审和挂牌转让工作效率，实行"即报即审、专人专岗负责"。对于申报项目，受理后5个交易日内出具反馈意见，管理人提交反馈回复确认后3个交易日内召开挂牌工作小组会议。

（四）资产证券化的相关法律规定

与资产证券化相关的其他法律规定见本文附件。

二、PPP项目资产证券化的优势

资产证券化对盘活PPP项目存量资产、加快投资人的资金回收、吸引更多社会资本参与PPP项目具有重要意义。通过资产证券化，将流动性差但可产生未来现金流的基础资产转让给特殊目的实体（指专项计划），实现基础资产和原始权益人的风险隔离，继而将基础资产现金流拆分为不同信用等级和期限的证券产品（指所发行的资产支持证券），并出售给投资者（指资产支持证券的认购人）。所得资金由特殊目的实体的管理人（指证券公司或者基金子公司）用于支付基础资产的购买费用，此后再用基础资产产生的现金流（指PPP项目的收益）支付投资者的投资本息。

对于PPP项目的参与方而言，资产证券化安排有以下几个优势：

（一）有助于盘活PPP项目存量资产，吸引更多社会资本参与PPP项目

存量PPP项目主要是指在2014年之前建设的PPP项目，多集中在市政基础设施特许经营领域，此类PPP项目的特点是实施模式成熟、以产业投资人投资为主，具有可预期的长期、稳定的现金流收入。通过资产证券化，可以吸引资本市场的投资人对PPP项目进行投资，增强PPP存量项目的流动性，优化PPP存量项目的融资结构。

（二）替换建设期高成本融资，实现部分投资人退出

在PPP项目建设阶段，由于项目主要风险尚未得到释放，项目融资成本往往较高，而进入运营期后，如果项目可稳定运营，并具有稳定的现金流收益，则具有获得更优惠融资的机会。从以往市场上发行的资产证券化产品利率看，其融资成本处于中位，未来推行PPP项目的资产证券化，对于建设期融资成本较高的PPP项目，通过资产证券化可以替换较高成本融资，给投资人带来更大的经济效益。需要注意的是，从目前市场情况来看，ABS产品的融资成本与期限安排与PPP项目（特别是现有存量项目）存在倒挂的情况，已经落地的四个PPP资产证券化项目在一定程度上也并非"纯市场化"行为。

对于2014年以来建设的PPP项目，财务投资人成为主要的项目投融资方。财务投资人的最大特点是其投资资金期限固定，长期投资存在困难，投资期限一旦到期就寻求退出；同时要求投资收益固定，不愿意承担经营风险。其对PPP项目的投资往往通过"明股实债"、"小股大债"等方式进行，同时会要求地方政府或其指定机构（直接或间接）承担回购或者兜底责任，通过资产证券化使得部分财务投资人的项目投资退出得以实现，可有效激发财务投资人对PPP项目投资的热情，降低地方政府违规回购、兜底的风险。

（三）有助于提升项目实施规范化

特许经营项目实践自20世纪80年代开始以来，几十年的发展经验表明，在政府和社会资本合作的全生命周期内，对当事方的"任性"，往往缺乏有效的制约机制。对于大部分PPP项目来说，投资人面临的最主要问题，在建设阶段通常是施工程序不合规，存在未批先建、证照不全、土地及项目设施权属不明确等问题；在运营阶段通常是政府付费义务履行不及时或不充分。

但这些问题一旦在资产证券化的程序中逐一检验，将无法逃过资本市场的"放大镜"的检视，投资人对于项目合规性的要求比PPP项目合作双方都要高。因此，通过PPP项目资产证券化的程序，有望倒逼PPP项目实施过程的规范化，迫使政府和社会资本方都更具有契约精神，促进PPP项目全生命周期的健康发展。

通过PPP项目资产证券化与资本市场的成功对接，在促进PPP项目多元化融资方式的运用、改善PPP项目所在地的投融资环境、增强地方政府信用、降低中长期融资成本等方面，将具有独特的优势和作用。

（四）PPP项目实施模式创新的示范效应

随着主管部门规范性文件的出台和相关项目落地，目前市场参与方对PPP项目的理解越来越深入，相对的，PPP项目实施过程中存在的法律冲突及合规风险也日益凸显，市场呼吁PPP项目操作模式的创新。从本轮PPP项目兴起的经验来看，创新对于PPP项目的发展是至关重要的。一个创新模式如果经得起市场的检验，将会迅速得到复制和提炼，并促使主管部门厘清思路，进而推动PPP相关立法进程。

三、PPP项目资产证券化的操作模式

（一）PPP项目资产证券化结构图

PPP项目资产证券化的基本结构如图1所示：

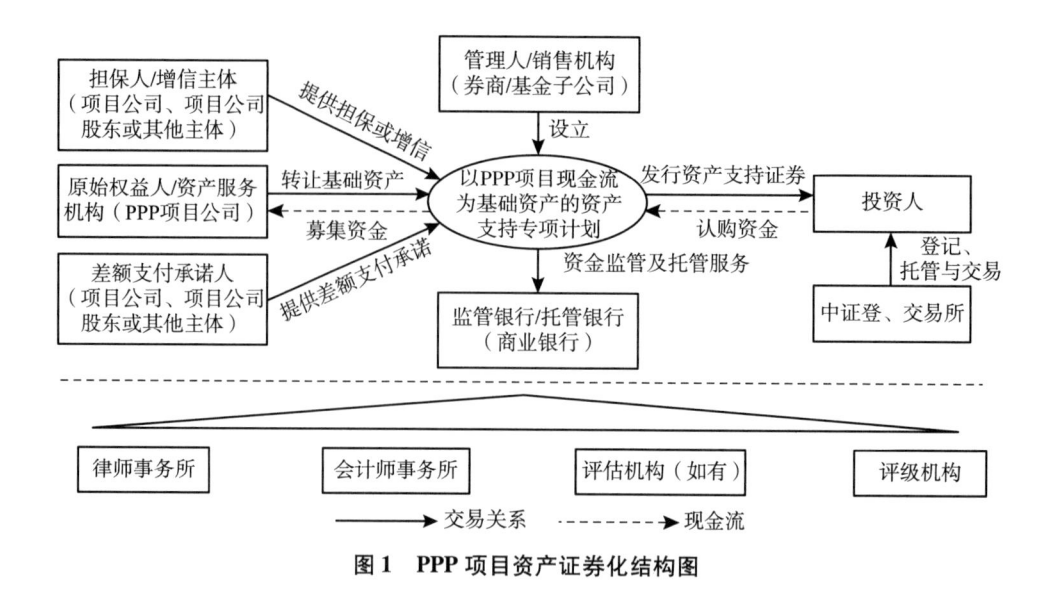

图 1　PPP 项目资产证券化结构图

（二）PPP 项目资产证券化的前提条件

根据 2698 号文，开展资产证券化的 PPP 项目应符合以下特定条件：

1. 程序合规

程序合规可分为两方面，一是开展 PPP 项目的程序合规，二是项目审批手续合规。目前 PPP 项目实施程序的合规性（主要见财政部发布的《政府和社会资本合作模式操作指南（试行）》和国家发改委发布的《传统基础设施领域实施政府和社会资本合作项目工作导则》）已经得到各方的高度重视。但对于 PPP 项目审批手续的合规性，很多投资人，包括金融机构都并不重视，在开工条件、土地权属、设施权属、政府付费纳入预算等程序方面，大量的 PPP 项目都存在合规瑕疵。如果不进行资产证券化，此类 PPP 项目在双方不出现重大争议的情况下也可能做得下去，但如果希望进行资产证券化，则需要充分梳理和消除此类合规性问题，并将耗费相当的资源和成本。因此，在 PPP 项目开展之初就将合规性给予重视，应当成为 PPP 项目各方的优先选项。

2. 工程质量符合规定

PPP 项目多为基础设施建设项目，因此在建设完成后，各项工程均应依法履行竣工验收手续，并符合 PPP 项目合同中约定的质量标准。

由于 PPP 项目的运营期较长，且运营情况直接关系 PPP 项目的现金流和收益。因此工程质量的考核除应符合目前通用的建设工程质量标准外，可结合 PPP 项目实际情况，从项目长期稳定运营的角度出发，设置相关的工程考核标准，以保障项目公司在运营期的正常运营。

3. 回报机制

开展资产证券化的时间应在进入运营期两年以后（拟通过报价系统发行的情形不受此限），且项目可产生持续、稳定的现金流。对于 2014 年以后实施的 PPP 项目，绝大多数运营期还不满两年，因此目前符合 2698 号文的多为存量项目。但考虑到资产证券化的程序较为复杂，可在运营期尚未满两年时即启动相关工作。

对于项目现金流的来源，2698 号文并未明确进行限定。因此，无论是政府付费项目、使用者付费项目，或者是政府付费+可行性缺口补贴的项目，均可实施资产证券化。《负面清单》对"政府与社会资本合作模式项目中地方政府应支付或承担的财政补贴"开出绿灯，也说明政府付费是可以作为基础资产来源的。

4. 当事方资质

对于作为原始权益人的项目公司而言，应符合《证券公司及基金管理公司子公司资产证券化业务管理规定》及 2698 号文对其资质的相关要求，重点把握内控制度、企业信用、经营能力、违约行为等方面。

（三）PPP 项目资产证券化常见法律问题

和成熟的企业资产证券化产品相比，PPP 项目资产证券化具有很多新特点，具体实操层面，需要结合 PPP 项目的特点对基础资产、原始权益人资质、增信措施等进行尽职调查和法律分析，交易所和报价系统也往往会就此提出问题，需要提前做好准备，根据笔者以往的项目经验，如下法律问题需要引起关注：

1. 实施机构同意

在 2014 年之前的 PPP 项目多是特许经营项目，当时的项目参与方并没有资产证券化的预设安排，因此在标准的《特许经营协议》及其附属文件（如项目公司股东协议及章程）中，通常会对项目公司的融资安排及合同权利转让作出限制：（1）未经政府方同意，不得转让其在《特许经营协议》项下的任何权利、义务；（2）未经政府方同意，不得抵押项目设施或者质押其在《特许经营协议》项下的收益权。

在 PPP 项目资产证券化的结构设计中，项目公司将其项目收益权转让给专项计划，应视为是部分合同权利的转让，需要取得政府方的确认。此外，由于项目收益权发生转让，原有的收费权质押（如有）需要进行变更，也需要完成相关备案手续。因此，政府方对资产证券化安排的确认一般会是 PPP 项目资产证券化必不可少的批复文件之一。

对于目前新建的 PPP 项目，完全可以在《实施方案》准备及招标/采购阶段对资产证券化安排预留接口。

2. 政府支付责任

PPP 项目中作为基础资产的现金流如果有部分或全部来源于政府付费，则需要确保该付费已经合法纳入地方预算。就此问题，可从两个方面判断，第一，在 PPP 项目准备阶段，政府付费义务应已经通过物有所值评价和财政承受能力论证。第二，PPP 项目合同签署后，其项下的政府跨年度财政支出责任经本级人民政府批准纳入中期财政规划，当年度支付责任纳入本级地方政府预算并经本级人大批准。

但由于 PPP 项目周期较长，而地方政府的预算审批是按年度进行，因此在基于 PPP 项目设立的专项计划发行时，实际并没有任何手段可以确保政府付费在专项计划的存续期内均可以得到足额偿付。因此，基础资产现金流的稳定仍然具有不确定性。

3. 项目资产所有权

绝大多数基础设施类的 PPP 项目均采用 BOT 的方式，项目公司负责项目设施的建设，但在运营期内实际并不拥有项目设施的所有权，即使是在运营期内拥有项目设施的所有权，合作期满之后，项目设施也要移交给政府方。就此特性，PPP 项目的会计处理上，对于建造合同收入应当按照收取或应收对价的公允价值计量，在确认收入的同时，应分别认定为金融资产或无形资产，而不认定为固定资产。

如果项目公司并没有项目资产所有权，其是否有权利运营项目设施并取得收益，是交易所或者增信方经常提出的问题。在 PPP 项目中，如果实施程序合规，PPP 项目合同约定明确（特别是关于经营权和收益权的约定），可以实现项目设施所有权、经营权、收益权的分离。即使在项目公司不拥有项目设施权属的情况下，仍然可将收益权作为基础资产。

4. 真伪 PPP 项目

为保证基础资产的现金流持续、稳定，PPP 项目本身的合规性应不存在硬伤。但实践中存在一些"伪 PPP 项目"，例如，名为政府购买服务实际为购买工程、以土地开发收益与 PPP 项目收益进行捆绑、纯 BT 项目并无实质运营，或者政府/平台公司兜底的明股实债项目等，此类项目如拟进行资产证券化，由于项目本身合规性存在问题，将会导致基础资产的合规性及相关现金流的稳定性存在隐患。

5. 复合型 PPP 项目的基础资产界定

随着本轮 PPP 模式理论和实践经验的不断发展，复合型 PPP 项目越来越多。复合型项目可分为两种，一种是同性质的子项目打捆，例如，多个污水处理厂、多条地下管廊；另一种是不同性质的子项目打捆，该类型的项目实际是一个项目包，包含了不同种类的子项目，有些是使用者付费，有些是政府付费，例如，基础设施建设＋产业导入的园区开发项目。

根据《负面清单》的要求，"法律界定及业务形态属于不同类型且缺乏相关性的资产组合，如基础资产中包含企业应收账款、高速公路收费权等两种或两种以上不同类型资产"不宜作为基础资产。

对于第一种复合型项目（即同类子项目打捆），将多个子项目的现金流收益作为基础资产应不违反《负面清单》，市场上也有较多尝试。但对于第二种复合型项目（即非同类子项目打捆），则需要考虑《负面清单》的要求，根据实际情况具体分析。笔者认为，对于此类型项目，不建议采取一律否定的标准，可从项目性质和收费来源入手进行分析，对于性质相近且收费来源相同的子项目群，即使是项目类别有差异，也可考虑整体作为基础资产。

6. 增信措施之政府付费承诺

在 PPP 项目发展过程中，很多参与方对政府方承诺存在"偏爱"，将拿到主管部门或者财政部门的付费承诺作为项目审核标准，但此类承诺函/安慰函却并不具有法律约束力，也无法得到执行，更不具有增信的效果。如果过分强调政府方付费承诺，只能是迫使地方政府有法不依，违法出函，对于 PPP 项目未来的顺利发展也并无好处。

同理，为 PPP 项目资产证券化增信的目的，可能需要第三方主体提供担保或隐性担保。如果提供担保的主体为地方政府及其所属部门、事业单位、社会团体、与地方政府融资职能尚未脱钩的融资平台公司等，将不符合财政部关于控制地方政府债的相关规定，即存在合规问题。

7. 增信措施之应收账款质押

在 PPP 项目融资过程中，收益权质押在目前《物权法》、《担保法》体系下并未得到明确[①]，以往多为各地方的实操经验（例如，高速公路收费收益权质押需要到交通行政主管部门进行备案，污水处理费收益权质押需要到建设行政主管部门进行备案）。在 2015 年最高法院的判例出台后[②]，通过法

---

① 根据我国《物权法》的规定，权利质押的范围仅限于（一）汇票、支票、本票；（二）债券、存款单；（三）仓单、提单；（四）可以转让的基金份额、股权；（五）可以转让的注册商标专用权、专利权、著作权等知识产权中的财产权；（六）应收账款；（七）法律、行政法规规定可以出质的其他财产权利。

按照我国《担保法》第七十五条的规定，可以作为权利质权标的物的主要有以下权利：（1）证券债权，包括汇票、支票、本票、债券、存款单、仓单、提单等；（2）依法可以转让的股份、股票；（3）依法可以转让的知识产权，包括注册商标专用权、专利权、著作权中的财产权；（4）依法可以质押的其他权利。由此可知，《担保法》调整的权利质权主要是证券质权、股份质权、知识产权质权及其他质权，而没有明确规定收益权质权。最高人民法院《关于适用〈担保法〉若干问题的解释》第九十七条进一步规定："以公路桥梁、公路隧道或者公路渡口等不动产收益权出质的，按照担保法第七十五条第 4 项的规定处理。"据此，公路桥梁、公路隧道或者公路渡口等不动产收益权也可以纳入《担保法》第七十五条所指的"依法可以质押的其他权利"之中，作为权利质押的标的。但是对于其他收益权，却无明确的可质押融资的依据。

② 《人民法院报》2015 年 11 月 26 日第一版：指导案例 53 号福建海峡银行股份有限公司福州五一支行诉长乐亚新污水处理有限公司、福州市政工程有限公司金融借款合同纠纷案，旨在明确特许经营权的收益权可作为应收账款予以质押，对于协调新生物权与物权法定原则提供了指引，有利于解决对特定项目（如污水处理）的特许经营权能否质押及收益权质押实现方式的争议，统一裁判标准，对规范金融机构特许经营权的质押贷款业务并促进基础设施项目的融资有积极指导意义。

院判例的形式承认特许经营权收益权可进行应收账款质押。

在PPP项目资产证券化结构设计中，有些参与方（非专项计划管理人）出于对基础资产风险控制的诉求，希望将PPP项目收益权质押给该方，这在法律关系上存在障碍。因为作为基础资产的PPP项目收益权已经转让给专项计划，项目公司已经不是该收益权的所有权人，无权再对收益权进行任何处置。如果做该等质押安排，在基础资产的合法性、权属确定性上都存在问题。

可考虑的一点是，由于项目公司转让的只是一定期限内的收益权，在期限届满后，项目公司仍然是该收益权的合法所有人，届时可以再考虑设置质押。

8. 增信措施之担保（追偿权）

资产证券化安排中外部担保往往是投资人较为认可的增信手段。担保公司需要对原始权益人或其母公司的差额支付/回售和赎回承诺等义务承担担保责任。对此，应明确担保公司承担担保责任之后，其可向原始权益人或其母公司（被担保方）追偿，但却不能直接向PPP项目合同的政府方或者实际使用者追偿，因为在担保方和付费主体之间没有直接的法律关系，其追偿权仅限于被担保方层面。

（四）PPP项目资产证券化的风险和应对

基于PPP项目的特点，在进行资产证券化产品设计时，以下风险建议重点关注：

1. 运营风险

目前绝大部分2014年之后实施的PPP项目还处于建设期，为了加速项目的落地，部分项目在招标/采购阶段并不重视运营绩效，存在施工利润和项目收益互补的问题，由于施工企业可以取得施工利润，因此对项目运营往往并不关注。这将导致部分PPP项目的运营期基本没有收益或者是负收益，或者项目公司可能严重亏损而项目公司施工方股东由于取得施工利润已经实现了投资回报，进而不再关注项目运营。而PPP项目资产证券化的基础资产现金回收基本在运营期，与项目运营情况直接相关，与项目公司的经营情况也直接相关。因此考虑资产证券化的PPP项目，更应关注项目全周期的运营情况和经营能力，避免重建设、轻运营。

为了对项目的运营水平进行评估，管理人和投资人除了依靠现金流预测之外，还建议对项目公司的运营管理水平、当地市场情况、PPP项目合同（运营绩效相关内容）进行考察。通常资产证券化的结构安排中会要求项目公司（作为原始权益人）或其股东与管理人签署《资产服务协议》，要求项目公司对基础资产的现金流回收提供技术服务，此种安排一定程度上可以规避（但不能完全消除）PPP项目的运营风险。

2. 政府付费风险

在依靠地方政府付费实现收益的PPP项目中，地方财政能力、地方政府信用等对资产支持证券的流动性、投资人的信心等非常重要。因此，在实施PPP项目过程中，政府方是否诚信履约、依法将政府付费义务纳入中期财政规划及当年度人大预算并按期支付等应是在做产品设计时重点考虑的问题。

为了规避此风险，管理人可以关注PPP项目前期的财政承受能力论证环节。根据财政部的要求，地方每一年度全部PPP项目占一般公共预算支出比例应当不超过10%，这是财承论证的核心环节。但实际情况是很多地区已经突破了这个"红线"，对于负债率已经很高的地区，如果在项目财承论证环节避重就轻（例如，仅论证一个项目的财政支出责任而不是论证地区整体项目的支出责任），即使是依法走完程序的PPP项目，其地方支付能力也是堪忧的。除此之外，在某些项目中，政府支出责任分散在市、县两级政府，需要对每个付费主体的能力都进行评估。

3. 协议风险

PPP项目合同（或特许经营协议）是PPP项目的核心文件。在协议中会对项目的边界条件、运作模式、各方权利义务进行详细的约定。PPP项目合同比较专业和复杂，但管理人、投资人的关注程度却不足，但PPP项目合同和资产证券化方案是有密切联系的。例如，付费条款，可考察项目的预期收益情况；违约条款，可考察项目公司的违约风险；融资条款，可考察项目融资结构和资产证券化的衔接；提前终止、不可抗力、法律变更条款，可考察在极端情况下基础资产的质量。如果能够对 PPP 项目的边界条件有清晰的认识，对产品结构设计、销售等环节将有所帮助。

例如，发生 PPP 项目合同项下的提前终止（包括违约、不可抗力、法律变更、征收征用等情形下的终止），可考虑政府方所支付的提前终止补偿款是否可应管理人的要求全部或部分优先偿付资产支持证券投资人的投资本息，提前终止补偿金额的计算也应对相关投资本息予以考虑。

特别需要提示的是，由于 PPP 项目大多是基础设施或者公共服务类项目，公共利益保护也是此类项目的核心理念之一。在设计资产证券化结构的时候，建议详细斟酌 PPP 项目合同的相关内容（例如，政府方介入、因公共利益导致的变更、征收、调价等），力求实现项目公司、政府方和社会公众的多赢。

总而言之，PPP 项目周期较长，协议复杂，在设计产品结构时应认真考察 PPP 项目协议，即避免对公共服务的持续供给造成不利影响，也应尽可能在 PPP 项目自身层面争取更多的利益点。

四、PPP 项目资产证券化的预设安排

（一）预设安排的建议

1.《实施方案》、《招标/采购文件》及 PPP 项目合同预设

（1）建议明确规定 PPP 项目进入运营期后允许项目公司自行决策通过实施资产证券化进行二次融资，并允许项目公司作为原始权益人将其在 PPP 项目中可获得的收益权转让给专项计划。

通过此约定，可以确保在启动资产证券化安排时，政府方给予充分的配合，避免届时由于无法取得政府方确认导致项目进度迟延。

（2）建议明确在进行资产证券化过程中，允许项目公司与融资方进行协商后进行融资替换。相应的，项目融资文件也应为此预留相关接口。

如果PPP项目拟进行资产证券化,其原有融资对基础资产的影响(例如,收益权质押)需要消除,另外届时项目公司作为原始权益人和资产服务机构,通常仅保留日常运营所需资金,其余收益均用于偿付专项计划投资人的本息,因此,在做资产证券化时,有必要将项目公司现有融资全部清偿,这可能需要拆借过桥资金完成。

2. 项目回报机制

应考虑基础资产的规模、存续期限与资产支持证券的规模、存续期限相匹配,并考虑资产证券化的产品收益周期和项目公司现金流回收周期相吻合。国内资产证券化产品的期限绝大部分不长,而PPP项目的运营周期一般为10~30年,这可能会产生PPP项目收益及资产证券化投资人收益偿付的错配,这个问题当然可以通过增信措施予以解决,但考虑到PPP项目资产证券化还是应关注项目本身质量,建议管理人在设计产品方案时对项目本身的运营情况给予充分关注。

3. PPP项目财务投资人退出

由于PPP项目中大量财务投资人均有中短期退出的诉求,因此可在PPP项目融资文件中对资产证券化的方案进行预留,明确通过资产证券化方式可对财务投资人已发放融资进行替换。更成熟的操作是,在财务投资人进行PPP项目投资时,就可以请具有资产证券化经验的机构对PPP项目文件、项目条件进行梳理,对未来PPP项目资产证券化的可行性、市场发行情况进行预测。对于资本市场青睐的PPP项目类型,通过资产证券化安排可以更直接、迅速的满足财务投资人的退出诉求,将有利于降低PPP项目前期的融资成本。

4. 对实施机构的要求

实施机构应对PPP项目资产证券化提供多方面的支持,包括出具确认函、在资产证券化涉及的融资方式变更(解押)、付费方式变更(例如,资金归集所导致的付款账户变更)等方面给予支持,因此实施机构对PPP项目资产证券化的认识程度决定了后期专项计划设立的难易程度。

对于实施机构而言,资产证券化的前提条件是不能变更PPP项目的核心条件，不能影响项目公司对 PPP 项目合同义务的履行，否则实施机构将有充分的理由拒绝资产证券化方案。尽管目前没有任何法律法规规定 PPP 项目资产证券化的方案需要由实施机构事先审批，但其结构设计、增信措施、现金流测算与归集等安排和 PPP 项目的稳定运营有直接关系，应给予实施机构基本的知情权和建议权。因此，实施机构和项目公司之间应建立友好、灵活的沟通机制，以实现双赢局面。

（二）PPP 项目资产证券化的未来发展方向

PPP 项目资产证券化短期看着眼于解决 PPP 项目二次融资或投资人退出的问题，但从长期发展来看，PPP 项目资产证券化与 PPP 项目的基本政策目标，例如，促进投融资机制改革、改善地方政府的治理模式等具有高度契合。因此，PPP 项目和资本市场对接以后，对 PPP 领域改革的倒逼机制是可以期待的。这个倒逼效应也会延伸到 PPP 的立法，包括正在进行编写的 PPP 条例，以及条例出台之后的其他规范性文件等成体系立法工作，都会受到来自于资本市场的压力和监督。最终形成一个长期稳定的政策与法律环境。

尽管目前 PPP 项目资产证券化还面临定价机制不透明，投资人依然依赖强增信进行投资的思路，且相关产品的发行也尚未实现真正的"市场定价"和"市场认购"，但 PPP 项目资产证券化无疑给巨大的基础设施投资领域带来了更多的流动性和创新点，这既是机遇，也是挑战。

附件：

部分资产证券化相关法律法规

发文机构	法规名称	发文时间
证监会	《证券公司及基金管理公司子公司资产证券化业务管理规定》	2014 年 11 月 19 日
证监会	《证券公司及基金管理公司子公司资产证券化业务信息披露指引》	2014 年 11 月 19 日
证监会	《证券公司及基金管理公司子公司资产证券化业务尽职调查工作指引》	2014 年 11 月 19 日

续表

发文机构	法规名称	发文时间
上海证券交易所	《上海证券交易所资产证券化业务指引》	2014年11月26日
上海证券交易所	《上海证券交易所资产证券化业务指南》	2015年2月5日，历经数次修订，最新版为2016年10月28日第10次修订版
深圳证券交易所	《深圳证券交易所资产证券化业务指引》	2013年4月22日发布，2014年11月25日修订
基金业协会	《资产支持专项计划备案管理办法》	2014年12月24日
基金业协会	《资产证券化业务基础资产负面清单指引》	2014年12月24日
基金业协会	《资产证券化业务风险控制指引》	2014年12月24日
基金业协会	《资产证券化业务自律规则的起草说明》	2014年12月24日
基金业协会	《资产支持专项计划说明书内容与格式指引（试行）》	2014年12月24日

作者简介：

孙丕伟，毕业于中国政法大学，现为北京市君合律师事务所金融与基础设施业务部资深律师。主要业务领域为基础设施和项目融资、并购及公司业务等，对PPP项目及相关资产证券化业务有深入的研究和丰富的实践经验，曾为国内外多家知名公司、机构实施的各类型基础设施、PPP项目提供法律服务。还曾为多家企业、政府机构进行PPP项目及资产证券化业务实施培训。2016年11月，获得The Legal Asia Pacific 2017 editorial（《亚太法律500强》杂志）基础设施和项目融资领域重点推荐律师，是财政部PPP专家库法律专家。

刘世坚，毕业于美国杜克大学法学院（Duke University School of Law），现为北京市君合律师事务所合伙人、君合金融与基础设施业务部北京负责人，同时也是国家发改委、财政部定向邀请入库的PPP专家、中国国际工程咨询公司、中国国际工程咨询公司战略研究院第二届学术委员会专家、E20研究院特约研究员（市政环保资产证券化）。自1998年开始从事境内外基础设施项目投融资业务，全程参与了国内诸多经典PPP项目的运作与实施,并作为法律专家深度参与 PPP 立法工作,分别为国务院法制办、国家发改委、财政部及多个省市提供 PPP 立法建议,参与 PPP 项目资产证券化相关立法及培训工作。目前,受邀作为五名中国专家之一参与联合国欧洲经济委员会(United Nations Economic Commission for Europe)组织的轨道交通项目 PPP 国际标准制定工作。

PPP+EPC 整体采购模式之探讨

唐凤池

一、前言

PPP 为投融资模式，EPC 为承发包模式；在 BOT 项目中，EPC 是对其中的"B"的模式细化。目前，我国大量 PPP 项目上马，绝大多数项目采用所谓"两标并一标"的模式：政府实施机构招标选定社会资本；政府出资平台与中标社会资本合资成立项目公司；实施机构授权项目公司负责该项目的投资建设运营；项目的设计施工任务由具有资质的中标社会资本所来承担，不再另行招标；项目公司与社会资本股东签署施工总承包合同或者 EPC 工程总承包合同。在一些技术成熟度高、市场竞争充分、市场价格透明的行业中，PPP 项目采用 EPC 模式已经相对成熟，比如，污水处理项目在 PPP 社会资本招标时，政府提出污水处理水量、水质要求，投标人提供 EPC 方案，评标时先评技术方案，技术方案合格者方为有效报价。同时，也存在一些行业的市场竞争不够充分、市场价格不够透明，不少 PPP 项目存在运作不规范等诸多问题。很多有识之士对此表示担心，反映的问题主要集中在政府财政支付能力、政府违约风险、重建设轻运营等方面，已有许多文章见诸媒体。业内也早有 PPP+EPC 的说法，但在实际操作过程中，往往是将 PPP 招商和 EPC 承发包分开，即由中标的社会资本承担项目 EPC 任务，未能发挥整体采购的优势。笔者主要从实际操作角度，分析 PPP+EPC 整体采购的必要性与可行性，分析存在的一些问题，并探讨合理的解决办法。

二、PPP 项目存在的问题

（一）可研报告编制深度不够

各地为了加快 PPP 项目的落地，一般是在完成可研批复后、初步设计或施工图设计开展前，进行社会资本招标。而一些项目的可行性研究报告编制深度达不到要求，有些甚至是在走过场，以此可研报告的投资数据去做财政承受能力报告、进行社会资本招标，势必留下诸多后患。

（二）设计方案"一厢情愿"

一些项目，特别是经营性、准经营性项目，如特色小镇等，由政府主管部门主导可研报告及设计方案的编制。很多设计方案是政府方的"一厢情愿"，市场定位不一定合理，也不一定符合社会资本的意愿，待中标社会资本进场后，具体设计方案可能需要大幅度的改动，甚至是颠覆性的更改。比如，某单位有一个餐饮的门脸房要出租，招商前设计的装修方案不一定符合租户的需求，租户进来以后，很可能要重新设计装修。合理的办法，应该是先找到租户，由租户自己去进行市场定位、设计、装修。

（三）用规划替代产业策划

术业有专攻，一般而言规划设计单位对产业策划不够专业。正常情况应该先找到专业领域有成功案例的产业策划单位进行产业策划，再找规划设计单位进行规划，目前很多项目往往忽视了这一环节。加之设计取费是以项目总投资为取费基数的，投资额越大设计费越多。因此，规划设计单位主观上很难有控制总投资的欲望，有些缺乏职业素养的设计单位，甚至希望尽可能将投资额做大。笔者参加过一个项目的设计方案论证会，设计方案做得很漂亮，项目总投资预计约 100 亿元，笔者问了几个问题，项目发起单位就将投资额调到 50 亿元以下了。

（四）PPP 招标与 EPC 脱节

PPP 社会资本采购完成后，由 SPV 项目公司与中标社会资本签署 EPC 合同，没有进行捆绑招标。如果一个 PPP 项目社会资本中标时，设计图纸尚未完善，SPV 公司的管理层主要由中标社会资本派出，现实中社会资本往往只关注施工利润，而施工利润的多少又与工程总投资密切相关。这个时候，如果采用的是 EPC 总价合同，由于前期设计方案论证不够充分，由此留下诸多隐患，难以调解。如果采用的是单价合同，结算价格按照实际工作量据实调整，社会资本主导的 SPV 公司主观上很难有优化设计、节约投资的动力，项目后期结算、财政审核、审计势必工作量大、周期长，双方容易产生分歧，可能会影响可行性缺口补助的按期支付，并导致可行性缺口补助的实际支付额超出财政承受能力论证报告的计划支付额。

三、合理的解决方案——PPP + EPC 整体采购

根据上面存在的这些问题，比较合理的解决方案是 PPP + EPC 整体采购，即 PPP 投融资模式 + EPC 承发包模式整体采购，采用固定总价合同。这样的操作模式，在污水处理项目已经很成熟，在传统承发包模式中，也有一些成功案例。一方面可以集思广益，让各家潜在社会资本参与市场定位、产业策划、优化设计方案，使得设计方案更为合理，更符合市场需求；另一方面，减少设计变更甚至重大调改，从而降低项目总投资，减少政府不必要的支出；同时还可以增加项目的收益性，减少项目后期纠纷，使项目得以顺利实施。这种模式在操作过程中也存在一些问题需要解决。

四、PPP + EPC 整体采购实际操作过程中遇到的主要问题

1. 如何约定好项目的技术要求，让各家社会资本投标人，在统一的平

台下进行设计、报价，各家的技术方案、报价真正具有可比性？

2. 按照我国现行制度，设计归规委管，施工归建委管，立项及招标采购方式批准归发改管。PPP + EPC 整体采购这种招标方式，应该在哪个平台上招标？相关主管部门是否能批准？实际工作中，各地指定的招标采购平台对此意见并不一致，有的开始表示不能接受，后来经过沟通协调才得以实行。

3. 一般 PPP 社会资本招标的评标环节，由内外部专家、财务、法律人员组成的评标委员会进行现场打分、现场评定，一般评标时间不超过一天。一个 PPP + EPC 整体采购项目，投标文件包括设计图纸、投融资方案、建设管理方案、运营维护管理方案、报价等，这些文件非专业人士不会看懂，即使是专业人士，也得要花费一定的时间精力，才能真正看完。如果仅由招标平台随机抽取的专家，在短时间内进行现场打分确定投标人排序，是否合理？

4. 如果由事先组织的设计人员、专业人员组成清标小组，提前投标文件进行清标，发现设计图纸、投融资方案、建设管理方案、运营维护管理方案中存在的问题书面记录下来，供评标专家参考。采用这种模式地方政府相关部门、招标采购平台是否接受并批准同意？未中标的社会资本是否会对清标小组的公正性发生质疑，继而投诉？

5. 潜在社会资本需要投入大量的人力物力进行产业策划、设计优化、深化，而真正的中标单位只有一家，其他单位均未能中选。如何调动潜在社会资本的积极性，使得各家社会资本投标人没有后顾之忧、积极参与？

五、PPP + EPC 整体采购主要对策

针对上面存在这些问题，可以采取下列办法解决：

（一）统一招标标准

招标人给出概念方案、现状条件、规划条件、功能需求，要求潜在投标人在现有方案基础上进行优化、深化，要保证各家设计的出发点满足招标文

件要求，基于统一的平台来编制技术方案和报价。必要时在设计图纸中，要明确主要材料设备的品牌范围、档次要求，使得各家报价基于统一的标准。

（二）提前清标

应与当地政府相关部门、招标采购平台沟通，采用两个阶段评标，先评EPC技术方案标，再评报价标，需要主管部门同意此种采购方式。评技术方案标时，组织清标小组，由招标人、设计方案编制单位、可研报告编制单位、咨询单位、外聘专家等组成，对各家设计图纸进行审图，对技术方案进行审查，形成清标记录，在评标开始前交给评标专家，供其评标参考。技术标合格的投标人，其报价方为有效报价。报价评标前先进行报价清标，形成报价的清标记录，在报价评标时，交给评标专家，由评标专家进行最后的综合打分，对投标人进行综合排名。清标时发现的问题，在合同谈判时由投标人予以澄清，并达成共识。

（三）可采用暗标

为了防止清标小组、评标专家的不规范行为，必要时技术标、报价标均可采用暗标。

（四）未中标补偿

考虑到各投标人投入了大量的人力、物力，可以比照传统设计方案征集的惯例，对未中标单位给予适当补偿。在中标结果公示后，按照投标人的排序，中标单位不予补偿，未中标但排名靠前的单位补偿额度略大，排名靠后的单位略低。相对于很多项目巨大的总投资而言，这些补偿费只是九牛一毛，是有必要的，能为项目节约大量投资，减少后期纠纷。

六、后记

2017年是PPP项目的落地年，大量项目已经或即将落地。不少从业人员抱怨 PPP 项目太复杂，甚至有人认为是出于自身利益的人为复杂化。大家都知道，传统工程项目的项目管理就已很复杂，如果说 PPP 项目是一件婚姻，传统承发包的工程项目顶多算一场恋爱，有一句歌词"相爱总是简单、相处太难"，类似婚姻的 PPP 项目在传统工程项目的基础上，还涉及投融资、运营维护、绩效考核，所以复杂是正常的。一些为传统工程项目招标采购制定的法律法规，完全照搬到 PPP 项目采购上来，不一定非常合适，希望政府相关部门能对现行招标采购法律法规整合调改，在此之前，各地相关政府主管部门能根据 PPP 项目特点进行通融，接受 PPP + EPC 整体采购、两阶段评标、提前清标这种模式。另外，作为业内人士，希望各个项目在前期策划、设计、咨询、招标环节做好基础功课。

作者简介：

唐凤池，高级工程师，哈尔滨工业大学学士，北京大学光华管理学院 MBA，曾从事过多年施工项目管理和业主方项目管理，现供职于北京大岳咨询有限责任公司。

财政部、发改委 PPP 项目实际操作流程图

唐凤池

国家倡导 PPP 模式时间已经不短，2014 年以来财政部、发改委出台了若干文件来指导 PPP 项目具体的操作，但是实际工作中不少从业人员对操作流程还不是很清楚。这里分享一下笔者之前绘制的两张流程图，图 1，结合财政部"财金〔2014〕113 号"、"财金〔2016〕92 号"绘制，图 2，根据发改委"发改投资〔2016〕2231 号"绘制，供各位参考。图 1、图 2 均采用 VISIO 绘制的跨职能流程图，比较直观，便于查阅。

财政部、发改委 PPP 项目实际操作流程图

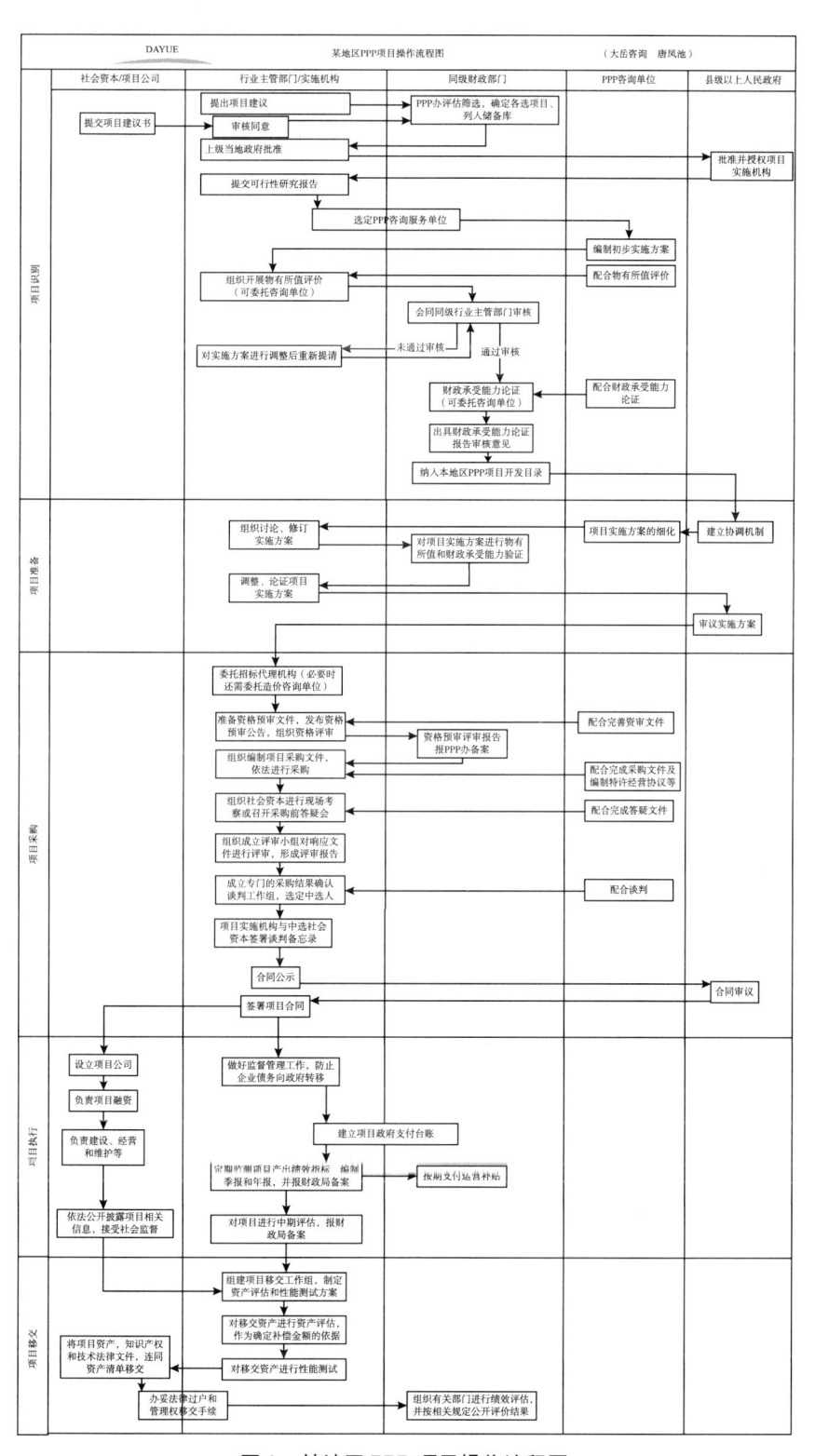

图 1　某地区 PPP 项目操作流程图

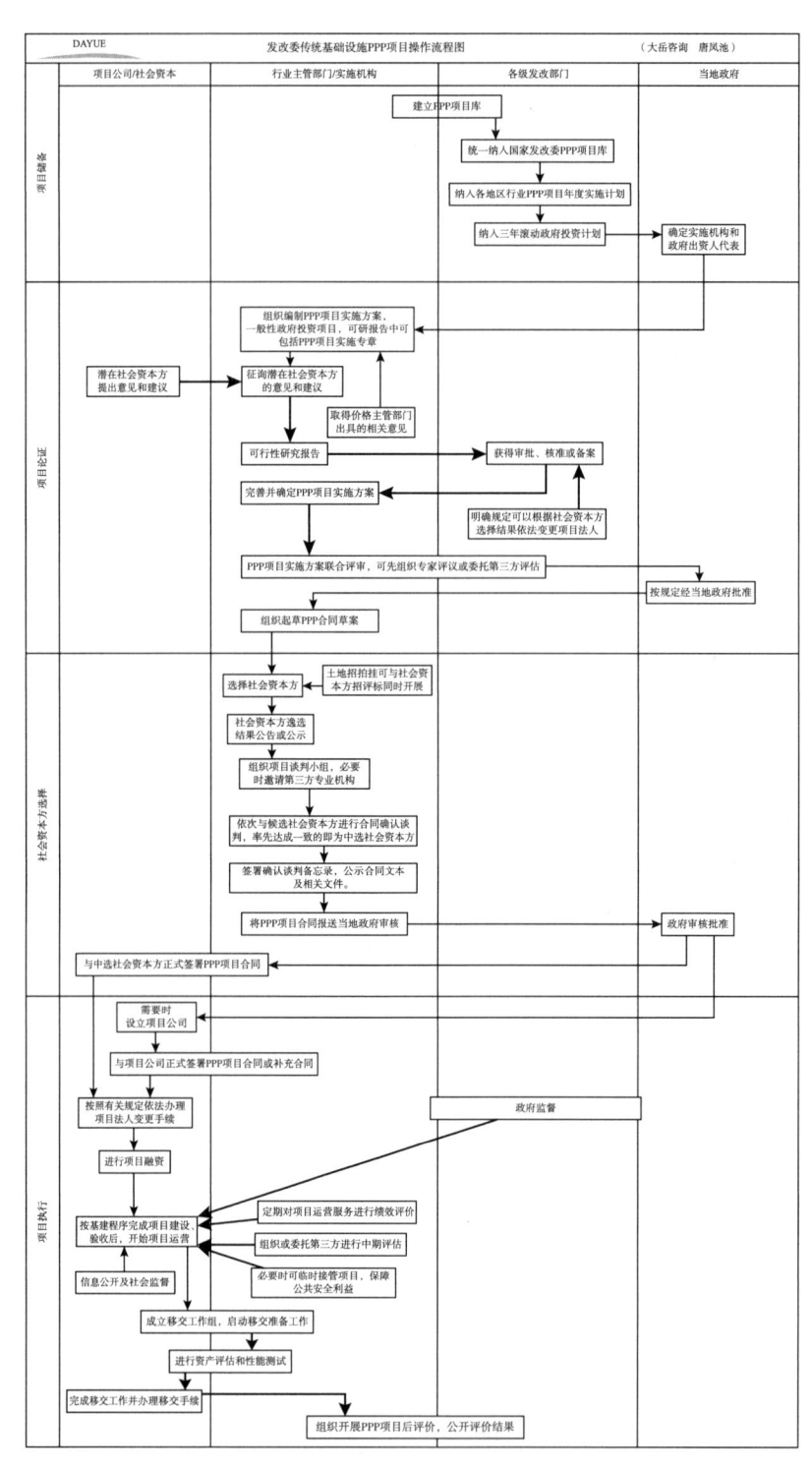

图 2 发改委传统基础设施 PPP 项目操作流程图

E20 研究院：环卫市场化报告之一

——从政府购买服务到 PPP

汤明旺　赵喜亮

2017 年 5 月 19 日，E20 研究院通过网络直播方式发布《3.0 时代下的环卫行业市场分析报告》，在业界获得极大关注。为进一步解析环卫市场情况，E20 将深化研究。本篇聚焦于环卫市场化实操的新变化——从政府购买服务到 PPP 模式。

一、传统环卫领域集中于清扫和转运环节

根据原建设部《城市环境卫生当前产业实施办法》的定义，环卫行业是指为有效治理城市垃圾、粪便等城市生活废弃物，为城市人民创造清洁、优美的生活和工作环境而进行的垃圾、粪便的收集、运输、处理、处置、综合利用和社会管理等活动的总称。同样是原建设部发布的文件，《城市环境卫生质量标准》明确环卫行业的所涵盖的作业内容包括：（1）道路清扫保洁；（2）生活垃圾和粪便收集运输处理；（3）公共场所环境卫生。

这里，前者是"大环卫"，是包括垃圾清扫、收运、处置及综合利用系列活动的总称；后者是"小环卫"，指包括道路清扫保洁、垃圾分类、垃圾收运等一系列的作业行为，也被称为传统环卫领域。

PPP 在垃圾处置环节的运用已相当成熟，且产出说明较为明确、绩效考核标准规范、交易结构清晰，因此本文主要研究传统环卫领域。

"小环卫"，是机会待挖掘的千亿级"大市场"。2015 年全国城市道路清扫面积 73.3 亿平方米，以道路清扫费用 10 元/平方米·年计算（行业平均道路清扫价格在 8~12 元/平方米·年），每年全国城市道路清扫市场空

间约为733亿元。2015年，全国城市生活垃圾清运量为1.91亿吨，以垃圾清运费用75元/吨计算，每年全国城市生活垃圾清运市场空间约为143亿元。两者合计达到876亿元。此外，2015年全国县城道路清扫保洁面积23.7亿平方米、垃圾清运量0.66亿吨，以同等单位服务价格测算，市场规模分别为237亿元和50亿元，合计为287亿元。因此，2015年全国城市及县城环卫整体市场规模已达到1163亿元。此外，考虑城乡公共服务均等化下各地逐渐推动城乡环卫一体化，乡镇道路清扫保洁市场也有不小的规模（截至2015年，乡镇铺装道路面积29.13亿平方米）。随着城镇化加快带来更大清扫面积及更高垃圾清运量、环卫标准提升带来单位服务价格上升，环卫市场将进一步扩大，有望在2020年突破1500亿元（见图1）。

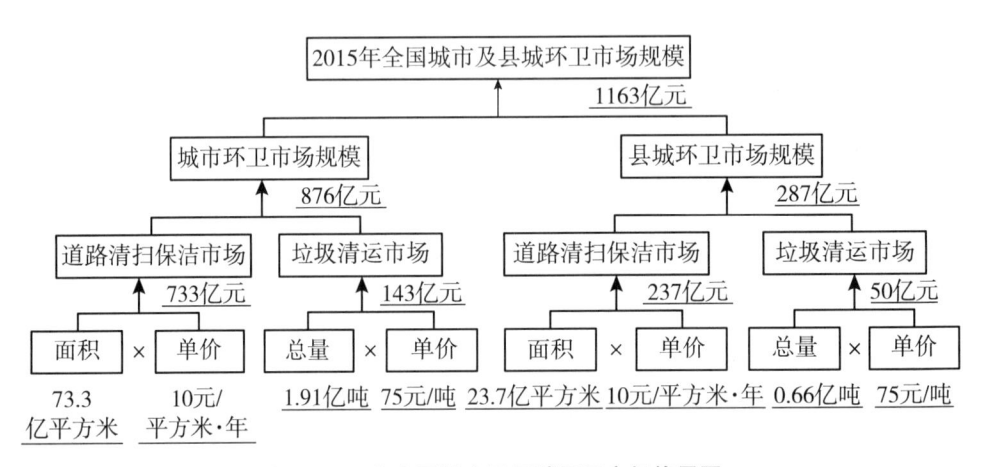

图1 2015年全国城市及县城环卫市场格局图

二、传统环卫市场化始于政府购买服务

根据E20研究院的观察，和其他环保领域一样，传统环卫的"政企合作"或者说服务界面也遵循从设备采购到工程服务、再到运营服务、最终向效果服务演化的规律。换句话说，传统环卫作为一项公共事业，由政府"一揽子"包办，最初与外部市场主体的合作仅限于设备采购和施工采购，运营管理责任由政府企事业单位承担。

真正意义上的环卫市场化，是指环卫服务本身的市场化。这种实践起步于20世纪80年代中期，北京、上海、深圳等地率先进行了一些探索。2003年以后，不少东部沿海城市纷纷推动环卫市场化，部分城市甚至实现了城区环卫全面市场化。特别是2013年《国务院办公厅关于政府向社会力量购买服务的指导意见》（国办发［2013］96号）发布，明确要求在公共服务领域更多利用社会力量，加大政府购买服务力度。自此，各地环卫市场化力度明显增强。

在此期间，环卫市场化的主要方式是政府购买服务。此种操作与传统环卫自身的特点密切相关。传统环卫项目的建设周期短、资金周转快，本质上属于劳动力密集型。更重要的是传统环卫基本不涉及建设，其市场化主要是改变过去政府事业编制下人工清扫、转运的低效率及高成本局面，以机械化操作获得成本及效率优势，从而满足政府及公众对城市环卫保洁质量的要求。因此，按照E20市政环保领域PPP分类格局图（见图2），严格意义上的传统环卫（即垃圾清扫、收运，不含收运站融资建设）应该归为非PPP类（D类），即不含融资和基础设施建设的非PPP类政府购买服务。具体方式上包括委托运营、托管运营等，基本均为轻资产服务模式。

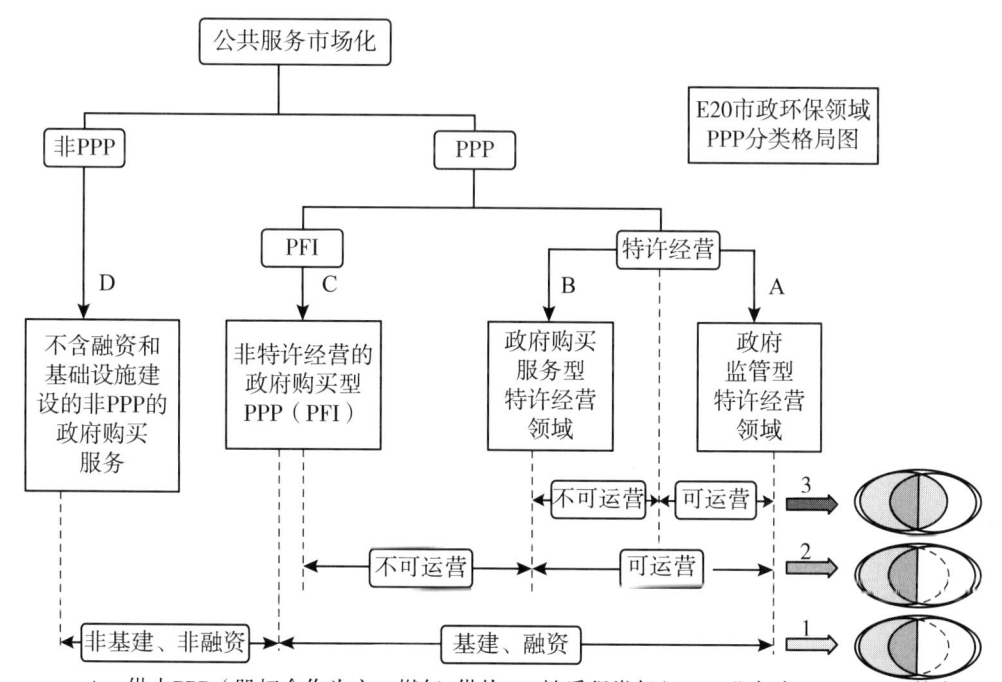

A：供水PPP（股权合作为主，燃气、供热PPP性质很类似）、工业危废BOT、地下管廊
B：污水厂BOT、垃圾焚烧厂BOT、垃圾填埋厂BOT、餐厨处理厂BOT、污泥处理厂BOT等（上述项目可能打捆包含收集运输）
C：管网融资建设、不含污水厂的黑臭水体治理和海绵城市、土壤修复、农村污水或垃圾治理等
D：垃圾清扫或收运（不含收运站融资建设）、城市水体维护、环境监测服务、基础设施的委托运营服务

图2　E20市政环保领域PPP分类格局图

全国环卫招标地图百强企业地图册中发布的数据显示，2016年全国环卫服务新签项目合同总额861亿元。其中，启迪桑德、北京环卫集团、福建龙马环卫、北控水务、深圳玉禾田、劲旅环境、中联重科、东莞家宝园林绿化、广州侨银环保、昌邑康洁环卫等十强合同额合计约占全行业的60%。我们关注到成长较好的企业有美城环境、万容科技、嘉诺资源、重庆环卫等。根据主要公司的中标信息分析发现，以委托、承包、采购等方式的政府购买服务项目依然占主导，这与E20市政环保领域PPP分类格局图的判断基本吻合。但这一格局正在悄然改变（见图3）。

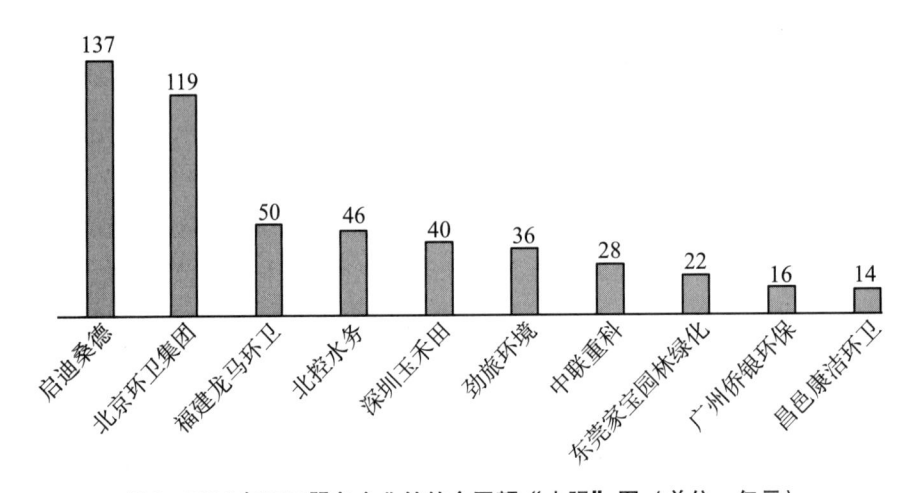

图3 2016年环卫服务企业签约合同额"十强"图（单位：亿元）

三、PPP渐成环卫市场化新主流

自2014年起，国家在基础设施和公共服务领域大力推广政府和社会资本合作（PPP）模式。和传统的政府购买服务不同，PPP项目具有投资规模较大、合作期限较长、政府每年度支出责任较小、付费与绩效考核挂钩等特点。环卫也是PPP适用的领域。根据E20从北京环卫集团等会员企业获得的反馈，目前各地环卫PPP项目数量明显增多，甚至地方政府明确要求将过去的政府购买服务转变为PPP模式。财政部PPP综合信息平台中，已有50多个环卫PPP项目（含清扫、收运）入库，其中16个项目已落地（见图4）。

```
                                        2013年
                                    《国务院办公厅关于政府
                          政府购买服务    向社会力量购买服务的
                                         指导意见》        PPP模式
        政府主导、市                     （国办发[2013]96号）
        场化起步阶段   小规模市场化试点阶段
        （20世纪80年   （2003~2013年）              大规模运作阶段
         代~2002年）                                （2013年至今）
```

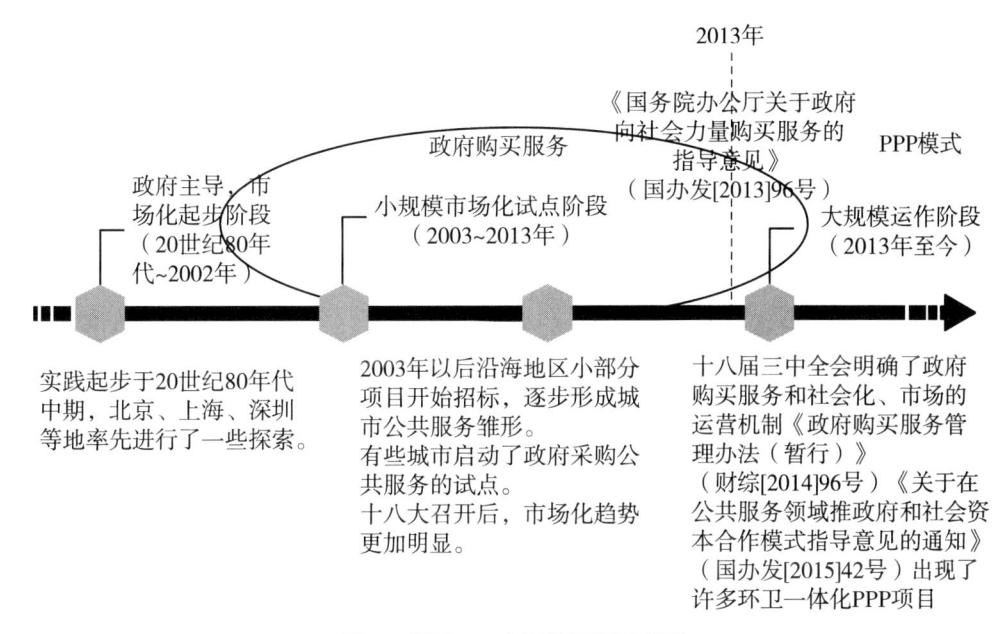

图4 我国环卫市场化历程示意图

实践起步于20世纪80年代中期，北京、上海、深圳等地率先进行了一些探索。

2003年以后沿海地区小部分项目开始招标，逐步形成城市公共服务雏形。有些城市启动了政府采购公共服务的试点。十八大召开后，市场化趋势更加明显。

十八届三中全会明确了政府购买服务和社会化、市场的运营机制《政府购买服务管理办法（暂行）》（财综[2014]96号）《关于在公共服务领域推政府和社会资本合作模式指导意见的通知》（国办发[2015]42号）出现了许多环卫一体化PPP项目

根据对已落地环卫PPP项目的分析，我们发现以下几个明显的特征。

（1）投资规模在3000万元以上，这和政府购买服务模式下相比投资额明显提高。其中，以城区生活垃圾清扫为合作内容的项目投资额一般在1.5亿元以下，而以城市及下辖乡镇垃圾清扫、垃圾中转站建设甚至包括垃圾处理的项目投资体量则很大，最高的达到18亿元。此类项目性质上则变成E20市政环保领域PPP分类格局图中C类项目（非特许经营的政府采购型PPP，即PFI），不涉及特许经营，但含有融资、建设和运营维护的内容。

（2）参与企业项目数量上C方阵为主、投资规模上A方阵和B方阵优势相对较大。按照E20环境产业战略地图，环境企业分为一级开发商（I方阵）、重资产环境集团（A方阵）、区域环境综合服务集团（B方阵）、系统解决方案提供商（C方阵）、装备和材料生产制造商（D方阵）。我们注意到已落地环卫PPP项目中中标社会资本包括A方阵的启迪桑德、北控水务，也包括B方阵的北京环卫集团，C方阵的劲旅环境、昌邑康洁环卫、深圳玉禾田等企业，以及D方阵的中联重科。从数量上看，C方阵占据一半的份额；投资额维度，1.5亿元以上项目9个，A方阵和B方阵共有5个，体现出体量上占优。

（3）县级项目为主，除了海口市琼山区、昆明市经开区、大连旅顺口

区等少数省会或计划单列市辖区项目外，其他均为县或县级市环卫 PPP 项目。和前期不少大中城市已基本实现环卫市场化相比，市场"蓝海"正在下沉，因此环卫 PPP 项目体现出从大城市向县级城市延伸的趋势。

（4）合作期限 10~30 年，反映长期合作关系。政府购买服务模式下的环卫市场化项目，绝大部分服务期限设置为 3 年或 5 年。而环卫 PPP 项目均在 10 年以上（含 10 年），部分含有垃圾中转站运营维护甚至垃圾处理的项目合作长达 20~30 年。PPP 模式下合作期限比政府购买服务模式延长，符合 PPP "长期合作关系"的本质，但也要求政府更为谨慎、择优选择真正具有丰富运营经验的社会资本。

（5）强调绩效付费，基本按年度付费。政府购买服务模式下，环卫服务合同也强调绩效，不过考核较为宽松，通俗地说是"60 分万岁"。但以 PPP 模式运作的环卫项目，必须严格遵从财政部有关可用性付费和绩效付费的要求，体现很强的绩效约束。比如，财政部第三批示范项目山东省德州市武城县城乡环卫一体化保洁服务项目中，环卫作业运营维护共设置三级 24 个绩效考核指标，分别从基础管理、环卫质量标准、垃圾收集标准、垃圾运输及转运标准、社会满意度五个方面设置。总得分≥90 分，政府方按当日运营补贴支出上限 100% 支付；总得分≥80 分，政府方按当日运营补贴支出上限的 90% 支付；总得分≥70 分，政府方按当日运营补贴支出上限的 80% 支付；总得分≥60 分，政府方按当日运营补贴支出上限的 70% 支付；当日评估的总得分小于 60 分，当日付费金额为 0。

（6）多环节捆绑打包的情况开始出现。以财政部第三批示范项目山东泰安市岱岳区城乡环卫一体化项目为例。该项目建设内容包括新建 16 处垃圾中转站，占地面积 5.01 公顷，总建筑面积 6917 平方米，新购置 16 台套压缩设备及配套设施，购买环卫车辆 100 辆等。由社会资本负责岱岳区行政区域内城乡环境卫生保洁及生活垃圾清运、乡镇垃圾中转站的运行和管理、各乡镇垃圾中转站到垃圾处理厂的垃圾转运。甚至有些项目开始将清扫、收运和后端处置捆绑打包，比如同为财政部第三批示范项目河北沧州河间市环卫服务市场化项目，总投资 8.6 亿元，内容包括河间市环卫服务市场化和生活垃圾填埋场市场化两个部分。

此外，部分城市已将全市范围的环卫服务实现 PPP 模式操作。以海口市为例，通过实施环卫 PPP 项目，由京环公司、海口龙马公司、玉禾田公司、京兰公司四家从事环卫一体化服务的PPP企业分别接手琼山区、龙华区、秀英区、美兰区四个区的环卫工作。全市共有3584条道路、总面积6810万平方米，水域岸线160.16公里、总面积4910万平方米已全部纳入PPP项目公司管理，实现了环卫一体化管理的全覆盖。

四、细分领域环卫PPP开始抢位

值得关注的是，传统环卫一些新的细分领域市场逐渐形成，已有企业介入，并以PPP模式陆续落地具体项目。其中，垃圾分类、厨余垃圾处理值得重点关注。

垃圾分类PPP项目有望涌现。2017年3月《国务院办公厅关于转发国家发展改革委住房城乡建设部生活垃圾分类制度实施方案的通知》（国办发[2017]26号）提出"鼓励社会资本参与生活垃圾分类收集、运输和处理。积极探索特许经营、承包经营、租赁经营等方式，通过公开招标引入专业化服务公司。"该通知还要求，到2020年底，基本建立垃圾分类相关法律法规和标准体系，形成可复制、可推广的生活垃圾分类模式，在实施生活垃圾强制分类的城市，生活垃圾回收利用率达到35%以上。实际上，财政部PPP综合信息平台已有10个垃圾分类有关的PPP项目入库。其中，财政部第三批示范项目阜康市垃圾分类收集处理工程PPP项目总投资1.5亿元，已实际落地。随着《生活垃圾分类制度实施方案》公布尤其是试点城市积极推进，垃圾分类PPP项目可能明显增多。

厨余垃圾PPP项目落地加速。财政部PPP综合信息平台已有49个餐厨垃圾有关的PPP项目入库，其中11个已落地，共有26个项目处于准备、采购和执行阶段，按财政部的口径落地率达到42%，高于全国PPP项目库落地率水平（34.5%）。常州市餐厨垃圾项目是餐厨领域PPP的典型案例。常州市城管局通过公开招标，最终授权江苏维尔利环保科技股份有限公司承担200吨/日餐厨垃圾处理为期25年的投资、建设和运行的特许经营权，包括源头收集、运输、处理和资源化利用。此外，宁波市世行贷款厨余垃圾处理厂PPP项目被列入财政部第二批示范项目，也是世行在我国的第一个PPP模式厨余垃圾处理项目，项目已实际落地。而且也是发改委第二批43个

PPP 项目典型案例之一。

综上所述，环卫市场化已从过去以政府购买服务为主向以 PPP 模式为主转变，且市场开始从大中城市向区县城市下沉，垃圾分类和厨余垃圾等细分领域 PPP 机会也不容忽视。从实操角度来看，环卫企业应聚焦区县市场，尽快"跑马圈地"，做大市场份额；创新参与方式，积极参与 PPP 项目，做强环卫业务链；同时，主动整合行业资源，寻找兼并重组机会，争取在竞争中成为环卫领域的"领跑者"。

作者简介：

汤明旺，E20 环境平台 PPP 研究员，主要负责环保类 PPP 模式设计，参与环保 PPP 理论及实践研究。参与了财政部 PPP 示范项目案例选编（第二辑）编写工作，参与了财政部 PPP 项目物有所值定量评价研究等课题。具有多个 PPP 项目咨询服务经验，已发表《环卫领域 PPP 模式实践》、《旅游开发 PPP 项目设计要点分析》等多篇 PPP 分析文章。

赵喜亮，现任 E20 研究院行业分析专员，环境科学硕士。自 2010 年起至今，专注于环境产业、环境服务业、PPP 及环境绩效合同服务，参编著作 5 部，发表学术论文 10 余篇，发表网站文章 20 余篇，参与项目 10 余项，其中参与多个国家重大水专项、环保公益等科研项目，执行财政部 PPP 中心、中国发展研究基金会的市政环保 PPP 项目，统筹推进财政部三批示范精选案例书籍编撰（水务行业）。

中国的 PPP 发展中存在的主要问题剖析

赵 飞

一、PPP 动机的纯洁性

从动因而言，我们实施 PPP 就是为了解决地方政府存量债务高盘不下的问题。地方债务的泡沫通过 PPP，转移的合理合法，更合情。所以，我们的 PPP 完全就是为了融资而融资，当然也是化解债务问题的有力工具。

正因为如此，目的的不纯，造就了我们 PPP 在执行层面，暴露出了很多管理问题。同时，正因为我们的出发点是，仅仅把 PPP 作为一个工具，我们却想让它承担起救世主的职责。当我们把它作为一个工具利用的时候，我们会缺乏必要的创新、革新，仅仅是日常维护而已。

二、PPP 的本质

从 PPP 本质和内涵而言，更是如此：从政治经济学角度而言，PPP 是公私合营的概念；从管理学角度而言，PPP 是一个治理结构的问题；从法律角度而言，PPP 是公司法的范畴和所涵盖的内容；从资本角度而言，PPP 是一个融资的方式。

但是，在中国却上升到了一个国家的层面，一个政治的层面，一个全民兼 P 的层面，甚至关乎民族命运的层面。

首先，从公司治理结构而言，中国引用了最为烦琐的治理结构，综合了美式和欧式的所谓精华，可谓是中西合璧。可是，我们上市公司的治理结构却形同虚设。

从公司法角度而言，公司法能够覆盖 PPP 的理念，当然，工程建设领域执行或者回购，或者收益的付费，可以理解为合同法或者合同层面约定。

从融资角度来看，PPP 无非就是想让社会资本更多地参与，其实，这本身就是融资主体的范围问题。

从我们倡导的公私合营来看，或者叫混合所有制改革来看，其改革效果微乎其微。

PPP 的本意是为了吸引民营资本或者社会资本，去撬动国有资本或者国有企业的改革、创新以及效率的提升。而在实际中，恰恰相反，我们被国有企业和国有资本所笼罩和覆盖。民营资本和社会资本所代表的有活力、有管理方法的一方，却成了弱小的代表。

其实，我一直认为 PPP 就是公司治理结构的范畴，同时也仅仅是这一范畴而已。如果，从公司治理角度来看，真正应该强调的是股权结构各方的制衡与优势资源发挥。所以，更应该从公司法的角度去规范和约束主体各方的行为。而这一行为的实施，完全就是 PPP 中的 SPV 或者说项目公司。我们真正的水平体现，或者盈利持续发展，完全要依赖这个项目公司的管理和运营，而我们所有的参与各方，无论是公也好，还是私也好，完全在治理结果中加以约定，同时通过股东大会、董事会、管理层来实施和执行。

而实际中，我们却忽略了这最为重要的一点，往往更注重于前端的项目的策划，似乎有些本末倒置。

三、PPP 项目实施中存在的不平等博弈

当然，从实施的层面来看，也同样如此。我们可以看到，在国内兴起的 PPP 由两个部门主导和引发。一个是财政部，一个是发改委，而且貌似两个部门有的时候出台的东西还存在一定的差异或者不一致。

其次，从具体的执行层面而言，目前已经严重背离了 PPP 的精髓。PPP 的精髓在于追求平等长期可持续的合作关系，而目前国内的情况正好相反，基本由 public-private partnership 转为 public-power partnership，也即由国企主

导下的非对称、非均等的一种政府与国企的合作模式。

这种模式在于，其一，让国企掠夺民营企业经济成果，因为在这种 P 的模式下，民营企业是没有话语权的，即时合作了也是被"压迫"一方。其二，让民众的利益和红利让渡和转移，国有企业的利润属于全民所有，在 PPP 概念的刺激下，国有企业把现有的利润再投资和二次投资，无疑，就是让多年积累的脂肪消耗掉了。其三，民企要想和国企一起飞，那就只能顺从，助长了腐败的风气。

在 PPP 执行过程中，还专门出台了物有所值评估办法，这个程序和资产评估有本质和原则上的不一样吗？如果，非要说不一样，前者可能更注重动态价值和持续收益，而后者在乎静态估值？但无论而言，我觉得也就是一种时间价值而言。

综上而言，在我们的 PPP 中，存在众多的不可逾越的问题。这些问题不解决，或者不明晰，PPP 的发展，仍然是摸着石头过河。最后，发现，我们石头摸惯了，石头摸得熟悉了，却不想过河了，不想淌水了。

四、PPP 项目更应该注重管理运营

再看看中国 PPP 的鼻祖和发源地英国，我们的 PPP 缘起于英国的 PEI。在英国 2011 年，PPP 项目仅占 15%；德国、意大利等欧洲国家仅占到 3%～5%；奥地利、瑞士、瑞典等国为 0。

2014 年，欧洲仅 13 个国家采用 PPP，其涉及的项目共 82 个，融资额度 181 亿欧元，而且主要是人投入的交通项目。

相比而言，在我国，PPP 项目可谓风生水起，如火如荼。

最后，讲一个真实的故事。一位县领导看到 PPP 形势一片大好，便让下属去调研和了解一下 PPP。这个部门的领导最后找了一家 PPP 管道的企业去调研，并向县领导汇报调研成果。这从一个侧面也反映了我们的 PPP 在一种轰然而起的状态下生存的窘境。

其实，无论哪种方式和模式，做好了，管理好，监督好，执行好，才是真正的王道，其远远胜于概念的更新和操作，胜于不同方式的更换。

作者简介：

赵飞，本科毕业于东北电力大学，硕士毕业于吉林财经大学。经济师职称，高级人力资源管理师，企业管理咨询师。曾就职于清华深圳研究院、光大国际、桑德国际，从事项目孵化、项目管理、行政管理及人力资源管理等工作，现从事烟气治理和废水治理技术服务管理工作。

基于"不完全契约理论"看水务PPP项目合同绩效考核机制的不足与完善

张皓昱　杨庆鹤

"契约精神"（Spirits of Contract）是PPP项目合同的灵魂。政府（Public）与社会资本方（Private）能否在PPP项目全生命周期中建立起有效的合作关系（Partnership）是衡量PPP项目成功与否的关键。基于水务PPP项目的综合性、长期性和公益性，以及政社双方的有限理性和控制力的不对等，仅凭一时合同约定显然无法穷尽各方在未来或然情况下的权责利分配和风险分担，这使得水务PPP项目合同成为典型的不完全契约。本文将"不完全契约理论"应用于水务PPP项目的特殊实践中，借助理论与实证分析，以水务PPP项目合同中的绩效考核机制为切入点，分析现有机制不足并提出完善建议。

一、研究背景

从十八届三中全会提出"允许社会资本通过特许经营等方式参与城市基础设施投资和运营"之后，中央各部委出台了鼓励推广PPP的一系列文件，其中发改委的PPP项目通用合同指南和财政部的PPP模式操作指南成为领航PPP项目的"双灯塔"。2015年5月，国务院办公厅转发三部委《关于在公共服务领域推广政府和社会资本合作模式的指导意见》（国办发[2015]42号）进一步明确PPP当仁不让的"准国策"地位。

在环境保护大政策背景下，水务PPP项目基于其"强公益性"和"强技术性"特点，又借助非单一BOT模式化解地方存量项目的先天优势，在PPP项目总量中占比前三。2015年4月国务院发布的《关于印发水污染防治行动计划的通知》（又称"水十条"）中第五条"充分发挥市场机制作用"中第十五款："促进多元融资。引导社会资本投入……，推广股权、项目收益权、特许经营权、排污权等质押融资担保。采取环境绩效合同服务、授予开发经营权益等方式，鼓励社会资本加大水环境保护投入。"又为水务PPP项目的蓬勃发展春风化雨。

紧接着，各部委的相关政策规定陆续出台，2015年4月财政部、环境保护部《关于推进水污染防治领域政府和社会资本合作的实施意见》（财建［2015］90号文）指出"构建社会资本全程参与、全面责任、全生命周期管理的规范化PPP模式。"。2016年10月财政部《关于在公共服务领域深入推进政府和社会资本合作工作的通知》（财金［2016］90号文）在第二点"进一步加大PPP模式推广应用力度"中提到"两个强制"："在中央财政给予支持的公共服务领域，可根据行业特点和成熟度，探索开展两个'强制'试点。在垃圾处理、污水处理等公共服务领域，项目一般有现金流，市场化程度较高，PPP模式运用较为广泛，操作相对成熟，各地新建项目要'强制'应用PPP模式。各方政策出台无疑是为水务PPP项目发展提供了有力的政策支持。"

立足相关利益方对涉水事务的共治，明确水环境事业上各自职能和责任承担，绩效评价是保障水务PPP项目实施能够正常开展的关键因素。国家发展与改革委员会在《关于鼓励和引导社会资本参与重大水利工程建设运营的实施意见》（发改农经［2015］488号文）第二十条强调："加强后评价和绩效评价。开展社会资本参与重大水利工程项目后评价和绩效评价，建立健全评价体系和方式方法，根据评价结果，依据合同约定对价格或补贴等进行调整，提高政府投资决策水平和投资效益，激励社会资本通过管理、技术创新提高公共服务质量和水平。"同时，财政部PPP综合平台系统的"PPP项目库"省级入库审核中，直接要求必须要在项目实施方案中存在绩效考核的内容。

与水务PPP项目的遍地开花相对应的是，作为保驾护航的水务PPP项目法律监管机制和争议解决机制如今仍然十分薄弱。在《关于推进水污染防治领域政府和社会资本合作的实施意见》中仅提到："在水污染防治领域形成以合同约束、信息公开、过程监管、绩效考核等为主要内容""在……绩效评价等方面，应根据财政部关于PPP工作的统一指导和管理办法规范推进，地方各级财政部门会同环境保护部门抓紧研究制定符合当地实际情况的操作办法，实现规范化管理。"而《水污染防治专项资金管理办法》以及 2017 年 4 月新下发的财政部、环境保护部联合印发《水污染防治专项资金绩效评价办法》中，仅在国家层面提出对采用 PPP 模式的项目予以倾斜支持和重点监管，加强对专项资金管理的监督管理和绩效考核。相比与其他已对此专项立法的成熟 PPP 国家，我们还有很大差距。

面对公益性、复杂性、技术性兼具的水务 PPP 项目，特别是开工较早的"转 PPP 项目"或运营阶段的 TOT 项目，政府方如何依据绩效考核结果，顺利地履行付费或者可行性缺口补助，社会资本方如何严谨按照绩效考核标准承担应有的社会责任，政社双方如何避免蜜月期渡过后进入有序和谐的婚姻生活，进一步完善绩效考核机制是其中的关键。本文意以 PPP 项目合同的不完全契约性理论为出发点，结合实证案例，探讨水务 PPP 项目合同中约定绩效制度时应当考虑的问题，并提出完善建议。

二、水务 PPP 项目合同不完全契约性问题

（一）不完全契约理论和水务 PPP 项目合同

传统的契约理论认为，缔约双方通过意思自治成立合同后，通过忠实履行对合同项下规定的权利义务就能实现平等稳定的契约关系。但实践表明，缔约双方是不可能完全预见和明晰未来所有可能产生的情形，契约注定是不完全的；同时双方基于控制力的不对等和信息的不对称，也不可能实现绝对的平等。这些不稳定因素都会导致风险的产生，因此人们在合同主条款后增加了协商谈判机制和争议解决方式等内容，运用法律等方式来实现对合同关系的调整和风险的控制。因此不完全契约理论提出，当事人签订的与未来结果密切相关，且对任何结果都不会感到失望的则是刚性契约。而允许当事人对事后不确定性做出适应性调整的则是柔性契约。这种在柔性契约和刚性契约间进行的权衡，在长期契约中更为显著。

PPP 项目合同中风险识别和分担是学界和实务界重点关注的问题，有学

者基于完全契约理论认为，通过风险分担机制的合理设计和事后完备的监督机制，能实现 PPP 项目"风险闭合"。但事实上在动辄 20～30 年超长生命周期的 PPP 合同中实现风险的全固化是非常困难的事情，即使理论上存在签订完全契约的可能性，但前期片面追求契约的尽善尽美而投入的大量时间和人力财力，也是政府和社会资本方不能承受之重。虽然 PPP 项目通过物有所值评价（VFM）中公共部门参照标准法（PSC）来判断发起 PPP 项目的优势所在，但社会资本方特别是联合体的加入，绩效考核中多部门的参与，相比于 PSC 的纸面数据，"反公地悲剧"的潜在威胁同样值得关注：基于权利的互斥性和外部性，多方对同一资源的管理和对风险的多重控制将会使得资源难以充分被利用，从而出现"反公地悲剧"，好比是一扇门被上了无数把锁，最终无论谁要进出都会大费周章。而不能真正实现运营绩效提升的 PPP 项目，最终只能沦为 BT 模式的变异，成为"假 PPP"项目。

在水务 PPP 项目合同中，政府和社会资本方都是有限理性的：其一，双方的立场并不是完全一致，基于水务 PPP 项目特别是供水类 PPP 项目的公益性，政府方将更多出于公共服务和社会责任角度来制定规则，而社会资本方作为公司以盈利为第一目的，最在意的肯定是自身利益的最大化。如某市 PPP 污水处理项目中，因付费纠纷社会资本方竟擅自直接将未处理污水输入自来水管道，引发民众不满和政府临时接管的情形。其二，由于客观条件的约束，政府和社会资本方的知识局限性，政府和社会资本方缺乏能力追求最优方案，即使是引入第三方咨询机构，也未必尽善尽美。其三，由于双方地位的实质差别和控制力的强弱，政府和社会资本也可能有意或无意地隐瞒部分信息，进而影响到对方合同谈判的理性；又可能在执行过程中诱发"机会主义"，政府方拖欠付费或者社会资本方消极怠工，造成项目的效率低下甚至流产。

美国佛罗里达州坦帕湾供水 PPP 项目和北京第十水厂项目都是诱发不完全契约危机的典型。前者从 1996 年询标提案到 2008 年正式运营，用了近 12 年时间。而后者至今仍然"晒在太阳下"。以北京第十水厂项目为例：1998 年，北京第十水厂正式立项，其采用 BOT 模式受到国内外广泛关注。该项目总投资 23 亿元，设计水处理能力为每日 50 万吨，主要为朝阳 CBD、通州新城等北京东部地区供水。但首都的发展规律在设计者预料之外：2000 年后，北京市工业企业集体外迁导致水源地供需倒挂；2004 年，加上水源地密云水库枯竭、北京首都机场占用十厂建设用地等因素下，外方安菱联合体于当年 7 月正式要求终止项目，并向政府索要 2000 万美元的违约款；2005 年，北京市政府决定组建北控－金州联合体对项目进行重组；2007 年，北京地价飙升导致征地工作陷入困境；2008 年，国土部出台新规，土地划拨变转让；18 年过去，在多方努力付出下，北京第十水厂项目仍向着落地道路不懈前行。

正如著名 PPP 专家王守清教授所言："PPP 是一场婚姻，不是一场婚礼。"对此他用五点说明：（1）长周期下风险的不可准确预测性；（2）PPP 合同本质是不完备的，合同机制设计难以完全覆盖将来技术更新、用户需求、社会发展、价值观变化情况；（3）基于制度和利害关系，在缺乏民主和公众参与机制的发展中国家，政企的差异和咨询机构、律师的良莠不齐也可能加剧合同的不完备和不公平性；（4）公共产品与服务的终极责任是政府的，PPP 不是政府推卸公共产品与服务的借口。（5）PPP 项目不是签约就叫成功。两个关键的时间点：一是项目现金流由负变正；二是项目移交后百姓满意程度和对政府评价、投资者和银行合理盈利情况，即"共赢"。上述五点是对 PPP 项目过程适用不完全契约理论最形象化的阐释。

（二）绩效考核机制中的"不完全契约性"

绩效考核制度，一般是政府在 PPP 项目准备阶段，也就是项目实施方案编撰阶段由代表政府方的项目实施机构或其委托的第三方咨询公司编撰。水务 PPP 项目多是地方水务部门或环保部门牵头作为项目实施机构，在绩效考核内容上需要聘请有资质的水务工程技术专家参与制定。水务 PPP 项目特别是城市供水类项目涉及公众用水安全，其公益性尤为显著，从而突显该类项目中绩效考核的重要性。在此笔者特选取一个典型城市供水项目案例进行实证分析。

1. 项目概况

2012 年 12 月，某县采用 BT 模式实施水库和配套管网项目建设，2015 年 2 月初步建成向县城城区供水，彻底解决了县城人民饮水安全问题，但县财政却背上了较重的债务包袱。

2014年末，随着PPP模式的迅速推行，该地积极响应，探索将新建成的新建水库与水厂等存量资产打包为"某县县城城市供水运营"项目，采用TOT（转让-运营-移交）模式与社会资本合作。项目以总投资3.5亿元为合作基础，由社会资本控股80%、政府占股20%共同组建项目公司（SPV），承担项目30年的运营、维护更新和移交责任。该县县城城市供水运营已于2015年11月与社会资本方签订正式合同并进入运营阶段。

该项目通过采取TOT模式由存量项目引入社会资本收购自来水厂，县政府通过给予一定的可行性缺口补贴，作为社会资本提供公共服务的对价，以绩效评价结果作为对价支付依据，在水费收入不能确保其合理利润时，保证社会资本方保本微利，妥善运营。从实际情况来看，该项目落地运营一年以来，成效斐然，顺利被评为财政部第三批示范项目，并获得"以奖代补"专项资金支持。

2. 项目绩效考核机制

该地县城城市供水运营PPP合作项目绩效考核具体按照《城镇自来水厂运行、维护及安全技术规程》等各类法律法规和技术标准执行，依照可行性、可操作性、系统性、层次性、独立性原则，综合考虑确定项目绩效考核指标体系。

在付费机制的设置上，该项目按照当年政府付费的10%作为绩效考核付费，照考核指标评分，得分80分，全额支付；60~80分按照比例支付；60分以下，政府不予支付。在用水标准上，总体按照：原水安全、运行监管、水质管理、水厂的运行与管理、管网运行与管理、供水服务及应急管理7个标准进行考核。在监管机构设置上，项目公司由县水务局实施行业监管和绩效考核，并按规定接受财政、监察、审计、环保、工商、质监、人大和相关法规部门的行政监管和履约管理，公司运行情况接受公众监督。同时，该地县财政局成立PPP中心，监督项目的运营绩效，并按绩效进行付费，将付费项目列入政府财政预算中。

本项目从全生命周期成本考虑，该项目绩效考核机制体现了阶段性特点。在项目前三年建设期，管理中心从质量、工期、环境保护、安全生产等方面设置可用性绩效指标，将其作为竣工验收的重要标准。建设期内项目建设质量的优劣将直接影响社会资本方在运营维护期的成本高低；在中间的运营维护期，管理中心主要通过常规考核和临时考核的方式，对项目公司服务绩效水平进行考核并付费；在项目移交阶段，根据前期积累的可量化绩效考核指标，督促项目公司善始善终，最终实现激励相容、风险共担。

虽然该项目绩效考核机制兼具了水务技术的专业性和PPP项目的特殊性，也符合规范性文件的相关要求。但该项目绩效考核机制在实践中同样暴露了一系列问题。

由于该PPP项目发起时间比较早，在编制实施方案时虽然考虑到了监管方面，却没有制定绩效考核的细则，而在双方签订的PPP合同正文中，也没有实际绩效考核的条款。上述绩效考核的规定是以"某县县城城市供水运营PPP项目供水设施运营维护标准及考核办法"列为合同的补充性附件，且该份绩效考核仅提到与政府付费挂钩而没有具体规定奖惩条款细则，从而该份考核标准仅仅成为对运营方的约束性条款，而缺乏实践操作的效力。但如今运营一年期满，政府收支两条线的规定实际使该项目成为"政府付费"的项目，而绩效考核难以落实却成为支付过程中的一道坎，当地PPP中心希望要按照政策规定严格实施绩效考核，但作为项目实施机构的水务局却苦于缺乏动力和具体操作方法去具体实施考核，出现"考核难、付费难"的现状。

3. 不完全契约理论下现有绩效考核机制的不足

科学完善的绩效考核制度，是政府方维护公众利益、监督社会资本方切实履行相关职责和义务的必要且有效的手段，同时这也是多方基于自身利益的角力场，这在水务PPP项目领域体现得尤为明显。在"（一）不完全契约理论和水务PPP项目合同"章节部分，我们已经分析了政社双方基于立场、地位和客观条件不同的"有限理性"。而这种"有限理性"贯穿了整个绩效考核机制的设计和实践，为未来PPP项目纠纷的产生埋下了伏笔。笔者依据自身实践提出以下几点担忧：

（1）"过度融资"现象

水务PPP项目特别是公用水项目的推行目标，首先是提高经营效率和改善公共服务，而非单纯以化解地方债务，减轻财政压力为首要目的。PPP项目不仅是一种融资模式，同样是一种项目管理模式，提供满足绩效标准的公共服务是PPP项目的根本目的，PPP的融资功能不应受到过度关注。目前，在 PPP 项目实践中，一种观点是"缺钱就上 PPP"，或者"没钱赚的才给社会资本机会"，这违背了国家推行 PPP 模式的初衷。政府方项目设置招标条件方面常常对资金要求过高，又极力压低社会资本方的投资回报率；将融资风险全部交由社会资本方承担的同时，还要求社会资本方不得以其融资部分获得资金量为基础获得利润。然而，政府为了吸引社会资本方的进入，在某些运营周期 30 年的体量达到十几亿元的 PPP 项目中，政府方竟和社会资本方约定在五年内还清本金，而将绩效考核涉及的付费内容限制在不到千万元的运营成本上。由于资产成本势必要用即期或远期的现金流量来覆盖，前期资本量的过度投入，必然会给之后的消费价格或公共财务形成压力。对 PPP 绩效的设计，决不能忽视公共服务效率、质量、范围、价格或对公共福利的改善和增加程度，这关系到水务 PPP 项目是否具有必要性、合法性或合理性的问题，而纳入付费考核的内容，应该是这个项目资金的全部或者大部分，才能真正避免社会资本方"以 PPP 之名，行 BT 之实"。

（2）政府的"先手优势"

绩效考核制度，一般是政府在 PPP 项目准备阶段，也就是项目实施方案编撰阶段由政府方，一般由代表政府方的项目实施机构委托咨询公司编撰，水务 PPP 项目多是地方环保部门或水务部门牵头作为项目实施机构。由于准备阶段在项目采购阶段之前，此时还未通过招投标或竞争性磋商确定社会资本方，因此作为实际承担建设、运营、移交的社会资本方无法参与到绩效考核制度的设计中来。该制度最终成为政府的一个"格式合同"，其中涉及融资条件和与之挂钩的费用奖惩机制甚至成为招投标的条件之一。而进入 PPP 合同的谈判与制定阶段时，社会资本方也只能在现有的绩效考核制度基础上提出修改意见，社会资本方将承担"后手劣势"，造成话语权的缺失。

笔者在前文中提到的某地县城供水 PPP 项目案例便出现了这个问题。由于该项目发起较早而当时各项政策规定不甚完善的情况下，社会资本方作为有雄厚实力和经验的国企没有认真关注绩效考核机制的内容，也没有要求和政府方一并细化和明确绩效考核方案便匆匆签约执行。从而在付费时间点到来的时候，项目不能高效完成考核并获得应有的投资回报。

（3）"重建设，轻运营"

目前 PPP 项目的现状，一是央企国企占比远高于民营企业。二是在央企国企中，工程建设类的公司或公司集团又占大多数，迫于公司的性质，这类社会资本方更关注于项目周期最开始的建设阶段，希望在项目建设期收工后几年内通过股权转让或者资产证券化（ABS）方式快速收回投资，通过减少建设期管控成本和工程价差获取利润。可用性付费模式下会诱使社会资本运用基金模式加杠杆和工程利润实现提前套现，将收款压力推卸到金融机构来托底，而运营期的绩效责任被"弃之敝履"，变得无足轻重。因此，在PPP项目实施方案和合同设计中，往往涉及工程建设的内容占据大部分篇幅，后期几倍于建设时间的运营期内容则寥寥几笔。绩效考核作为对运营期重要的监管制度，往往被刻意忽视。

按照《招标投标法》第19条规定："招标人应根据招标项目的特点和需要，在招标文件中设置投标人资格审查的标准、投标报价要求和评标标准等所有实质性要求和条件以及拟签订合同的主要条款。"在理论上，只要通过了资格预审，在建设资质上应该一视同仁。但在实践中，有的地方政府BOT项目几乎将项目作为一个纯工程项目来进行在招标，在招标文件条款中设置投标人应具有市政工程总承包资质等级和建设经验。这样的做法人为拔高了工程建设的门槛，而把建设工程不够突出，但综合能力更强、善于融资和运营管理的公司拒之门外。

按照目前流行做法，在大中型BOT项目中，政府更青睐由建设公司、运营公司、融资公司等多类型公司共同组成社会资本联合体的加入。但粗略浏览PPP项目库中的公开项目可以发现，建设公司由于实力更强，掌握资金流更大，大多数都成为社会资本方联合体牵头人。而负责运营的公司由于实际PPP项目运营费用占比较小，和自身能力无法抗衡牵头人的情况下。很有可能降低甚至放弃合同谈判过程中的话语权，为后来运营期纠纷风险埋下隐患。

值得一提的是，目前PPP业内的咨询公司、法律服务机构多是从工程建设领域转行PPP领域的，基于自身经验和习惯所限，无论是"两评一案"的编制还是合同的协商谈判，都更为关注项目建设期的内容，对涉及运营期方面同样缺乏经验，从而在绩效考核设计上缺乏审慎态度，大多笼统模糊。

（4）绩效考核责任分配不够明确

我国各地涉水实务的条例对政府、企业和其他相关利益各方的权责规定比较笼统和模糊，利益相关的机构和部门也没有明文确定，同时工会势力的薄弱也导致行业内标准难以统一。这个问题也同样影响到水务PPP项目合同中绩效考核制度的确立，各地方的水务PPP项目有不少相似之处，监管部门的大致范畴是一致的，但涉及绩效考核的各方责任时，由于缺乏可以直接对照操作的履责规范和路径，难以统一协调分工。

在前文"某县县城供水运营PPP项目"案例中，其绩效考核制度对绩效考核责任方进行了规范：该地发改局拟定本项目的总体布局、发展规划及政策措施，具体负责项目的立项审批核准工作；该地水务局综合监管项目建设及运营过程中维护措施实施情况；该地物价局制定各项服务收费指导价格，会同主管局对项目公司进行成本监管，评估其经营情况；该地安监局综合监管和重大危险源监管；该地工商局对违法违规行为进行监督管理、处罚等；该地审计局每年对项目公司进行财务审计，并要求其根据财务审计结果对其财务政策等进行修改。同时，该地的PPP项目都以地方政府一把手或者分管领导为绩效考核小组责任人，由该地财政局下设的PPP中心统筹进行。

（5）绩效考核捆绑下可用性付费难的问题

水务PPP项目绩效考核终点是可用性费用的支付，这也是运营阶段社会资本方关注的重点。在PPP项目公司政府方持股比例较低的情况下，通过传统《公司法》等法律对股东知情权、参与权等一系列规定难以实现对PPP项目的监管。因而绩效考核成为了PPP合同政府方监督项目运行的主要依据和手段。而绩效考核结果与可用性付费相关联的设计，是绩效考核激励约束原则的主要实现形式；对付费时间在项目建设竣工后开始的约定，正体现了PPP项目重运营的精神。

由于水务PPP项目的特殊性，特别是一系列涉及向民众收取水费的项目，由于大多数民众对"自来水"所需要的成本缺乏清晰的认识和民生问题的敏感性，我国的水价相对于国际标准整体水平偏低，低市场化水平下，"付费难"、"调价难"成为地方水务普遍存在的问题。在PPP项目长周期过程中，小到成本变化的因素，大到自然地理环境的变化。都可能影响到该项目实际运营结果的变动，以污水处理厂为例，随着原材料成本增长、电价上调、当地平均工资标准普调等，污水运营成本也在上涨。按照约定，需对污水处理费根据成本状况进行调整，有可能出现项目公司垫付资金弥补价差的情况下，实际运行结果仍同比下降的情形，由于补助金额的不确定又使得这笔支出很难纳入到每年的财政预算中来。因此，在绩效考核与可用性付费挂钩的情形下，政府这一年的付费是倾向于加大金额以弥补社会资本方损失还是按照绩效考核为付费打上折扣呢？一旦处理不当都可能引发矛盾。

绩效考核激励性机制同样存在问题，当一个城市供水 PPP 项目公司因为加强公司管理，提升运营绩效，使得供水成本得以降低，而质量上升时，政府如何兑现奖励机制？反过来，如果该项目运营恶化，政府不得不提高水费以维持项目正常运作时，社会资本方却有可能因为调价而获益。从而出现激励机制和结果倒悬的不利后果。某些地方政府因为财政困难，而以绩效考核不达标为由扣除社会资本方收益，引发了各类纠纷，业界还因此出现了水务 PPP 项目"解除可用性付费和绩效考核捆绑"的声音。

三、对于完善水务 PPP 项目绩效考核制度的建议

在公共资源和设施的保护方面，我国现行水务法律虽有涉及但规定相对落后，缺乏可操作性，在执行力上也很难适应新型水务 PPP 事业的发展。英国是 PPP 模式的发源地，而英国在水务领域的 PPP 实践更是从 15 世纪便已经开始，400 多年前的伦敦已经由私人企业供水来增加居民用水线路满足城市居民的用水。到 19 世纪，伦敦先进高效的供水系统已经使之成为欧洲居住和健康状况最好的城市之一。英国在 1989 年推动水务行业私有化和市场化改革，同时颁布了《水法》，并在 1991 年制定了《水工业法》。其中《水工业法》为如何治理公共服务市场化之后的水务行业、保障公共利益提供良好的示范，值得我国在水务 PPP 项目考核机制与监管制度上进行借鉴。

PPP 项目的特殊性决定了 PPP 项目绩效考核与传统建设项目绩效考核存在较大的差异，水务 PPP 项目参与方众多，涉及包括社会公众、公权力等多元化主体的切实利益，这决定了水务 PPP 项目的绩效评价的核心指标应当均衡各方的利益诉求实现兼顾。为此业内总结了 PPP 项目绩效考核要通过"4E"原则，即经济性（Economy）、效率性（Effectiveness）、效果性（Efficiency）和社会公平（Equity）来实现。其中，经济性是指项目获取利润及花费成本的合理性；效果性是指项目产出带来的实际影响，即客观的成功；效率性是资源的有效利用，即项目实施过程中投入产出比；而公平是一

方面考虑利益相关者的满意度，另一方面考虑社会效益与可持续发展。水务PPP项目作为典型的PPP项目，无论是付费模式、资源利用、社会影响和可持续性上都完美适应了"4E"原则的要求。

由于PPP项目合同的"不完全契约性"具有的不确定性与有限理性特征，本身即存在不完备和不合理之处的绩效考核制度必然不能够适用于整个PPP项目运营期所发生的所有情况。从前文实证分析可以得知，目前水务PPP项目中绩效考核及其涉及的付费问题上已经暴露了不少纠纷和矛盾，当合同双方就绩效考核结果不能达成一致甚至发生争议时，政府方轻易延迟、拖欠付费或者社会资本方以中断项目运营以此威胁政府方时，争议便极有可能上升为法律纠纷，导致项目受阻。然而，水务行业是经济发展的命脉，也是社会公益的聚焦点，经济和监管的平衡和可持续是水务行业持续经营和发展的基本保障。一旦由于矛盾激化导致项目运营为继，使得合同履行发生根本性障碍，政府不得已接管或者回购时，PPP项目也走向了失败。

在现行绩效考核制度的设计上，政府方作为绩效考核的主体对项目运作的效果进行评价考核的同时，又作为PPP合同相对方和项目公司参与方对项目运营承担责任，扮演着"既是运动员，又是裁判员"的双重角色。这种"大权独揽"式的做法不由得使社会资本方对绩效评价结果怀有疑虑，也降低了其本可发挥的积极作用。

在国家层面来看，如今财政部PPP综合信息平台的公开是一个很好的开始。我国作为大陆法系国家，相比英美法系更应体现立法优势。应当借鉴他国相关制度并结合我国实际，特别是针对地方行政政策、指令可能朝令夕改影响和妨碍行业持续经营发展的担忧，通过法律形式出台相关法律法规来明确一系列基本原则，保障涉水行业可持续性发展；充分考虑PPP项目长期性和合同不完全性，切实保障并动态调整PPP社会资本方在忠实履行相关义务后所获得的长远利益。

从地方政府层面看，在项目实施方案中绩效考核制度的设计首先必须有合规性，考核过程中涉及的相关考核技术标准、流程不能与现行涉水法律和部门规章相冲突。提倡通过充分发挥涉水行业长期积累下的实践经验，鼓励行业标准参考性制度的出台。

政府方在前期准备过程中需要比较全面地考量各项或然因素，制定更为完善的绩效考核内容与动态调整机制，并针对性做好多个预案。在社会资本方加入后，利用其专业优势，谦虚听取社会资本方的意见。水务 PPP 合同除对项目合作范围内的水质、水量、防洪标准、设施设备维养、水体视觉卫生以及水域岸线管理等常规内容进行绩效考核外，还需要结合地域、时间和地方需求等个性化因素设置其他考核项。在对允许调整的范围、拟重新确定的指标分值权重、调整频次、启动调整的触发机制等关键事项同步予以充分明确，以作为今后调整依据。可以说，通过前期制定更为完善和细化的绩效考核实施方式，则项目执行过程中，重点就是如何监督政府和社会资本充分履约，减少纠纷产生。

地方各级财政、环境保护部门要加强组织实施，积极统筹协调，研究建立议事协调及联审机制，有力有序推进。省级财政、环境保护部门建立对 PPP 项目的实施监督机制。各级财政、环境保护部门要加强组织实施，统筹协调，履行责任，加强监管，切实提高水污染防治能力水平，实现水务质量改善。建立独立、透明、可问责、专业化的 PPP 项目监管体系。

在可行性付费上，应该充分考虑项目实际和社会资本方的履约能力，建立合适付费调整机制。在绩效考核与融资情况挂钩的条款上，不能单方面将融资责任和风险转嫁给社会资本方，只有资本的合理回报能够得到保障的情况下，资本才会被投入到水务等公用事业领域实现"双赢"。同时，政府应该进一步完善投融资架构，通过设置夹层资金确定优先级和劣后级体现政府方诚意，并合理约定社会资本方的退出机制通过减少社会资本方的后顾之忧，促使其将更多精力投入到运营水平的提升上来。

基于不完全契约理论，无论是项目实施方案还是项目合同中确定的绩效考核办法，仅是在特定时间内、针对可预见的项目运作状态和产出需求而确定的相对稳定的预备制度。PPP 项目合同有天然的不完全契约性，政府方不仅需要考虑当前相对稳定的项目运作状态和产出需求，还需考虑到远期视情形做出调整的基本规则，在难以预见和不能确定的考核内容上运用柔性设计，通过设立绩效考核委员会制度约定设定一监管第三方来确保合同的履行，成立由社会公众参与的使用者委员会对 PPP 项目进行监督。这样做的好处在于，首先，在面临关乎切身利益的事项时，亲身使用者往往更为敏感，也能够更客观做出评价；其次，这有利于促进信息的公开，包括财务信息、运营成本等，减少服务提供者与服务使用者之间的沟通成本；最后，在公众舆论的影响下，政府和项目运营者都有改善自身行为的迫切性，这有利于发挥绩效考核结果对PPP项目运营积极的促进作用，提高项目运营效益和水平。

综上所述，水务PPP项目涉及的利益方有政府方和社会资本方，这是PPP的前两个"P"，两者共同构建PPP合作关系，成为第三个"P"的由来。事实上，一般水务PPP项目都会涉及各公共机构、各工商业用户、法人团体、普通居民（处所占用者）等水服务受众，这便是PPP项目的第四个"P"（people），这也是项目存在的最终目的——"为了公众利益"（for people）。而上述三方利益的实现需要明确的边界约束，这种约束在内部来自于合同项下责任义务履约请求，在外部则由一系列PPP法规政策来实现，这即是PPP项目的第五个"P"——政策（policy），从中央到地方合理有序的PPP政策是众多长周期、大体量PPP项目良好运行的保障。因此，水务PPP项目中的绩效考核制度的设计，应当综合考虑到社会方方面面的利益诉求，兼顾"上"与"下"，即政府与社会资本方、民众使用者之间的矛盾与需求，唯有站在此种高度上看待水务PPP项目绩效考核制度，才能真正发挥其积极作用。

作者简介：

张皓昱，上海对外经贸大学2015级法律硕士研究生（PPP方向），曾于省级和地方级PPP中心实习并参与财政部某示范项目"两评一案"编制和合同审核，有多次PPP论坛和培训学习经验。

杨庆鹤，上海对外经贸大学2015级法律硕士研究生，师从于周兰萍律师，主要研究仲裁法与PPP诉讼争端解决。

完善物有所值评价体系，推动 PPP 模式健康发展

张继峰

2015 年 12 月，财政部推出了《PPP 物有所值评价指引（试行）》，这一办法与当年 4 月份推出的《政府和社会资本合作项目财政承受能力论证指引》构成了 PPP 模式两个基础评价体系，将 PPP 模式向前推进了一大步，对 PPP 模式的完善和发展起到了至关重要的作用。早在 2015 年就推出这项工作，具有非常重要的现实意义和战略眼光。事实也证明，物有所值评价为 PPP 模式的迅速推广起到了至关重要的作用。

不过，正因为是"试行"，《指引》还需要通过 PPP 实践的逐步深入进行优化和调整。本文通过对物有所值评价存在的认识问题和程序问题等五方面进行分析，提出完善物有所值评价体系的相关思路，以期有助于《指引》去掉"试行"，有助于 PPP 模式的健康发展。

一、存在的问题

（一）认识问题

认识问题主要体现在以下四个方面：

1. 现阶段 PPP 项目的物有所值评价是以定性评价为主，定量评价为辅。《PPP 物有所值评价指引（试行）》（财金〔2015〕167 号）第五条规定："现阶段以定性评价为主，鼓励开展定量评价。"由于 2015 年底才开始实施物有所值评价，在初期经验欠缺，效果需要观察的情况下，定性评价发挥了

一定作用。但定性评价由于主观性较强，敏感度不够，需要逐渐向定量评价过渡。

2. 定性评价的指标比重问题。"财金〔2015〕167号"第十一条和第二十条规定，"定性评价指标包括全生命周期整合程度、风险识别与分配、绩效导向与鼓励创新、潜在竞争程度、政府机构能力、可融资性等六项基本评价指标"，"六项基本评价指标权重为80%，其中任一指标权重一般不超过20%"。在笔者接触的PPP项目中，定性评价很多打分在90分以上，原因就是这六项指标中，全生命周期整合程度、风险识别与分配、潜在竞争程度、政府机构能力四项指标比较笼统和主观，很难进行有效和准确的衡量，即便是风险识别和分配指标，一般只要按照"项目设计、建造、财务和运营维护等商业风险由社会资本承担，法律、政策和最低需求等风险由政府承担，不可抗力等风险由政府和社会资本合理共担"这一基本规律，都可以得到满分。而按照"PPP模式的核心合作内容，是具有融资功能的管理和运营的合作"的观点（见笔者即将出版的《PPP项目投融资——结构、模式与工具》一书），定性指标重点应该考察"绩效导向与鼓励创新"和"可融资性"两项指标，以达到PPP模式的目的是引入技术含量高、运营管理能力强的、可融资性强的社会资本，但这两项指标的权重却并不突出。

3. 定量评价中PSC值测算的合理性问题。"财金〔2015〕167号"第二十八条规定，PSC值是"参照项目的建设和运营维护净成本、竞争性中立调整值和项目全部风险成本"三项成本之和；"财金〔2015〕21号"（《政府和社会资本合作项目财政承受能力论证指引》）第十七条至二十条规定了采用PPP模式的政府运营补贴支出（包括政府付费模式和可行性缺口补助模式）测算中，应考虑的合理利润率、年度折现率和消费物价指数、劳动力市场指数等因素对定价和调价机制的影响，但这两个办法都没有考虑PSC值测算时，若采用传统模式，政府一次性（或在建设期内分次）支出的资金，在采取PPP模式的全生命周期内的资金时间成本，包括通货膨胀率、支出资金的合理回报率和折现率（"财金〔2015〕167号"第三十二条提到了折现率，但规定"用于测算PSC值的折现率应与用于测算PPP值的折现率相同"，实际上政府出资的资金回报率，属于投资行为，应高于属于融资行为的按照同期地方政府债券收益率计算的折现率）等因素，这样的结果，可能导致PSC的测算值小于PSC的实际值。

4. 物有所值评价的定量分析，单纯以 PPP 值与 PSC 值的数值高低进行衡量，而不考虑 PPP 项目的产出标准的提升、运营效率的提高、服务的提升，是否合适？"好货不便宜"，在提高产出标准、提高运营效率和服务质量的前提下，PPP 值稍稍大于 PSC 值，就不是物有所值吗？此外，就某一项目而言，项目是否采取 PPP 模式，是没有可能充分比较的：同一项目，只能选择一种模式，采取了 PPP 模式，就不能采取其他模式；采取了其他模式，也不能采取 PPP 模式。因此如果产出标准、运营指标设置的比较低，除了能比较 PPP 值和 PSC 值之外，对于技术水平、运营效率和服务能力，是无法做出孰优孰劣的比较的。

（二）程序问题

程序问题主要是指物有所值评价设置在 PPP 项目招投标之前，是否合适？PPP 项目的实际操作中，一般都是政府提出项目采取 PPP 项目的动议，聘请 PPP 咨询机构进行"两报告一方案"的撰写，物有所值评价报告在这个时候就形成了，且后续没有更改和调整的程序性要求。然而，项目识别阶段的物有所值评价报告中的定量评价，是按照项目实施方案里初步计划的资本金比例、政府出资比例、预测的融资成本等一系列预估指标进行评价的，由于咨询机构的专业性有限，以及项目的竞争情况、预中标社会资本的盈利能力、融资能力均不确定，技术性指标的预测更难以准确，使得这个时候进行的物有所值定量评价很多时候不准确。例如，有些财政实力较弱的县级政府的 PPP 项目，资本金比例 20%，融资成本按基准利率甚至下浮计算，在实际融资过程中，几乎难以落地，因此物有所值评价的结果与实际情况偏差很大。

二、对策与建议

《PPP 物有所值评价指引（试行）》在最后一条规定了试行的有效期是两年，即到 2017 年 12 月底即将失效。因此，在《指引》推行一年半的今天，是时候对其进行全面评估了。针对物有所值评价存在的上述问题，笔者建议：

1. 程序上，将PPP项目的物有所值评价工作分为两个阶段：物有所值初评和物有所值复评。初评即当前的"两报告一方案"制作阶段，以定性评价为主，可以同时进行定量初评；复评是在社会资本采购阶段，在社会资本投标后，按照相关规定评标并选出预中标社会资本后，由PPP项目咨询机构对预中标社会资本的方案、报价进行物有所值评价的复评，以定量评价为主，不再开展定性评价。复评通过的，可以采取PPP模式；复评未通过的，可以与预中标社会资本协商，调整相关要素（在不违反招投标法的情况下，且按照不利于预中标社会资本的原则），再进行复评；还未通过的，放弃采取PPP模式。初评结果仅作参考，并不作为是否开展PPP模式的决定性依据（当然如果谨慎性测算后，PPP值大幅大于PSC值，例如超过PSC值10%，可以考虑重新进行评估，再不能通过可以放弃采用PPP模式）。

2. 以定量评价为主，以定性评价为辅。定性评价中，调整定性评价的指标比重。将"绩效导向与鼓励创新"和"可融资性"两项指标作为核心指标，比重应达到60%（目前最高可达40%），且应增加这两项指标的可比性细分指标（例如项目资本金比例指标），以便使评分结果更客观。这两项指标以外的其他指标权重应相应缩减。其他指标，应尽量提供依据和材料作为佐证，专家在定性评价打分时，应原则上依据材料进行评价，减少评分的主观性。

3. 在定量评价测算PSC值时，也要考虑和测算若采用传统模式，政府一次性（或在建设期内分次）支出的资金，在采取PPP模式的全生命周期内的资金时间成本，包括通货膨胀率、支出资金的合理回报率和折现率，并将其加入PSC值。

4. 为鼓励通过PPP模式引入技术水平高、运营效率高、服务能力强的社会资本，甚至通过PPP模式引导企业加强技术创新、服务创新，提高产出标准和服务水平，物有所值定量评价应以产出标准的提高为前提，以行业先进水平定位产出标准，设定业内公认较高，但又有社会资本可以实现的指标作为产出标准。在这一基础上，即使PPP值大于PSC值，只要PPP值大于PSC值在可以接受的范围内（例如不超过10%），并经过专家评审、政府决策等合法程序，认定采取PPP模式能够有效提升项目的产出指标、运营效率和服务水平，即可以PPP模式运作该项目。

作者简介：

张继峰，国家发改委 PPP 专家库金融专家，财政部 PPP 专家库财务专家，四川大学人权法律研究中心特约研究员，北京云天新峰投资管理中心（有限合伙）合伙人。

第二部分 "道"集

警惕 PPP 中的行政迷恋*

傅 涛

目前，我国 PPP 的推进主要涉及国家发改委和财政部，国家发改委作为宏观调控部门，推 PPP 的出发点是用投资拉动经济发展；而财政部推 PPP 的出发点是化解财政压力管理财务风险。但对于公共服务而言，地方政府才是真正的责任主体，而具体实践中不是直接责任主体的两个部门却成为了"权力主体"，就环境领域而言，环境保护法明确写明"县级以上人民政府是环境保护的责任主体"，由于多数 PPP 项目是地方的市政项目，建议中央政府尽量收缩直接审批，强化帮助与信息公开的监督，让地方政府在充分公开的信息下作为责任主体进行推进。环保作为国家实现"金山银山"的重要支撑，政策性金融上需要扶持，如在贷款、担保及列后上，建议给予一定的优惠政策，对于 PPP 也该有属于环保的绿色政策。

责任流是权力流的源泉，没有责任的权利都是有害的；没有被监督的责任和权利都会扰乱市场，目前很多市场问题都违背了上述基本原则。建议用责任梳理划分 PPP 相关部门的权力，没有责任的权利都应该受到质疑，社会应该质疑这种权利。通过质疑会发现有些部委发布的文按照固定的利率进行上浮或下浮，既然是市场做得好就需要高额的收益，做得不好则要被淘汰，若不管做得好坏都一样，这不是真正的市场，而是政府公共服务中的行政迷恋。

---

* 2016 年 10 月 19 日，E20 环境平台首席合伙人、E20 研究院院长傅涛在发改委组织的 PPP 座谈会上，明确提出警惕 PPP 中的行政迷恋。

作者简介：

傅涛，E20环境平台创始人、首席合伙人，E20研究院院长，北京大学兼职教授、哈尔滨工业大学兼职教授，全国工商联环境商会执行会长。环境工程博士，先后就读于北京大学、清华大学、哈尔滨工业大学。

曾任职于原建设部科技司、原建设部住宅产业化促进中心、全国工商联房地产商会，担任处长、秘书长等职，并长期从事城市建设领域的行业研究、市场研究、科研管理和行业管理工作。

曾创办清华大学环境学院水业政策研究中心并担任主任，曾任清华大学环境学院环保产业研究所所长，曾任桑德国际、首创股份、江南水务、永清环保、国中控股独立董事。

曾负责国家发展和改革委、环保部、住建部、世界银行、亚洲开发银行等机构的多项水业和环境产业改革和发展的政策研究，著有多部专著，包括《城市水业改革的十二个问题》、《城市水业改革案例与实践》、《市场化进程中的城市水业》、《水务资本论》、《水价二十讲》、《供水服务的模式选择》等。

近17年来，傅涛以多所顶级高校及其他科研机构为依托，通过E20环境平台下属的中国水网、中国固废网、中国大气网媒体矩阵，通过政策和市场研究、高端会议、培训，推动中国市政公用事业改革，推动中国环保产业的升级与转型，并陪伴、助力诸多优秀环境企业的成长，在行业中持续产生深远影响。

不要用商业机密阻挠
PPP 的合同公开*

傅 涛

目前，PPP 合作方式、特许经营业务以及政府采购三者之间混为一谈进行招标，这扰乱了整个法律规则，导致多方关系不清，如政企关系不清楚、企业和资本的关系不清楚、政府与老百姓的关系也不清楚。建议实际执行中三者可统称为 PPP，但具体项目一定要拆分推进，混为一谈也导致立法无法执行。PPP 作为公共服务项目，政府出资聘请专业单位做合同设计，外加考虑政府的精力有限，各项工作无法面面俱到，建议公开所有的合同等信息。

公共服务可能有技术 KNOW HOW，不应该有所谓的商业机密，所有以交易结构等所谓商业机密为由进行的信息公开的阻挠，都要提出质疑。事实上信息公开也是治愈低价恶性竞争的良药，恰恰因为所谓的保密，为不规范竞争提供了温床。

信息公开将会推动 PPP 的良性发展。第一，公开合同甲方、乙方和公众都会看到，为认真地分析总结经验提供了信息渠道，也会让大家少走一些弯路；第二，公开合同可以简化信息不对称，能让政府、投资人和公众都能看到交易规则；第三，合同公开是低价竞争监管的最省力的方法，用市场的力量尽量减少行政手段。政府可从重点公开低价竞争的所有相关合同等信息入手，每次调整公众参与发表意见都必须公开。第四，在信息公开的基础上，推进服务标准的形成，为政府识别选择投标公司作参考。用公开透明、多方监督的方式促使经验的积累、教训的吸取、倒逼良性竞争的回归。

---

* 2016 年 10 月 19 日，E20 环境平台首席合伙人、E20 研究院院长傅涛在发改委组织的 PPP 座谈会中提出，不能用商业机密阻挠 PPP 的合同公开。

PPP 的热与惑
——关于 PPP 目的及概念的再认知

傅 涛

当 PPP 热潮席卷社会各个角落的时候，让我们冷静下来，重新审视我国发展 PPP 的目的、PPP 发展中存在的概念泛化问题及概念泛化所带来的认识误区。

一、换个角度看 PPP：促使地方政府的服务归位

（一）地方与中央的博弈

在我国传统的中央集权体制下，地方政府官员的升迁取决于中央政府的考核，地方政府会按照中央政府的指挥棒决定自己的行为，但地方政府在执行中央政府政策的行为中会存在各种各样的异化。第一，中央政府的指标化考核类似应试教育，易使地方政府背离了提供公共服务（包括环保、人民福祉、社会公平稳定、城市可持续发展等方面）的原则，仅为了完成指标活动而获得升迁的机会。第二，在 1994 年实行分税制的改革以及在改革开放之后，其确定的地方以经济发展为纲的整个路线方针方向、聚焦经济发展原则的基础上，央地两级政府都将经济活动作为发展的重心，地方政府在工作层面异化为经营城市的偏执，在经营城市中就像企业追求利润一样去追求财税收入和基本建设投入的增加，这种政府经营缺乏市场配置和效率。

（二）两元结构形成

从地方政府的上述行为异化中，我们可以看到地方人大、法律和信息公开等对地方政府约束薄弱，对地方政府的行为也缺乏有效监管。在约束不到位而考核机制来自于中央政府的评价的情况下，地方政府和中央政府总是在进行一场"猫鼠游戏"，地方政府在经济发展中会片面迎合政绩观，出现了违背市场规律、超常规的运作情况。在历史轨迹上我们可以看到，从地方政府大力兴办各种中小企业、国有企业以控制收入，到1994年分税制改革以后转向经营土地和投融资平台的畸形放大等形式的走形，都来自于每一次中央的改革到地方逐步实施中的异化过度。可见，作为央地两级的二元关系是不稳定的系统。

为了避免上述情况，人大监督制度及其他各项监督制度均在完善。目前财政部的一系列改革也都是为了约束地方政府的不合理行为，比如关闭投融资平台、新预算法中对政府收支的长期计划性以及进一步强调人大的决议都是为了约束地方政府的不合理行为。

（三）让市场进入是政治选择

追溯到之前的情况，在我国目前中央高度集权的政治体制下，解决上述问题的关键是要突出市场的作用，运用市场将央地二元政府关系转为央地政府和企业的三元关系，外加公众的监督，此种三元关系会比二元关系更易于监管和调整。在三元关系中，企业与地方政府应该有可见、可约束、符合商业、会计等规则的合同。同时，需要有公开透明、科学的财务系统，目前中央政府也在督促地方政府的财务报表改革，PPP财政支出的计划性和长期性。若参与三方关系的企业成长上市后，要求则更严格，财务、税收、会计、法律、合同等方面的信息公开应用会更好地规范地方政府的各种经济活动，也便于中央政府引导地方政府更多的健康的行为。

（四）地方政府：从城市经营到公共服务

未来地方政府会从依托土地开发的政府转为持久稳定提供公共服务的政

府。在过渡期及未来的发展过程中，结合十八届三中全会决议对资源配置市场化的考虑，混合所有制改制、地方国企转制、国发［2014］43号文和60号文中强调的将地方基础设施打包进入企业化运营、PPP重大举措等成为促使地方政府被装进笼子，在经济活动中在位而不缺位、不越位的重要改革方向。

在整个逻辑构象里我们认为PPP的含义不光是解决地方政府的融资问题，也不仅仅是提高社会基础设施的建设和投资运营效率问题，更多的是通过三元关系的方式将地方政府的经济活动公开、透明、法治、符合市场规律。

二、PPP概念的泛化带来部分逻辑的混乱

十八届三中全会提出通过市场来配置资源是继邓小平改革开放后我国第二次重大的改革方向。在此次改革的大方向下，各部委又回到某种圈地的惯性。

发改委是站在项目管理和投资管理的角度建立了PPP项目库，同时发改委正在着手研究《基础设施和公用事业公私合作法》的立法工作。财政部主要从财政资金改革角度促进PPP，并以PPP中心为代表的机构统一管理，多方面积极摸索PPP系统在中国的完善和建立。环保部从环境角度提出并推进第三方治理和环境绩效合同服务。而在PPP已推进许久的住建部所辖市政领域，特许经营则是更为熟悉的词汇；同时，住建部也在联合发改委推进特许经营立法，进一步规范BOT、TOT在市政领域的PPP推进。

各部委从自身的工作职责出发，强调某一个概念占据主导位置，在一定程度上造成了相关PPP概念的泛化和内涵的扩大与融合。环保部提出的与PPP相关的第三方治理词汇是典型的泛化案例。

环境污染第三方治理是指通过引入市场机制，由排污企业采取付费方式，把治理污染设施的建设、运营维护交给专业化的第三方机构来完成，实现"产污"和"治污"分离。第三方治理的本源是在政府环保部门的监管下工业企业与环保企业通过合同如何对双方责任进行认定，政府通过加强环境监管和引导外包服务来促进第三方治理的形成。就国办发［2014］69号

文而言，文件涵盖的范围很广，第三方治理涵盖了几乎环保产业的所有方面，包括市政基础设施中的环境公用设施；涵盖了工业园区，工业污染治理；最重要的是涵盖了环境修复市场，通过环境绩效合同服务（即合同环境服务）的方式。第三方治理被泛化后削弱了其背后的逻辑关系，也加速了众多概念的同质性会师。

三、PPP 合同性质的争议

从国务院到发改委、财政部等各部委为推广 PPP，出台《国务院关于加强地方政府性债务管理的意见》、《关于在公共服务领域推广政府和社会资本合作模式指导意见的通知》、《基础设施和公用事业特许经营管理办法》等数十部文件。在国内之前官方发布的 PPP 指导文件中，特许经营被泛化到所有市政领域的 PPP；特许经营也被泛化到所有的 PPP 领域；政府采购服务也被扩展到所有的 PPP 领域。

目前对行政诉讼的争议根源来自于上述词汇的泛化，从企业是否具有经营性入手，我们认为 PPP 在市政领域内分为特许经营和政府采购公共服务。

（一）市政环境领域特许经营

特许经营是指政府将某项公共服务职能，通过一定行政或经济程序，授予企业在约定的时间和范围内享有和利用，企业承担相应的义务（文中的特许经营研究的是政府特许经营，而非商业特许经营）。

特许经营的特征体现为三点：特许经营的核心是经营权的排他性授予；被特许企业从事的活动是经营活动，自负盈亏；用户直接向经营主体付费。

授予特许经营权，属于《中华人民共和国行政许可法》（以下简称"行政许可法"）中第 12 条规定的"可以设定行政许可"的事项，即"有限自然资源开发利用、公共资源配置以及直接关系公共利益的特定行业的市场准入等，需要赋予特定权利的事项"。

在环境市政领域，政府选择自来水的经营企业需要特许经营。政府许可的过程是行政行为，其给企业提供定价机制、经营范围、规划方向等，没有保底水量的承诺，企业的行为是经营行为，自负盈亏。特许经营没有规定政府向企业付费的经济行为，而是政府的公共服务权利和义务让渡给了企业，企业具有收费权，通过水价直接向用户收取费用。若水价需要调整，企业向政府提出申请，物价部门的负责人会针对市自来水公司提交的水价调整方案组织一次价格听证会。

（二）市政环境领域政府采购公共服务

政府通过公开招标等公平竞争的方式选择污水处理企业帮助其运营污水处理厂，政府给予企业的服务费的资金来源可能是收取的污水处理费，也可能是土地费用，还可能是政府税收。在中国污水处理费属于行政事业性收费（个别城市除外），除非特殊规定企业直接收取，一般都由政府直接收取或政府委托公共供水企业代征。

政府与污水处理企业签订服务协议，此行为是一种政府与企业约定保底水量的政府经济行为，而没有体现政府的行政权力，污水处理 BOT 是政府按照污水处理厂的保底水量或实际的处理能力事后购买服务的方式来付费，在这个过程中，社会资本方依据合同要尽职尽责地完成政府交给他的目标（污染物的削减量），他必须去筹钱、去管理运营，这个合同约定并没有给社会资本方什么权利，企业仅仅按照约定目标提供劳务。

哪些公共服务能够采用采购服务的形式来实现，取决于该项公共服务能否清晰划分服务边界，是否可量化考核目标，是否市场提供时效果更好、成本更低。在不同政治体制和行政体制之下，选择的结果或有很大的差异。

（三）其他组合形式

但经营性收费不能支付企业的成本与合理和收益时，会出现补贴性特许经营，即政府财政会对特许经营进行特定补贴，但是不改变特许经营性质。目前，行业中一般都将市政污水当作特许经营对待，源于污水处理费的专款专用以及部分城市水务集团对污水处理费的截留。但是，除非改变污水处理费的性质,否则,污水处理费的专款专用,也不影响公共服务采购的性质。

解决 PPP 法律争议方式的关键是辨析合同性质,明确协议是行政合同还是普通民事合同。很明显,在市政环境领域特许经营中,若企业的合法权益受到损害,申请人可以依法申请行政复议或者提起行政诉讼,最高法的司法解释已将特许经营协议定性为行政协议。在市政环境领域政府采购公共服务中,协议为民事协议,若发生政府付费给企业不及时的经济纠纷,除非有污水处理费是经营性收费的规定(纠纷走行政诉讼或复议),否则合同纠纷可依法提起民事诉讼或按约定申请仲裁。

如果将这些都泛指为 PPP,难以理清其不同的法律关系。

附件 1:市政领域 PPP 项目分类

PPP 项目的分类,第一类是具有垄断权和经营性质的使用者付费项目,如高速公路、自来水项目、供热项目、燃气项目等;第二类是政府直接付费项目,如污水处理厂、垃圾处理厂 BOT、河道修复等项目;第三类是政府补贴项目,如地铁 4 号线等项目。从企业是否从事经营活动来看,PPP 应包含特许经营和政府采购公共服务等。市政环境领域 PPP 项目分类如图 1 所示。

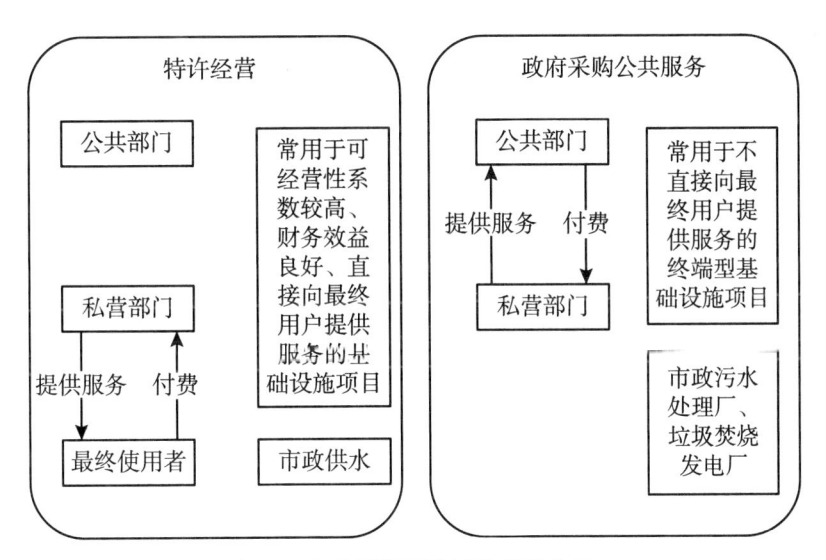

图 1 市政环境领域 PPP 项目分类

附件2：市政领域PPP模式对比

表1　　　　　　　　PPP项下特许经营和政府采购公共服务对比

分类方式	特许经营	政府采购公共服务
领域	供水、供热、燃气	污水、垃圾处理BOT
政府行为	政府行政权力的让渡，不承诺保底水量	政府经济行为，承诺保底水量
企业行为	企业经营行为	企业提供服务
收费方式	经营性收费，水价	行政事业性收费，污水处理费
付费主体	用户付费	政府付费
法律程式	行政诉讼或复议	民事法律和民事诉讼

备注：特殊规定的污水处理：如《上海市排水管理条例》中规定：上海排水公司是上海城区污水的经营主体也是污水处理费的收费主体，其直接向老百姓收费，是经营性收费。

从北排低价事件说开去，警惕PPP的逆市场化趋势

傅 涛

北京排水集团以0.39元价格中标（按照财政部公示的说法）安庆厂网一体化项目的报道，引起了轩然大波。对这个问题的争议方向，无外乎以下几点：

1. 国有企业是否存在过度挥霍其融资优势、进行野蛮竞争的问题。
2. 属地性市政公用专业公司在市场化过程中，在外埠项目中的低价是否占用了其在属地服务中以公益性名义获得的大量财政补贴，或者在天然垄断性背景下向居民收取的服务费用的问题。
3. 迷惑了目前环保和公用事业服务行业低价低质的现实，威胁到整个行业的健康生存和环境资源价格归位的努力。
4. 是否存在后期重新议价调整的非常规空间，以及项目本身报价系统扑朔迷离和缺乏公开性的问题。

恰恰是最后一点，让笔者不由借此机会，由之推广，思考下这场PPP热潮中的"逆市场化"趋势，以避免一个出发点很好的顶层政策，在实际推进中忘记初心、越行越远的悲剧再次重演。

一、信息不对称是本次PPP大潮中一个典型的不健康现象

在安庆项目中，我们依然没看到公开的解释，但是我们至少可以注意到以下几点：

1. 对比之前的特许经营招标项目，PPP项目结构越来越复杂，打捆项

目越来越多，专业复杂度不断提高，单体 BOT 或 TOT 项目有时候甚至被贬称为初级版本。但与之对应的是，公众和外部人士对此越来越难以理解。

2. 采购方式（比如竞争性磋商，单一来源谈判）也越来越多元，甚至很多项目未必通过公开竞争的手续就悄无声息地花落人家。

3. 即便是财政部官方网站公示的中标结果，对价格构成和项目基本结构，也语焉不详。甚至连投标报价和基本程序这样理论上必须公开的内容，也无法获得。

二、信息公开是 PPP 有效发展的"防腐剂"，我们应该予以高度重视

我们认为，在 PPP 的基本逻辑中，促进政府使用财政资金提供公共服务的信息公开程度应该是需要坚持的健康方向，而在 PPP 的项目执行中，竟然已经如此背离。目前，涉及政府公共服务的 PPP 项目合同、方案和执行过程只有相关参与部门和人员知晓，对公众而言都是保密的。在这方面我们需要学习澳门供水模式合约内容信息面向公众全面公开的经验，这会降低社会资本进入的门槛，同时也能避免地方政府少走弯路。

为了促进环境领域 PPP 的良性发展，E20 环境平台郑重建议：所有的 PPP 合同、报批方案和采购及后期执行过程（包括监管和调价）都应及时公开、网上可查，接受公众监督。也就是说使用财政资金的每一个方案都应公开，PPP 项目作为公共项目理应如此。之前的试点项目主要在于摸索经验，项目信息未公开可以理解；但按照目前入库的做法，建议只要一进入项目库，所有的信息都应全部公开。

PPP 项目信息的公开有利于极大地降低中间成本，有利于减少不公开透明导致的不公。信息一旦全面公开，会对政企双方形成严格按照合约规定的约束，全面体现契约精神，同时杜绝腐败的滋生。

PPP 项目信息的公开也可以促使政府真正成为 PPP 财政补助的"LP"身份（类比基金），对提高地方财政补助和中央财政转移支付的效率会大有帮助。只有这样，政府才能放心地选择给予补助的 PPP 项目。基于目前改革的思想是充分调动市场的力量，若 PPP 项目的主导仍是第一个 P（政

府），则与市场化的本意背道而驰。若想实现真正的市场化，PPP 项目的非市场行为方式应该要刹车，政府只应是 LP，真正的 GP 应是企业。最具体的案例就是地铁案例，政府只是出资方而已，结构设计、所有的操作、运营规则应该由企业主导，那如何监督企业呢？就需要信息的全面公开透明。只有这种信息公开才能解决政府信用问题，才能让企业放心。

三、PPP 项目管理中的过行政化趋势

就目前的工作方式而言，PPP 主管部门应进一步明确职责，不应深入到具体项目中，而应着力加强制度和法规建设。但是由于缺乏信息公开的制度建设，项目复杂和公益责任重大等因素，为政府过度监管提供了理由，带来了逆市场化的趋势。

在"简政放权"的大背景下，目前我国处于去行政化时代，所有的行业都是减少行政审批的趋势，但在推动 PPP 上政府各部委却存在"抢权"嫌疑。基于十八届三中全会提出通过市场来配置资源的改革大方向下，财政部、住建部、发改委、环保部等各部委从自身的工作职责出发，强调并泛化某一个概念来占据主导位置，这又回到某种圈地的惯性。同样，减少行政审批使得地方政府大权旁落，PPP 也正在成为地方政府抓权的救命稻草。政府的抢权促使政府行政干预范围的扩大，只有加强前述的信息公开和企业的主导，才能促进问题的解决。

（一）PPP 主管部门多元，政府审批在强化

今年，PPP 由发改委和财政部同时主导，两部委同时发声的现象愈演愈烈，并带来多项文件的冲突甚至自相矛盾，给地方执行带来了诸多不便。而环境领域参与的其他部委还会涉及住建部、环保部和水利部。

在本轮运动之前，基础设施建设项目资金来源全部使用中央财政资金或者全部使用市场资金的批准程序并不相同，其中发改委审批的项目以使用中央财政资金为主。但目前政府大力推行 PPP，具体做法是只要使用中央财政 1% 的资金就与之前全部用中央财政资金的项目没有区分，需要进入项目程

序、申报、做方案、项目备案等，这无疑扩大了政府的行政权力。

在减少行政化的大背景下，本来应该是政府简化审批，现在PPP加强了政府审批，PPP让政府行政干预的范围加宽。

（二）PPP示范项目的政府审批方式使得行政干预范围变宽

就PPP而言，不仅主管部门多家干预，而且项目审批方式也发生了变化。PPP项目需要筛选项目、批方案、入库，不入库就拿不到中央财政补助。若按照此趋势发展下去，不在相关库内的将可能得不到资金，应警惕此种模式潜在的风险。

政府本来只需要做出资方（LP，不承担管理责任），而不是做资本管理者（GP，负责管理和投资决策），即在合规的前提下，出资就可以。原来政府只管自己的资金，现在政府出一部分资金，并期望调用市场的资金还做GP。在这种项目规则所引入的各种申请和审批中，有可能会导致执行的扭曲，最终会影响PPP的健康发展。

在行政体制改革强调市场配置资源的大背景下，在PPP领域却出现了上述逆市场化倾向。这将导致行政范围的扩大，即申请用政府的资金都要首先申请进入示范，都要进入审批程序，可能会加大管理成本和造成浪费。

（三）地方PPP中心的审批职能与行政改革背道而驰

基于审批方式的变换，各省大量成立PPP中心（如福建、江苏、安徽、海南等），批项目也有入库的趋势，PPP中心如果将工作重心放在信息公开、经验交流和执行监管上，是有其积极意义的。但是，我们也需要警惕各省PPP中心强化项目审批职能的风险。前面讨论的各地建库的发展就体现了过行政化趋势，这就与行政改革简化的方向背道而驰。

四、企业应是PPP项目的主导力量

若想改变PPP项目的非市场行为，则需要改变目前地方政府向中央政府申报 PPP 项目的方式，后续的发展方向是在中央政府制度建设的基础上，社会企业不仅仅是跟随性的力量，而应成为 PPP 的设计主体，主动向地方政府申报 PPP 项目，地方政府再向中央政府申报，信息自始至终都应透明，保证公众能够监督。让企业成为 PPP 项目的主导力量，这验证了 PPP 简化职能的本意，能够改变地方政府大量成立抓权的机构现状，改善 PPP 的天平严重失衡的现象，促进政府与企业形成真正的伙伴关系。

目前 PPP 的推动在加力，各部委积极参与，本身的动机是利好的，但如果忽视信息公开制度的建设，并过于加强政府的审批权限，这是在目前信息化发达的社会下做信息不对称的事，最后的成本会全进入社会资本，最终的承担者是老百姓，带来政府花费大量资金但效率低下的风险。北排的安庆低价抢标争议，只是其中一个被先期释放的信号。

环保 PPP 年度盘点:分类后的顶层思考与产业变局

薛 涛

一、前言

从43号文发布至今,已三年有余。随着财政部第三批示范项目的公布,PPP 成为基本国策几乎已成定论。1.56万亿元的 PPP 项目落地规模,使中国特色 PPP 成为令世界瞩目的中国速度的又一案例。当然,中国落地的 PPP 项目,应该结合中国国情和历史发展阶段找到其内在规律和主要矛盾,而追求公共服务供给水平整体效率的提高是所有国家推进 PPP 的共同的核心目标。从 E20 环境平台"促进环境产业成长"的基本使命出发,我们对 PPP 的研究更看重其对产业的影响。当然,不能高效提供公共服务的环境产业,必然是伪产业,因此产业的本质与 PPP 的目标并不矛盾。

结合国情,必然要将 PPP 与原有地方融资建设模式(即公建公营)进行比较。经过两年多的摸索,有成绩也有教训,笔者认为,要找出 PPP 落地的障碍和问题,则需要坚持"分类、分类再分类"的基本分析方法。之前的各类 PPP 文件,在分类上基本是按照应用领域进行分割(如水务、园区、环保、交通等);或者按照财政部纲领性文件,财金〔2014〕113号文中"使用者付费、可行性缺口补贴和政府付费"的分类方式(发改委〔2014〕2724号文中"经营性、准经营性和非经营性"的分类方法与之类似),是以是否需要财政补贴来进行划分。基于中央政府统筹管理的考虑,这种分类很有针对性,但对进一步分析各类 PPP 项目的核心逻辑和如何通过 PPP 提升公共服务效率尚显不足,比如目前将污水处理、垃圾处理等这类政府付费项目归于使用者付费和经营性/准经营性项目,实际上逻辑并不清晰。

财政部最新颁布的财经〔2016〕92号文PPP财政管理办法中,仅有提到特许经营权作为部分类型项目可能会涉及的要素,并未明文强调分类。而在发改委的〔2016〕2231号文中,虽然首次明确将"特许经营和政府购买服务"两种PPP模式分开,但却未有进一步细节陈述。此外,近期行业部门所发布的文件(国务院颁布的燃气条例和住建部联合发改财政所发布的住建〔2016〕208号文"鼓励民间资本进入燃气、供水行业")中,对燃气市场化的相关描述并不符合对PPP和特许经营当前的法规要求,这反映出对公共服务市场化改革的顶层结构思考的不足。

越来越多的负面案例证明,PPP政策的制定者不能光考虑初衷和背后的出发点,更要尽力预判在政策落地中,不同的利益主体(地方政府、社会资本、金融机构甚至咨询公司)谋求自身利益最大化(政绩、GDP或者利润)的诉求,难免在某些项目上演进为投机或合谋,而有可能导致项目背离了前文所述的提高公共效率的核心要求。而要做到可实施且不走偏的政策,则也需要在政策讨论和制定中按照不同分类,不同的项目逻辑和不同的主体,运用"博弈论"的思考方法去分析、预演和设计机制。

本文以笔者在君合律师事务所举办的2016年PPP立法研讨会上的发言的最后一部分扩充写成,希望通过对市政环保领域PPP项目分类的方式,对公共服务市场化改革的顶层结构进行探讨,并就PPP的不同模式在环境产业中形成的影响进行总结。

二、市政环保产业主要涉及的PPP领域

利用E20环境产业九宫格能更加清晰地理解PPP在环境产业中所能应用的不同子领域。九宫格的左侧代表环境产业的服务对象,下方则是污染物的承载介质。考虑到合同属性,直接为工业客户提供治污服务的第三方治理不属于政府公共服务的范畴。除了工业园区废水集中处理和危险废弃物处理,由于需要政府授权而兼具两种特性,可以纳入PPP的范畴。其他大部分情况下,将工业治污的第三方治理与PPP混为一谈,甚至套用特许经营

模式都容易造成逻辑混淆。笔者认为当前存在以推进第三方治理或 PPP 为由，不当授予治污企业垄断权，强迫工业企业接受政府指定的环境治污企业的委托服务的案例，其合法性有待商榷（见图1、图2）。

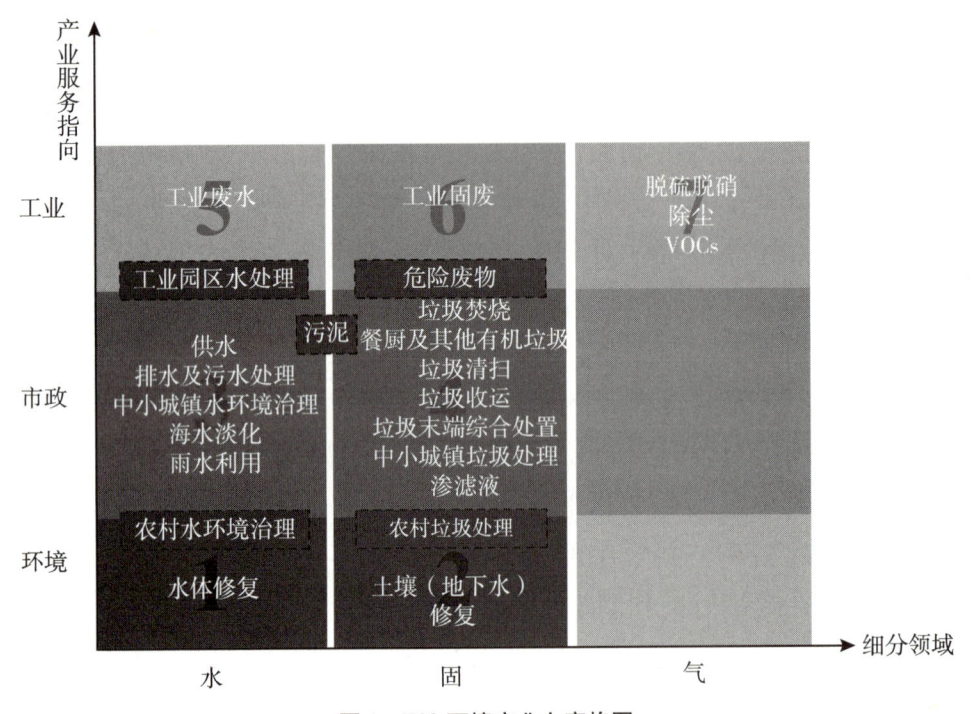

```
产业服务指向
↑
工业   | 工业废水      | 工业固废        | 脱硫脱硝
      |     5        |     6          | 除尘 VOCs
      | 工业园区水处理  | 危险废物
      |              | 垃圾焚烧
      | 供水  污泥    | 餐厨及其他有机垃圾
市政   | 排水及污水处理 | 垃圾清扫
      | 中小城镇水环境治理| 垃圾收运
      | 海水淡化      | 垃圾末端综合处置
      | 雨水利用      | 中小城镇垃圾处理
      |              | 渗滤液
      | 农村水环境治理 | 农村垃圾处理
环境   |     1        |     2
      | 水体修复      | 土壤（地下水）修复
      ├──────────────┼────────────────┼──────────→ 细分领域
         水              固              气
```

图 1　E20 环境产业九宫格图

简单而言，目前与 PPP 相关的领域包括图中 1、2、3、4 四个区域（都是政府为支付对象或者需要政府赋予垄断经营权），以及前文所述的交叉地带的工业园区集中废水处理和工业危废处理。此外，供水、管廊等业务也与环境产业紧密相关，在 E20 的行业研究中都作为环境产业来看待。

由此可以列出当前 E20 所关注的环保企业会员普遍参与的 PPP 项目，并按照笔者"顽固坚持"的分类法进行分类如下（见图2）：

A）政府监管型特许经营领域

供水 PPP（股权合作为主，燃气、供热 PPP 性质很类似）、工业危废、地下管廊。

B）政府购买服务型特许经营领域

污水厂 BOT、垃圾焚烧厂 BOT、垃圾填埋厂 BOT、餐厨处理厂 BOT、污泥处理厂 BOT 等（上述项目可能打捆包含前端收集运输）。

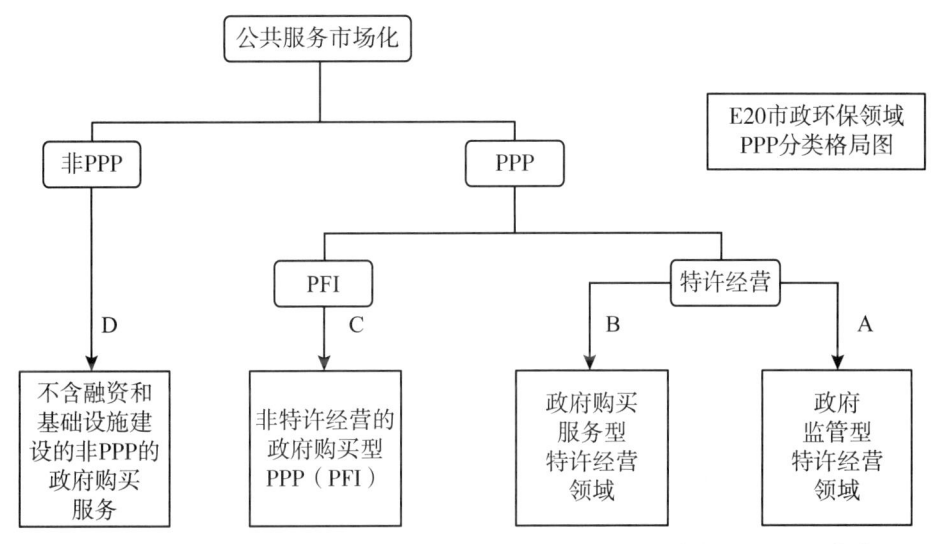

```
                        公共服务市场化
                       /            \
                    非PPP            PPP            E20市政环保领域
                     |              / \            PPP分类格局图
                     D           PFI   特许经营
                     |            |     /    \
                     |            C    B      A
              不含融资和      非特许经营的  政府购买    政府
              基础设施建      政府购买型   服务型     监管型
              设的非PPP的    PPP（PFI）  特许经营    特许经营
              政府购买                   领域       领域
              服务
```

A：供水PPP（股权合作为主，燃气、供热PPP性质很类似）、工业危废BOT、地下管廊
B：污水厂BOT、垃圾焚烧厂BOT、垃圾填埋厂BOT、餐厨处理厂BOT、污泥处理厂BOT等
（上述项目可能打捆包含收集运输）
C：管网融资建设、不含污水厂的黑臭水体治理和海绵城市、土壤修复、农村污水或垃圾治理等
D：垃圾清扫或收运（不含收运站融资建设）、城市水体维护、环境监测服务、基础设施的委托运营服务

图 2　E20 市政环保 PPP 分类格局图

C）非特许经营的政府购买型 PPP（PFI）

管网融资建设、不含污水厂的黑臭水体治理和海绵城市、土壤修复、农村污水或垃圾治理等。

D）不含融资和基础设施建设的非 PPP 的政府购买服务

垃圾清扫或收运（不含收运站融资建设）、城市水体维护、环境监测服务、基础设施的委托运营服务。

上述分类并不能绝对化的看待。例如，若地下管廊收费基础很差（地区经济发展水平不匹配），地方政府有可能给予了极高比例的补贴保障，那么这种项目的性质实际上就会从 A 类转换到接近 C 类。同时，现实中有很多不同性质的项目也有包括在类型 ABCD 之间打捆的组合模式。但上述情况并不妨碍通过对典型模式的分类来分析核心逻辑和主要矛盾。

三、分类的依据说明

由于地方政府的融资冲动以及其他原因，对政府购买服务和 PPP 产生了混淆和冲突。两者混淆的原因，从顶层来看依然是部门偏好的概念泛化冲动，根源是傅涛博士撰文所说的权力和责任的不匹配导致。类似的，还有特许经营的泛化和第三方治理概念的泛化。概念泛化的危害显而易见，由于概念泛化将导致政策研究和法规条文制定中缺乏针对性的分析和措施，碰到硬骨头就难以落地或者导致背道而驰，同时也就带来了各种地方政府暗度陈仓的问题。

（一）区分非PPP的政府购买服务（D类）与PPP（A类+B类+C类）

由图3可见，非PPP的政府购买公共服务不应该以融资为目的，否则将违背三年前财政部牵头开展PPP的初衷，且导致对地方政府债务控制的效果将付之东流。而如果不以融资为目的，项目就不应该涉及基础设施的建设，也不需要由于还款周期的考虑采用较长的项目期限。三到五年为周期，及时评估和竞争选择购买服务的提供商，是较适宜的选择，对提高公共服务供给效率更加有利。那么，将垃圾清扫、运输，河道维护等这类政府购买服务项目称之为PPP项目，甚至采用20年的过长的"特许经营期"，都是概念混淆后的不当模式，对提升效率弊大于利。另外需要说明的是，在这类政府购买服务的项目中，为了向政府提供服务，企业可能会自购车辆、仪表等

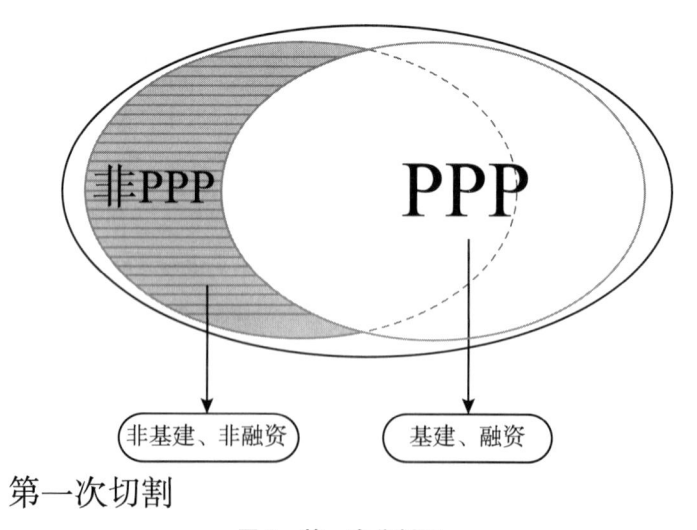

图3 第一次分割图

装备，但是产权完全属于企业，并且可以在不同的项目地使用（不同于基础设施建设的用途唯一性和用地唯一性），因此不应被看作后叙的融资属性。

与之对应而反向的另一种情况则危害更大，就是地方政府用政府购买服务代替 PPP 流程，采购包含工程在内的基础设施项目，使融资游离在 PPP 流程之外，脱离程序和可承受力评估限制的要求。可以看到，非 PPP 范畴的"政府购买服务（D 类）"和"非特许经营的政府购买型 PPP（C 类）"从用词上就十分接近，并且因其内在逻辑有部分相似性，在实际操作中，也往往是后者范畴内的地下管网、市政道路等被披上了前者的外衣暗度陈仓。此外，除了 C 类 PFI 项目，可运营的项目类型由于受社会资本欢迎，所以很少见到将可运营的资产（A 类和 B 类）走"非 PPP 的政府购买服务模式（D 类）"，其实也体现了地方政府利用非 PPP 的政府购买服务项目来实现违规融资的目的。

（二）区分非特许经营的政府购买服务 PPP（PFI）（C 类）和可运营性特许经营（A 类 + B 类）

在试图将政府付费的基础设施项目拿出特许经营范围的讨论中（见图 4），笔者发现了传统特许经营无论是政府监管型特许经营，或是政府购买服务型特许经营，二者之间有一个共同点——可运营性，也正是这个共同点区分了同为政府购买服务性质的特许经营和 PFI 项目。为了与发改委 2724 号文中所提到的经营性、准经营型等定义进行区分，笔者采用"可运营性"这个词汇，因为核心概念有所区别：财政部的"使用者付费"概念和发改委的"经营性"从上下文来看核心意思指的是项目的收费回报是否足够覆盖项目成本和收益要求，财政补贴是否需要被安排，所以将政府付费的污水处理 BOT 项目也看作了使用者付费的经营性项目。而本义"可运营性"却有如下两个显著特点：

1. 项目的基础设施资产具有"产权"属性，可以被计入项目公司财务报表的固定资产项，社会资本的项目公司拥有该资产部分"产权"，由此"厂区"可以被合法运营和反之法理上可以被关闭（即便存在违背协议的风险），但关闭可能带来城市功能的某种损伤（可以在一定程度上制约地方政府付费风险）。

第二次切割

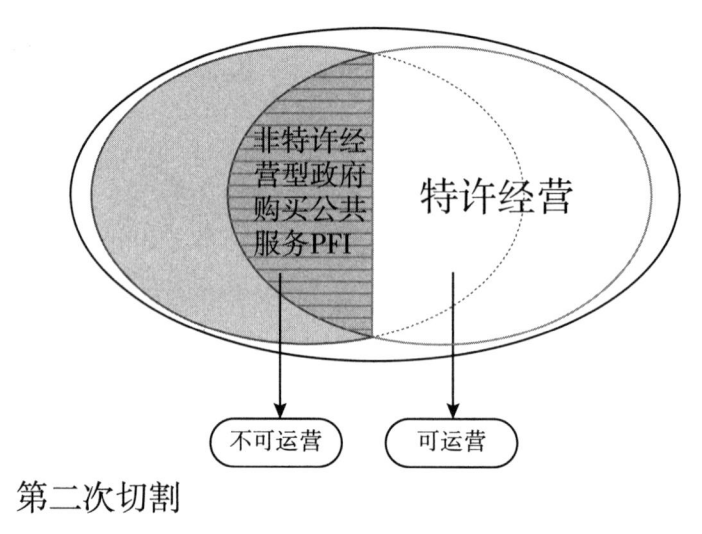

图4　第二次分割图

2. 项目基础设施的运行计费可以按量结算（如供水和污水都是按水量结算），并在项目交付界面上按质考核（如供水的到户水龙头和污水BOT的厂界进、排水口）。

第一个特点使这类可运营性项目很容易获得资本市场的认可。曾经业内有个误区，认为污水处理厂BOT模式之所以容易推进成功，是因为有政府向居民所收取的污水处理费的经费来源支持。但是这种回答无法解释在没有向用户收费的生活垃圾、餐厨和厨余类等的BOT模式，为何也同样受到社会资本的追捧而广泛推行，资本市场依据特许权和政府的支付协议就能够实施项目融资贷款。这背后就是上述"可运营性"的第一个特点带来的。

反之，由于不具"可运营性"的PFI项目不具备产权属性，也没有被关闭的可能（社会资本不可能因为政府付费拖欠而关闭市政道路、管网、河道和海绵城市的运行），对政府不构成付费违约行为的制约，并且无论是市政道路还是海绵城市这类投资，都不能形成项目公司财务报表的有效固定资产（不符合金融机构抵押物的习惯），只能形成财务报表上的负债类，同时，社会资本也没有法律赋予的关闭设施的权力，因此导致社会资本及金融机构认为这类投资不够安全，这样的结果，社会资本更倾向于在工程阶段尽量收回投资（即做大工程利润），大型央企建筑公司和园林类公司由此获得优势，造成这类项目被认为是类似拉长的BT的争议。

不具备可运营性项目的特点二，是导致 PFI 项目在落地中容易工程化、BT 化的核心原因。当前很多 PFI 项目不能像可运营的项目那样，在项目交付界面上简单的通过交付物的数量和质量来约定和考核"购买服务"的交易界面：可运营的项目不用在项目执行期中介入社会资本设立的项目公司内部的实际投资建设成本核查；而完全可以依照交付物约定的或取或付的基本量保证和交付物质量约定（政府付费），或者由社会资本直接按政府允许的定价机制向直接的非政府的用户收费（加上来自政府的公益性补贴），以此为基础，前期通过招投标程序来确定合理的项目价格。在 PFI 类型的海绵城市、河道治理乃至市政道路中，依据社会资本的施工造价来安排某种固定利率的还款模式成为这类项目的回报机制，而实际上施工造价很难被合理控制，再加上项目金额大、系统复杂等因素，社会资本实际上更看重前期工程利润尽快收回（当然金融机构作为埋单者也未必愿意承担后期风险，盯住企业自身信用成为他们当前的选择），这些因素都导致了 PFI 项目在内涵上存在滑向仅仅成为拉长 BT 的风险，也因此需要方案设计者刻意去避免。

近期有篇系列文章——"为什么你的 PPP 项目不靠谱"中强调了所谓的靠谱的 PPP 项目一定要有很高的工程比例才可以做，并讨论了相应的如何获得工程利润的技巧，全文都是在探讨在 PFI 项目中模仿 BT 的开发获利技巧，而看不到对全周期运营的整体效率提升的关注，个人认为企业逐利无可厚非，但是政策制定者需要关注的是，如果项目方案的设计开发水平仅仅只是满足这类功利性的追求，那么 PFI 会在本质上背离了 PPP 的核心目标。

（三）区分可运营类项目中的"政府购买服务型"特许经营项目（B 类）和"政府监管型"特许经营项目（A 类）

笔者曾强调要将环保踢出特许经营，实际上是发现环保这类没有受益者付费模式的 PPP，基本都是 PFI（C 类）或者政府购买服务型特许经营模式（B 类）。把 B 类的环保项目和 A 类的由用户直接付费模式的政府监管型特许经营项目混在特许经营范畴里一起讨论，让笔者一直感到别扭，包括现行的发改委特许经营管理办法和当年的特许经营立法草案（这是由于住建部当年主导特许经营改革留下的历史惯性）（见图 5）。

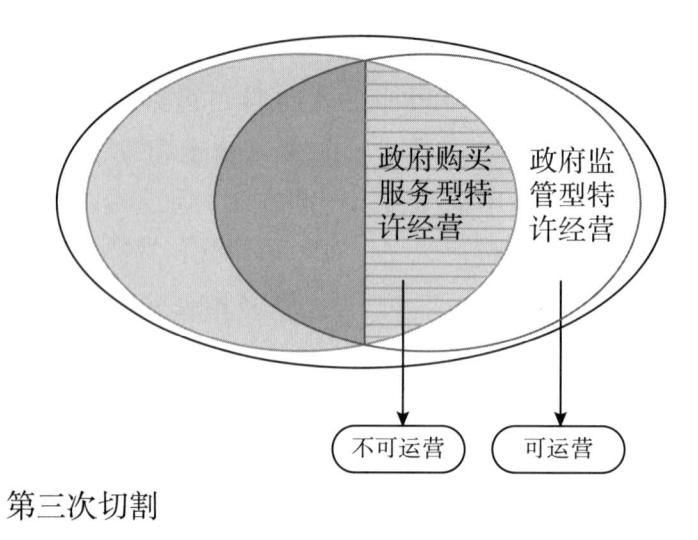

```
                    政府购买    政府监
                    服务型特   管型特
                    许经营     许经营



              不可运营      可运营

第三次切割
```

图 5　第三次分割图

虽然同样具有前文所述的可运营性的特点，这类政府监管型特许经营项目与政府购买型特许经营项目的区别是非常明显的，笔者因此在此忽略发改委所说的"经营性"的原始定义，而在这里将直接向用户收费作为一种"可（直接）经营"的特性作为政府监管型特许经营模式的基本特征，它区别于政府购买服务型特许经营项目至少有以下六大差别：

1. 政府监管型特许经营项目向非政府的用户直接收费（受益者付费），而政府购买服务型特许经营是依据 BOT 惯例的保底量"或取或付"模式由政府付费（政府可能同时会向民众或其他用户收费—污染者付费）。

2. 政府监管型特许经营项目的项目执行期调价由居民参与的成本监审和价格听证会来确定，而政府购买服务型特许经营项目的价格与政府向用户收取的价格无关，且定价方式来自前期选择社会资本时的竞争程序，后期通过协议事先约定的调价公式来定价，不宜搞成本监审和价格听证会。

3. 政府监管型特许经营项目往往采用厂网一体化且直接面对用户收费的模式（上海城投的王强博士称之为网络型公用事业），而政府购买服务特许经营项目中创新的所谓的厂网一体化由于没有且无法面对直接用户收费，其本质上是厂区 BOT 加上管网 BTO 的模式组合，与前者核心概念区别很大。

4. 基于这一原因，政府监管型特许经营项目采用股权合作模式较多，而政府购买服务型特许经营项目则较适宜采用简单的 BOT 模式。

5. 由于上述原因，政府监管型特许经营项目需要政府在其管网覆盖范围内授予独家经营的垄断权，而政府购买服务的特许经营项目其实不需要也无从授予垄断权。

6. 政府监管型特许经营项目属于在政府监管下的社会资本与民众（直接用户）的买卖关系，政府与社会资本双方并不平等，政府和社会资本出现争议应该走行政复议；而政府购买服务的特许经营项目，政府和社会资本方属于买卖平等主体，出现问题应该走仲裁或诉讼。

除了上述区别以外，目前还有一种情况值得特别关注。在价格机制完全到位不依赖政府补贴的"特许经营项目"（比如燃气），特许经营权授予的公平性及其他 PPP 配套管理措施方面都没有得到重视，实际上走了不规范的私有化过程，有碍于社会公平竞争环境和效率的提高。这种情况之所以出现，是因为国家在公共服务市场化的顶层文件中对这方面的表述普遍混乱和模糊。读者可以在国务院颁布的燃气条例和建设部联合发改财政所发布的住建 2016（208）号文里找到例子。

之所以出现这样的情况，背后还有一个逻辑值得思考，E20 近期举行的铿锵三人行 PPP 对话上，吴亚平主任曾经展示了一个很有意思的金字塔，底层是公建公营，中层是 PPP，顶层则是"私有化"，越向上市场化程度越高（未必是适宜的）。以上所说的燃气的情况，就是本应该在 PPP 中有序组织市场化的项目被过大幅度的私有化了。类似前述的借用政府购买服务走融资的项目本应该归属于同样基于"政府购买"的 PFI 的情况，这种本应该属于 PPP 的项目被过度私有化的项目背后的基础，恰恰也是政府监管型许经营里具有私有化所必需的"（直接）经营性"这个特点，这也是我强调需要强化研究政府监管型（狭义）特许经营的原因。

（四）总结三次分割后的公共服务市场化的分类图

通过上述分割，笔者将市政环保类的市场化项目分为 ABCD 四个类型，如图 6 所示。此外，还可以留意在供服务市场化的总范围内，A+B+C 代表 PPP 的总范畴，B+C+D 代表由政府购买的总范畴，而其实 A+B 是特许经营的总范畴，可惜没法也画出个类似椭圆的完美表现。

———公共服务市场化
———政府购买
———PPP

E20市政环保领域PPP分类格局图

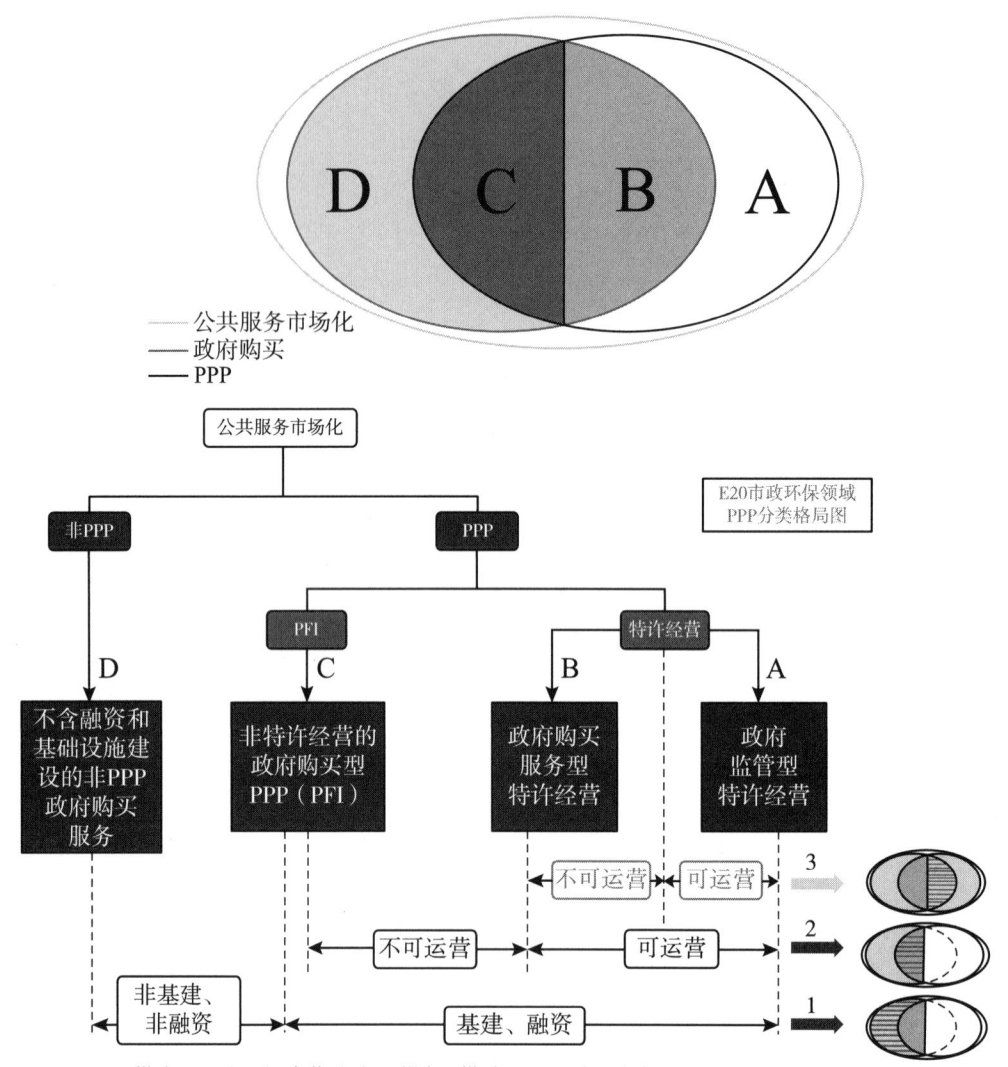

注：A：供水PPP（股权合作为主，燃气、供热PPP性质很类似）、工业危废BOT、地下管廊
B：污水厂BOT、垃圾焚烧厂BOT、垃圾填埋厂BOT、餐厨处理厂BOT、污泥处理厂BOT等（上述项目可能打捆包含收集运输）
C：管网融资建设、不含污水厂的黑臭水体治理和海绵城市、土壤修复、农村污水或垃圾治理等
D：垃圾清扫或收运（不含收运站融资建设）、城市水体维护、环境监测服务、基础设施的委托运营服务

图6　E20市政环保领域PPP分类格局图（详细分割）

另一个思考角度是，如果看逻辑演进，作为PPP的A到B到C这三类项目类型之间，实际上有一种内涵递减的关系，且向下包容：A的"可（直接）经营性"→B的"可运营性"→C的"可维护性"。"可（直接）经营性"包含"可运营性"和"可维护性"，而"可运营性"也包含"可

维护性"。反之则不然。"可维护性"在第三款的第 2 条做了介绍，笔者认为这是 PFI 项目值得采用 PPP 的必要条件。

四、按照上述分类的市政环保 PPP 的基本落地情况和对产业格局的影响

（一）非 PPP 项下的市政环保购买服务项目（D 类）

这个领域不是本文要讨论的重点，只是很多项目与 PPP 高度相关，同时也是环保企业积极在参与的，具体项目包括垃圾清扫、收运、城乡垃圾一体化收集、水体维护、环境监测。这类轻资产项目，规范流程应该是采用政府购买服务程序。在这个领域，大小公司、国企民企都有机会参与，行业集中度极度分散。相对而言，在环境监测领域很久以来就有了委托服务的传统，聚光、雪浪和先河这类上市公司有一定的优势。水体维护领域之前基本是小公司在参与，而现在很多已经被 PFI 项目打捆，使小公司必须要和大公司合作才能获得机会。作为环卫公司市场化的举措之一，垃圾清扫收运外包服务这两年也开始流行，比如北控水务专门成立的北控环境，以期在该领域做大做强。这类项目也有一部分也与后端垃圾焚烧项目打捆，被大型环保公司承接，在此布局的典型企业有启迪桑德、首创环境等公司。

这个领域出现的问题，一是前文所说的，很多购买服务项目被挂上了 PPP 的帽子，不仅混淆概念，还过分延长服务期限，具体案例比比皆是。另外，借政府购买服务变相融资做基础设施肯定应该被禁止，财政部近期又再度发文进行了规范。

（二）非特许经营的政府购买服务 PFI 类项目（C 类 PPP）

这类项目的推出是本轮 PPP 与特许经营时代的最大区别，可以理解为这是对投融资平台和 BT 模式叫停后必须为地方政府打开的通道。当前，在市政环保领域，PFI 项目主要包括海绵城市和黑臭水体治理，典型的如通州

230 亿元流域治理项目、海口 50 亿元黑臭河道治理项目和迁安、镇江等地的海绵城市项目。

虽然，这类项目如果操作不够细致有可能演变为项目内涵上类似拉长的 BT。但笔者认为，在市政环保领域推出城市流域治理的 PFI 打捆项目，作为 PPP 的重要探索方向具有积极意义。如果要避免 PFI 项目沦为单纯的融资工具并且因此与简单 BT 划开界限，在项目需求上应该体现出以下三点：

1. 项目应该有明确的可实施的考核指标。
2. 要达到项目的考核指标需要系统化的整体方案。
3. 项目需要长期维护以达到考核指标（前文所述的"可维护性"）。

在黑臭水体治理方面，各地政府面临的关键问题是"水十条"中城市河道断面考核的要求如何得到落实。系统集成要求高，且要保持河道断面指标达标，对长期维护有很高的要求，也使得在这个领域应用 PFI 模式有了必要性。从这点出发，对在海绵城市领域推进 PPP 笔者持谨慎保留态度，而对于土壤修复类的项目则坚决反对，土壤修复类项目没有维护和系统集成的要求，考核也较容易，如果采用 PPP 模式，也就背离了其核心目的，沦为单纯的融资工具，所以笔者一直坚持在土壤修复领域不宜采用 PPP 模式。而对于厂网一体化的污水处理项目（相当于 B 类和 C 类的混合），核心要看企业在管网规划优化、后期维护甚至执法方面的参与程度，考虑到社会资本方在排污许可管理和工业污水接管排放监管等方面如想参与管理，在执法权转移方面存在障碍，这种客观状况在一定程度上减少了社会资本参与管网运营的意义。

即便黑臭水体治理项目采用 PPP 存在必要性，执行中也出现了 PPP 项目中的一个常见问题，即在招标之前政府并没有能力制定完善的项目方案，咨询公司的帮助也很有限，因此与公建模式去对比而做的 VFM 评估很难有准确的量化结果和可靠结论。此外，对技术集成方案的优化按常理应该在招标评审阶段完成，实际操作过程中，由于留给这一阶段的时间过短，并且价格是主要的竞争因素，导致社会资本只能在中标后的实施阶段才真正开始完善技术方案。因此，对社会资本的评估选择很难做到完全客观，价格评估和成本控制也有较大的难度。因此，笔者建议适当延长招标期，同时引入世行的"两步招标法"采购模式，来解决这个问题（先招技术方案进行比选和优化自身的方案）。

尽管有上述种种不利因素，笔者还是观察到，南宁那考河 PPP 项目之后，这类项目都约定了明确的断面考核指标，对社会资本而言压力较大，也迫使他们认真地优化方案和寻找合适的技术，这对改变传统公建模式中时而出现的重建设轻运营和对效果缺乏追责手段的状况有积极意义。

这类大型 PFI 项目对产业格局的影响也非常明显，动辄十亿百亿元的项目总规模对资本和融资要求巨大，民企和非上市公司很难参与，大量小公司也只能沦为给大企业打工的配角。另外，工程公司类的央企和前期以 BT 见长的园林类上市公司的介入，冲击了 E20 环境产业地图传统 A 方阵（北控、首创等）的优势地位。

（三）政府购买服务型的特许经营项目

这类项目通常采取 BOT 模式，是市政环保领域 PPP 应用最成熟的领域，其原因前文已有分析。相对而言，BOT 模式在这类项目中应用中所需探讨的问题较少，由于较容易制定支付和考核方式，且政府又不需要对工程的实际造价进行评估，绩效考核成熟可控，因此依然是业内公认的成熟 PPP 模式，如项目本身并无其他特殊要求（比如投资过大或者业务复杂需要更多的协调合作），在这种模式里强迫植入合资合股要求属于多此一举。

根据 E20 研究院 12 年的数据积累可以观察到，BOT 模式已经成为新建项目的主流模式，在政府购买服务型的特许经营领域，BOT 得到广泛实践也最为成熟，不但提高了公共服务的供给效率，也培养了一批成熟的环保企业，难能可贵。而对于政府监管型的特许经营项目，在供水领域十多年的摸索已经证明，BOT 模式并不适合。

BOT 模式从 12 年前特许经营时代开始推进到现在，从图 7 所显示的数据来看，在水务领域的特许经营时代已经形成了一定的国进民退的现象，但是在固废领域却不太明显。究其原因，污水领域单体厂建设项目已近尾声，部分做投资运营的中等规模企业由于资金和品牌所困，纷纷被龙头企业兼并，而前述的 PFI 模式打捆的污水厂这样的优质资产，更需要大型重资产公司才有可能获得。

(万吨/日)

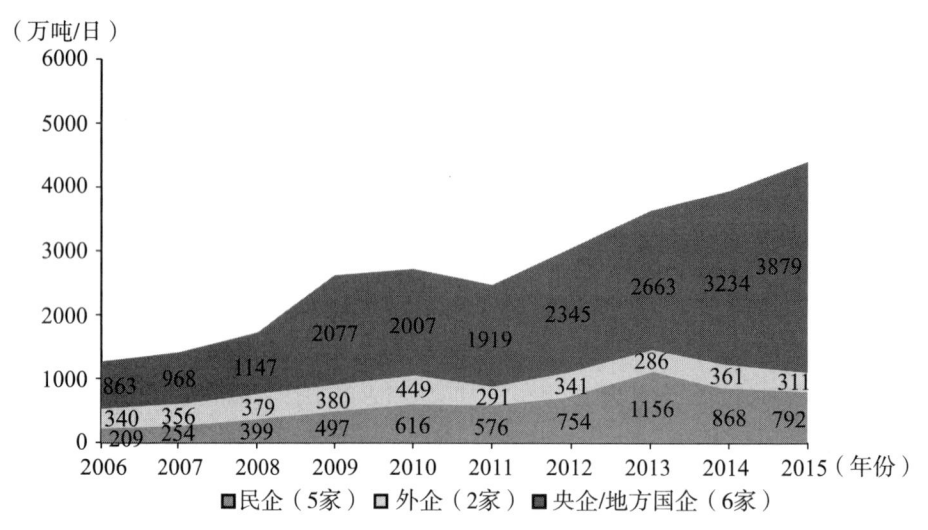

图7 A方阵13家水务企业污水处理10年变化趋势图

资料来源：E20研究院。

在垃圾焚烧领域的项目建设依然处于高峰期，依然以投资规模适中的单体项目为主，BOT的建设期间利润可以改善公司的当期报表（BOT的建设利润仅是改善财务报表，运营利润依然至关重要，这个对比BT的以建设利润为核心利益，是两个差距很大的概念），融资渠道比较通畅，而且其他固废处置细分领域门类（餐厨、厨余、危废、动物尸体和污泥等）及新建项目都层出不穷（比如发改委推进的五批餐厨试点项目大大刺激新市场的产生），给民企为主的中小企业分得一杯羹。但按照水务领域的发展趋势，在未来三年，固废领域的整合兼并必然会发生，行业集中度也会逐步提高。

无论水务还是固废领域，需要提高的方面有以下几点：其一，中期评估得不到重视（建设部特许经营条例126号文所提出的要求得不到落实，甚至近期的发改委和财政的文件中已经难觅踪迹）。考虑到在长周期锁定合作伙伴的特许经营中如何总结经验和提高效率，中期评估是一个很好的机制。可惜这方面无关地方政府最在乎的融资需求，在落地中得不到应有的重视，背后体现了整个行业重建设轻运营、重推进轻总结的倾向。

其二，低价竞争阴云不散。由于单体项目模式成熟，资本市场通道顺畅，在资产荒的现在成为竞争白热化的红海。各类低价案例屡见不鲜，为后期的稳定运营埋下了隐患，而住建部、财政部等四部委最近联合发文推进垃圾焚烧的文件（建城〔2016〕227号）中首次看到对这方面的关注，值得表扬。

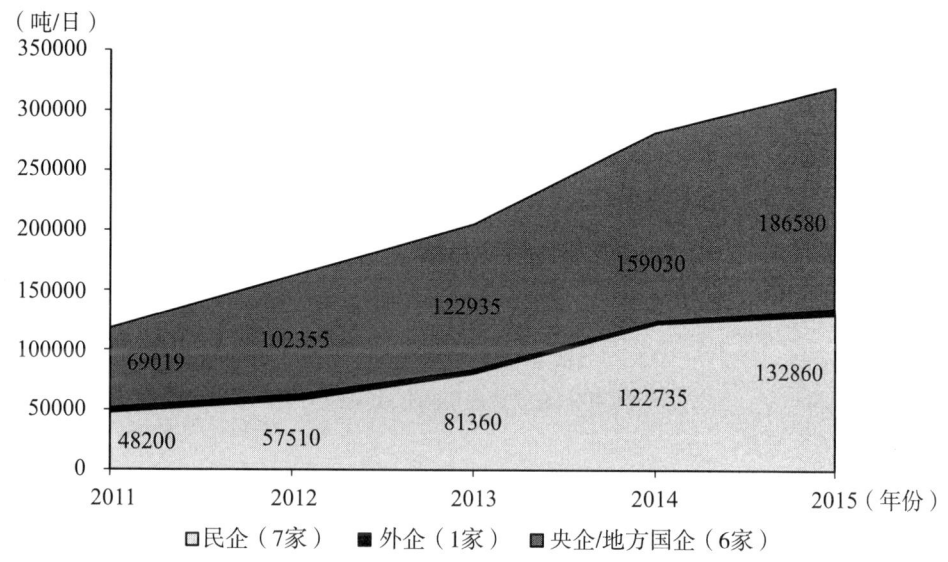

图8 A方阵14家固废企业生活垃圾焚烧规模5年变化趋势图

资料来源：E20研究院。

其三，环保企业达标情况并不乐观，企业扩张后的稳定性值得关注。由于地方政府对环境问题的重视程度依然不足，受低价竞争的影响，以及环境监管体系的建设尚未完成，目前无论污水还是垃圾处理严格达标的状况并不理想，企业靠偷排盈利的情况时有发生（见图9）。随着国家对这方面整治力度的加强，对现有企业的生存状况会造成一定的冲击，也会带来社会资本的责任心（尤其民企）不如公建公营企业的争议，值得行业认真面对。

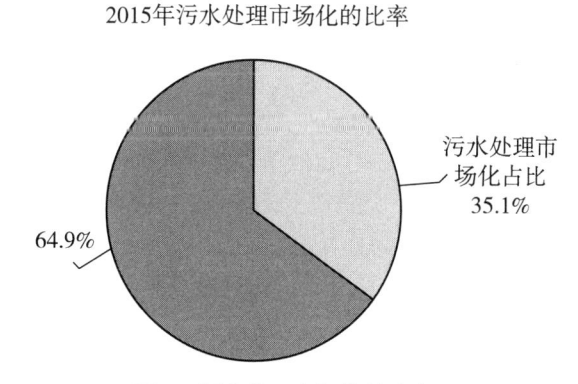

图9 污水处理市场化的比率图

资料来源：E20研究院。

环保PPP"议十"（第一辑）

2015年垃圾焚烧市场化的比率

28.6%

垃圾焚烧市场化占比 71.4%

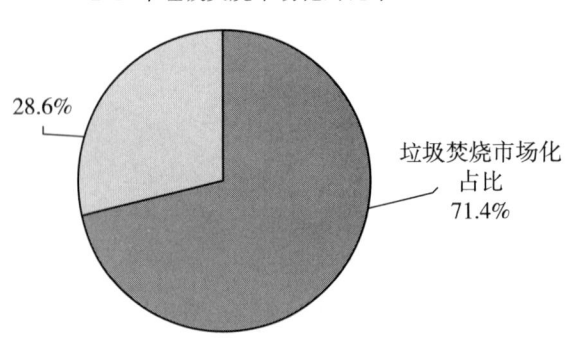

图10 垃圾焚烧市场化比率图

资料来源：E20研究院。

表1　　　　　　　　2015年度中国水业十大影响力企业及总规模表

2015年中国水业十大影响力企业	水务总规模（万立方米/日）
北控水务集团有限公司	3222
北京首创股份有限公司	1900
北京碧水源科技股份有限公司	750
中法水务投资有限公司	1237
桑德国际有限公司	374
中环保水务投资有限公司	750
中国水务投资有限公司	968
广东粤海水务股份有限公司	1597
威立雅中国	1352
天津创业环保集团股份有限公司	588

备注：数据截至2015年底，包含投运性质的原水、供排水、工业水、再生水。

2015年度中国水业十大影响力企业 53%

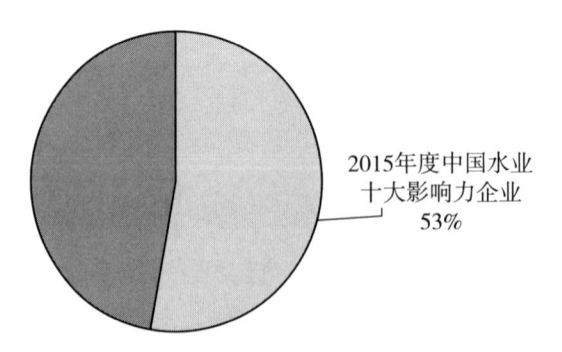

图11　2015年度水业十大影响力企业污水处理占市场化的比例图（行业集中度）

资料来源：E20研究院。

表 2 2015 年度中国固废行业十大影响力企业及生活垃圾焚烧总规模表

2015 年度中国固废行业十大影响力企业	生活垃圾焚烧总规模（吨/日）
中国光大国际有限公司	42000
中国锦江环境控股有限公司	45000
启迪桑德环境资源股份有限公司	25400
上海环境集团有限公司	25450
首创环境控股有限公司	14030
绿色动力环保集团股份有限公司	22000
中国环境保护集团有限公司	38650
瀚蓝环境股份有限公司	20350
浙江旺能环保股份有限公司	17225
威立雅中国	2840

备注：数据截至 2015 年底，总规模涵盖正式签约在内的全部生活垃圾焚烧业绩。

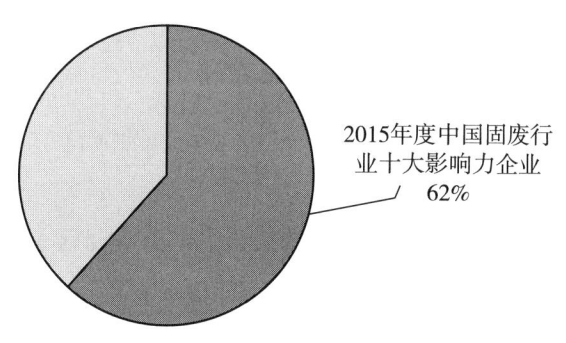

图 12 2015 年度固废十大影响力企业生活垃圾焚烧占市场化的比例图（行业集中度）

资料来源：E20 研究院。

（四）政府监管型的特许经营项目

应该说，在环保领域鲜有直接面向用户（非政府）收费的狭义特许经营项目，因为污水处理是通过自来水费代收，目前均以行政事业性收费模式进入财政系统，最终归于前述的政府购买服务型特许经营项目，而垃圾处理费目前尚未征收。唯一例外的是工业危废项目，属于典型的政府监管型特许经营项目，政府授予特许经营权、一定程度上的垄断权（主要是一个区域内限定了有限数量的危废企业），但工业企业支付处理价格（污染者付费），且有权挑选危废处理企业和在一定范围内商定价格。除了危废项目以外，这类项目基本发生在非环保领域。

供水、供热、燃气这类市政项目，是典型的狭义特许经营项目。这类PPP项目机制建设需要考虑以下要素：

1. 选择社会资本时的公开公平性原则。

2. 价格听证机制：运营成本需要接受政府监审，价格调整需要向居民公开听证。

3. 需要授予区域垄断权，服务质量要被严格监管以避免损害直接用户的利益，涉及公共服务的信息公开要求高。

4. 有可能需要财政补贴（例如，落后地区的管廊建设），当财政补贴占比极高时，项目性质可能向政府购买服务PFI模式（C类）转化（比如，落后地区的管廊建设）。

前文已提到，像燃气这样摆脱财政补贴的纯经营性项目容易走简单的私有化模式，存在风险。当然，对于这类优良的项目，聪明的地方政府更倾向于交给公建公营企业直接承担，以作为投融资平台转型到专业化公司的最佳盈利性业务。从近期行业部门发布的文件对这类项目的描述中可以看出，这类与公共服务关系最紧密的（由于直接面对居民用户）PPP，其顶层制度研究依然薄弱。价格机制改革尚未真正启动，且需要结合地方公建公营企业的发展来做对比研究。在当前，整个地方财税制度改革逐步向环境资源全成本和追求长期稳定化模式的目标艰难挺进的局势下，在这一方向上的深入研究十分必要。

作者简介：

薛涛，E20环境平台高级合伙人，E20研究院执行院长，北京大学环境学院E20联合研究院副院长，资深市政环境产业专家。

武汉大学理学学士和北京大学光华学院工商管理硕士。20世纪90年代初期负责世界银行在中国的市政环境基础设施项目管理，其后在该领域积累了十二年的PPP咨询及五年市场战略咨询经验，曾为GE及多家上市公司提供咨询服务，对环境领域的投融资、产业发展和市场竞合格局有着深刻理解；

2014年初加入E20环境平台，着力于产业与政策研究、PPP以及企业市场战略指导等方向。2014年任环境产业研究院执行院长，并兼任清华大学环保产业研究中心副主任，负责市政环境产业相关政策和行业发展、PPP与市政基础设施投融资以及环保企业市场战略等方向的研究，目前在北大及同济等院校的环境学院兼职产业研究工作。

目前正担任国家发改委和财政部PPP双库的定向邀请专家，亚洲开发银行注册专家（基础设施与PPP方向），全国工商联环境商会PPP专委会秘书长，国家发改委、清华大学、天津大学、中山大学、西南财大等PPP与环境产业方法面的特聘讲师；也是与美林、野村证券、德意志银行、中金证券、中信、海通、广发、安信、招商、银河、光大、中信建投等金融行研机构长期合作的环境产业领域专家，并担任上海城投等上市公司独立董事。

中国特色三大关系决定 PPP 国情

薛 涛

一、一个过长的开场白

1. 在发改委、财政部就 PPP 的热爱度愈演愈烈的现在，高水平地针对 PPP 顶层结构上的思考实属难得。参加了君合律师事务所刘世坚律师组织的立法研讨会后，笔者认为这是最高水平、集合了发改委、财政部两方主管领导和专家的内部沙龙。为推动 PPP 在中国的发展，急需部委从各自优势出发精诚合作。

2. 有关 PPP 顶层结构上思考的干货硬货，对于推动 PPP 发展至关重要。在微信信息爆炸式发展下，PPP 的文章大多以互相转载为主，在余下的原创性文章里，近乎一大半都是简单归纳政府文件，然后拍手叫好的文章，不能提出有效的批评和建议，而剩下的文章中，大部分为琐碎的细节类文章，对 PPP 的顶层思考类文章屈指可数。

3. 笔者对于 PPP 顶层设计上的思考，要从自身的专业和工作经历出发。1994 年到 2002 年负责世行亚行外国政府贷款类国际金融组织基础设施投资的项目操作，那时经历了《招标投标法》和《政府采购法》的二法天下，感悟良多，而对发改委、财政部之间的分工合作、政策性资金的使用和基础设施建设中公建公营模式存在的问题比较了解。2002 年以后全面转到 PPP 咨询行业，一直到 2014 年来到 E20 研究院。而 E20 研究院的前身，是由当时的环境系主任陈吉宁兼任第一届主任的清华大学水业政策研究中心，是中国最早研究公共服务体制改革、价格机制、特许经营和环保产业的机构，傅涛博士当年也经常与发改委和建设部探讨公共服务顶层结构改革问题，比如价格和特许经营。所以，从PPP的实际操作、基础设施的建设、政策性资金的使用、部委的关系到现在的公共服务和环保产业研究，都成为笔者看待PPP的视角。

4. 作为立法讨论，特别注意的就是专家自身的价值取向。在身份转换中，笔者深刻地感受到"屁股决定脑袋"的基本逻辑，即所在单位利益会多多少少影响各位专家们在PPP研究方面的价值观和取向，而这一点，在组织立法和政策制定的讨论会议时，是要对此有充分安排的。例如，咨询公司从利益取向上很难支持项目协议文本公开，但从大局上文本公开依然有利于我们PPP水平的提高。所以，当进入E20以后，为了旗下三百多家市政环保企业的共同利益，E20一直在积极推动文本公开的工作，并且在环保部的课题借助济邦公司的配合公布了一部分南宁那考河的合同文本，在当时的历史背景下对河道治理的PPP文本有了一些推动作用。再比如，证券公司行研对PPP的解读一向乐观，而金融机构却十分谨慎，这些，也是因为前者是服务于二级市场的短期波段，而后者是真的要为二十多年投资如何收回负责。那么，对于来自于不同市场主体的专家们参与PPP立法的讨论，除了院校的相对中立，其他各方还是应该尽力提醒自己减少不利于PPP基本目标的本位主义，并且也通过互相制约达到真正为PPP健康发展出谋划策。

5. 以下为笔者看待PPP行业的几个角度，第一，是要看国外，更要务实看国情可实施能推进。第二，是研究PPP需要分类再分类。对于不同类型的PPP，内在逻辑不同，很多要素关注点就不同，简单大一统去作规定就很难保证效果。比如，王守清老师提到的特许经营权作价的问题，应用到燃气等特许经营项目需要结合价格机制一起讨论，而应用到政府购买服务模式的污水厂、垃圾厂这类"特许经营"项目，则根本就是"左兜掏右兜"，只徒然增加税负。第三，在分类的基础上，也没有绝对的分界线，很多分类或者定性在某些要素极端化后导致核心逻辑发生异化，比如，综合管廊是个特许经营项目，主要分析的逻辑在其经营性上，但在某些城市，根本缺乏支撑其收取入廊费的基本条件或者缺乏配套机制，最终还是通过地方政府担保（当可行性缺口补助占比极高的时候）来实施项目，因此，这个项目的核心逻辑，已经从特许经营变成了类似PFI的性质。

二、温故知新看脉络：中国特色 PPP 的三大关系

（一）PPP 只有三阶段

在笔者看来，虽然金永祥先生的 PPP 五阶段更细致，但从突出核心逻辑来讲，笔者认为 PPP 就只有三阶段。发改委是 PPP 最早的引路人，它的前身计委启动的几个最早的 PPP 试点项目打开了中国 PPP 运动的大门。随后真正发扬光大的却是建设部（其实就是城建司，这个其实是在中国影响资产最大而由此最繁忙的主管司——新中国成立以来几千万亿元的地方市政基础设施资产的沉淀）。虽然存在一些问题，但从总体发展局面、秩序状况和对产业培育和公共服务效率的提升成果来看，建设部 2003 年启动的特许经营取得了一些成绩，形成了规模，促进了产业发展，提高了公共服务效率，然而其积累的很多财富仍有待继续挖掘。而与之相比，现在的 PPP 在成熟度、实现公共服务效率提升和产业升级等方面离所设定期望的距离，都与前辈尚有距离。到现在为止，在污水厂和垃圾厂的单体 BOT 模式上，笔者曾经参加过的项目评审，在增加的一些程序中，除了可承受力评价还有意义以外，PPP2.0 的其他方面的积极意义并不明显，相反，由于现在项目太多，某些成熟特许经营模式的项目做得质量反而下降了。

（二）来宾电厂显端倪

为什么倾向于分为三阶段看 PPP 的中国历程，还有一个原因，就是来宾电厂带来的思考。这个在第一阶段被推崇为第一典范的项目，并不能像第二阶段的特许经营，为 E20 带来北控首创等龙头上市公司和 E20 称之为环境产业 A 方阵的一批成熟企业。对这个现象的思考，形成了笔者看待中国特色 PPP 的三大关系视角，而这就是体现前言中所说的 PPP 研究和推进要尊重国情的含义。

这三大关系，就是央地关系、部委关系和公私关系（所有制关系）。成

功的电厂 BOT 模式并未得到广泛复制，是因为当年的电力部统筹逐步形成的五大电力集团分割了市场。这里面有好几层可以分析的：首先，这类有关全国统筹布局需求的市场，一般都有中央部委及其下属公司高度控制，最终这些公司转换为中央企业，而这些企业的实力强大，民营资本很难与之匹敌（甚至部委就根本没有讨论过开放给社会资本的问题），即便市场化也最多是推进一些混合所有制改革而已。类似的还有通信和铁路等。那么，其实供电、通信、铁路这些也属于公共服务，却不能广泛发展 PPP 和形成以社会资本为龙头的产业格局。与之对应的是，地方国有企业（投融资平台和专营公司）分散而弱小，在建设部特许经营条例颁布后被社会资本巨无霸们所分割蚕食。

所以，从此分析中，可看出央地关系的身影，也可以看到所有制关系的影响。对比西方 PPP 的发展，不需要面对这么巨型的中央企业，有些国家（不过日本和中国类似）没有分散的地方国有企业，或者这些企业的政企不分情况也有区别，这些都会影响 PPP 在中国的演进模式。

综上所述，中国的 PPP 出生在中国这样的土壤上，最终就会演变成集中在地方政府财权事权范围内的 PPP，此外，这里还有些深层原因，可以在央地关系中找到。

（三）三大关系定终身

1. 央地关系

央地关系的核心，就是央地的财权事权的分配。在其背后，是中央政府和地方政府的关系，与西方的各州县高度自治的治理模式比，中国的地方政府更像没成年的儿子，缺乏独立性，需要中央政府为其承担无限责任，对应的中央政府对地方政府也有很大的控制力，这两个特点显著影响了中国的 PPP 的演进（笔者坚信中央集权管理模式的国情合理性和"道路自信"）。首先，中央政府要一直控制地方政府的融资冲动，而 PPP2.0，就是由此为了替换投融资平台而来。其次，中央政府有救助地方政府免于破产的责任，而 PPP 后，破产的主体变成了社会资本，是不是可以使中央政府免于救助呢？恐怕没有那么简单，因为现在的 PPP，最终拖累的是银行，那么，国有制的属性和安定团结的因素，银行也是需要中央政府的救助。

这些问题，都会导致中国在借鉴西方PPP的经验时简单照搬，如果不充分考虑地方政府行为逻辑，就会容易犯当年"王明的教条主义"错误，比如英伦范的PFI。细想下，现在有些人批评的PFI类的PPP项目有拉长BT化和PPP的庞氏融资风险，不正是地方政府本质上并没有充分地从提升公共服务的需求出发而带来的吗？不正是由于地方政府尚未成年的人格属性所带来的吗？所以，要引进PFI是可以的，但要针对地方政府的情况，中央政府要为其进行特别的设计，手把手地带着地方政府，尽力约束其导向公共服务，而不是让他们将其只作为融资工具。那么，这也是在立法中要进行思考的。当然，由于收归中央的财政收入达到50%而导致地方依赖土地财政，中国未来的财税体制改革，和中央地方财权事权分配肯定还得做调整，否则，PPP的稳定支付来源依然很难设计，土地财政的脉冲性特征，和长周期的PPP也无法做很好的匹配。这个巨大的难题需要财税专家思考设计，也是PPP的推进中财政部责任重大的原因之一。

2. 所有制关系

所有制关系也是非常重要的考虑视角，由于金融系统的国有制为主，以及他们业务能力的某些短板和价值取向的偏好，自然会形成国有的社会资本的融资优势（尤其是央企），那么，即便社会资本选择程序公平公开（实际上也很难避免价值取向型的偏爱），在中国的PPP还是会出现国进民退的趋势和争议。

考虑所有制关系的另一个产出是，必须尊重在几十年的公建公营中，已经有大量专营国有公司存在的事实，他们其中一部分已经不是简单的投融资平台，一二线城市中，他们部分公司的能力，甚至高于社会资本，所以，这就带来对今天财政部文件（财金［2016］90号）的争议，强制PPP是否真的能提高所有城市的公共服务效率？是否思考了这些E20称之为B方阵的专营公司的前途呢？是不是他们通过与政府划清政企边界就可以提高效率而由此好于PPP呢？是不是应该让他们与社会资本并存才更有利于鲶鱼模式从而提高效率呢？

3. 部委关系

部委关系的视角当然也是很重要的，比如发改委和财政部如何分工合作的问题，比如与行业部门如何加强合作的问题。这些，都在影响中国PPP2.0的局面。所以建设部是十分幸福的，因为当年他们是独自推进特许经营，这也许也是特许经营相对稳定完善的原因之一。当然，现在有人担心PPP项目落地太快太多太急，一下就成了PPP规模世界第一，除了部委分别大力推动外，另一个原因是在中国的PPP，在经济下滑周期中还要承担拉动GDP的责任。

所以，当PPP2.0来到中国，它需要承担地方债务控制的责任（当然在推进中随着信息公开系统的建设，加强了地方政府融资行为的透明度，这个在中国政府分级治理模式上是有进步的），需要承担拉动GDP的责任，还需要用规模见成绩。而PPP立法想要做到的，就是在这样的国情下，如何继续优化中国特色PPP及有效推动PPP2.0的健康有序发展。

浅析 PPP 模式在法国的实践

黄晓军　张啸渤

政府和社会资本合作（Public Private Partnership，PPP）模式最初起源于欧洲，这一合作模式可以将政府部门和社会资本的优势结合起来，一方面减轻财政压力，提高运营效率和服务质量，另一方面又为社会资本带来稳定的收益，因此在很多国家得到广泛推广和应用。

法国的 PPP 模式发展虽然起步不是最早的，但基于其在特许经营方面的独特优势，法国无论是在项目金额还是数量在欧洲都处于领先地位（2015 年，法国 PPP 市场规模达到 240 亿欧元[①]）。政府和公共机构对此类项目的大力支持，以及在项目协商中为 PPP 模式做出的有益探索是 PPP 模式在法国成功的重要基础。

改革开放之后，中国在公共基础设施建设领域逐步开放市场，尝试开展以 DBO、BOT、特许经营等为代表的 PPP 模式。在这些模式的酝酿、启动和发展过程中，法国是中国相关机构对标的重要国家之一，也参考了不少法国的经验。近几年，尤其是 2013 年以来，中国大力推广 PPP 模式，相关市场迎来重大的战略机遇期。据财政部统计，截至 2016 年底，已签约落地 1351 个项目，总投资达到 2.2 万亿元，无论是项目落地的数量和投资规模都比当年年初增长了 4 倍多，项目落地率超过 30%[②]。中国也因此跃升成为世界上最大的 PPP 市场。

尽管中国的 PPP 市场规模巨大，但是由于中法政府管理体制发展阶段不同、需求不同，其具体内容和发展逻辑存在差异。

[①] 见 Market Update，Review of the European PPP Market in 2016。
[②] 参考 http://www.gov.cn/shuju/2017-03/07/content_5174436.htm。

一、PPP 模式在法国的实践进程

PPP 模式并非发源于法国，但之所以在法国应用特别广泛，取得了令人满意的结果，与其特殊的社会经济发展环境息息相关。长期以来，法国当局充分放权，通过让渡公共事业的开发经营权，逐渐发展出一套适合自己的公共基础设施建设模式，并在推动城镇化建设进程中得到了充分的验证。

（一）发展沿革

在法国，以特许经营的方式引入社会资本的历史久远，甚至可以追溯到罗马时代。

据记载，早在1438年，就有法国贵族获得莱茵河货物运输管理特许经营合同，私人可以对周转的货物收取费用。在16~17世纪，运河和桥梁也开始采用特许经营合同方式来建设运营，同时，私营企业被允许参加建立海军和港口基础设施建设。到了19世纪，特许开发经营铁路及供水、污水处理、照明、交通等进入高峰期，地铁、开凿运河和电力网设施等也开始采取特许经营的方式。到20世纪后半叶，无论从数量还是规模上，PPP 模式都实现了长足的发展，领域进一步扩大到高速公路、停车场和城市供暖设施的建设开发。在这个过程中，诸如威立雅、苏伊士等环境公司，以及万喜、埃法日、布依格集团等工程建设公司抓住了基础设施建设的契机，逐步发展成为世界级企业。

（二）法国 PPP 模式的特点

作为公用事业管理模式的一种，PPP 模式具备一些共性的特点，即政府和公共机构把提供公共产品和服务的传统任务转移给民营部门。其形式既可以是"使用者付费"，也可以必要时由政府和公共机构出面进行投资。除此之外，在法国，PPP 模式还具有一些引人注目的特点。

首先，虽然 PPP 虽然有助于缓解财政压力，但是法国诉诸 PPP 模式的根本原因是民营部门可以用管理企业的办法来消除行政管理的限制，提高公用事业的运行管理水平。法国前公共工程、运输、旅游部国际经济事务司司长克洛德·马尔迪南关于引入民营部门的看法很具有代表性，他指出，公共事业特许经营相比于政府直接管理拥有"决定性的好处"，因为在人员管理方面，特许经营者可以用真正市场化的有效办法管理人力资源，同时可以在必要的时候借力于公共权力机构。其次，特许经营可以部分排除公共部门一般都得遵守的"十分繁琐的形式主义"，另一方面又保留其基本原则。他认为，特许经营者对项目"严格管理，进行技术和管理方面的革新，这些往往正是官办的公共事业所缺乏的"。①

其次，法国PPP模式还具有具备较强的灵活性。尽管传统PPP项目以委托管理为主，但是由于具体项目的条件和需求不同，PPP模式在法国发展出了不同的形式，体现出实用主义的倾向。这些形式大体可以分为三种：

其一，特许经营模式。其主要特征在于政府和公共机构将公用事业项目交给民营部门，由后者以对用户征收租金等手段，对所承接的项目进行开发管理。这种项目由民营部门自负盈亏，并承担各种风险。

其二，所有权公私共有，由民营部门负责开发的委托经营模式。在一些情况下，民营部门可以将现有的共有事业的设施承租下来，对其进行更新维护。这种类似于"租赁"的形式在法国水务管理领域发挥的作用尤其明显。

其三，相关单位直接管理模式。这种模式的逻辑是，在有些情况下，即便由作为管理经营方的民营部门全权负责向用户收取服务费用，也不足以覆盖成本。因此，在这种模式下，作为公共服务的提供方，民营部门不直接从用户身上获取营业收入，而是从财政收入预算中支取报酬。这种模式最典型的应用案例就是一些公共交通项目。

二、法国对环保及公用设施PPP项目的理解与应用

在环保及公用设施领域，虽然同为PPP模式，但法国对三个"P"的理解与中国并不相同，本文将试对其中的差别进行探讨。

---

① 见《公共基础设施建设中的私有部门投资——法国的经验》前言部分。

（一）Public——"公共机构"的不同角色与定位

PPP 模式在中国的正式名称是"政府与社会资本合作"。将首个单词"Public"直接译作政府自然符合中国国情。但在法国以及部分其他西方国家，"Public"则更多是字面意思，它不仅仅可以指一级政府，也可以指国有机构、地方组织等几乎所有带有一定公共属性的部门。尤其在法国，"Public"还可以指市镇联合体（Communautés de communes）等公共机构。这种独具特色的部门在国内很难找到相似的组织形式。

与中国环保及公用设施 PPP 项目需要大量来自民营部门的投资不同，在法国，这种情况仅占很小比例。以 2006～2009 年法国供排水投资规模为例，民营部门投资规模仅占总投资规模的 8%～15% 之间[①]，而作为收税主体及公益事业保障者，政府和公共机构往往是投资主体，仅将资产转让给民营部门经营和管理，项目的合同期也相应较短。之所以有这样的差异，有两方面的原因值得注意：其一，法国是发达国家，城镇化相对成熟，PPP 历史也较长，公共基础设施比较健全，因此和中国比很少有大规模 PPP 融资的需求。其二，PPP 项目所提供的服务专业化程度比较高，法国政府和公共机构愿意求助于在运营管理方面具有丰富经验的民营部门，而不是金主。数据显示，截至 2015 年，法国 6300 个污水处理厂由民营部门负责运营，大概占法国全境的 1/3。自 2006 年以来，法国有 2/3 的供水由民营部门负责。无论是排水还是供水，法国民众对服务的满意度都非常高，2011 年的投诉率不足 0.5%。[②]

与中国环保设施倾向于选择集中处理不同，法国因为市镇分散、人口规模差异较大等原因，设施也相对比较分散，规模大小不等。但法国政府和公用机构并没有执意追求规模经济，而是因地制宜，科学地制定了一套从长期来看经济合理的解决方案。以里昂的市政供水为例，很多水厂生产规模很小，实现规模经济有困难，但是其硬件投入却非常到位，无论是水厂，还是水厂里的工艺设施、设备，备用率都很高，且修建了很多高位水池，确保在水厂发生故障时，可以实现 12 小时左右的正常供水。同时，水厂的设计生

---

①② 见 Public Water and Wastewater Services in France – Economic, Social and Environmental Data。

产能力也普遍超过实际水处理量（通常情况下，实际供水量只有设计水处理能力的50%左右）。这样的投入短期看来虽然不经济，但却可以切实保障安全供水（如果一地发生问题，很容易从其他地方调水），而且从长远来看，这笔账非常划算，因为高备用率可以让民营部门有条件利用晚上电费最低的时候进行生产，不占用白天紧张的电力供应，大幅降低用电成本，而且能够节约未来设施扩建的费用。

共有三座由政府投资建设、民营部门运营的备用水厂，在里昂市区日供水量约为30万立方米/天，一座是20万立方米/天规模的水厂，供低中压供水系统，另一座10万立方米/天规模的水厂供高压供水系统，两个水厂都以地下水作为水源。而Pape水厂则是个规模达15万立方米/天规模的应急备用水厂，为将水源进行区分，Pape水厂的水源是湖泊水。

建造Pape水厂的目的是防止地下水受到污染而导致整个城市供水瘫痪。一旦监测到地下水源遭到破坏，Pape备用水厂就会立即投入使用，将水输送到前述两座常用水厂中，然后分别加压供水。

相比于其他两座水厂的水源，Pape水厂的水源藻类多，采用的工艺技术更复杂。该水厂虽由威立雅负责运营，但是最早却是由政府负责投资建设的，包括配套的市政管网和供水设施，竣工验收合格后再向社会招标，代政府进行运营管理。

威立雅凭借其在水务领域的丰富经验，为了能够保证水厂在紧急情况下15分钟内能向市民供水、随时可用，确保水厂每周至少工作两天，将清水池内的水进行循环处理，使其能够每三天循环一次，并选择可以快速启用的工艺技术，加快制水速度。

截至目前，该水厂从投产至今还没有对外供水的记录。

（二）Private——专业的民营服务提供商

PPP中的第二个"P"——"private"应也由3个"P"组成，即"Private Professional Provider"。换言之，为提供合格的公共服务，"Private"一方仅指民营机构是远远不够的，它们应当首先是专业的服务供应商。

与中国相比，法国的PPP市场更加成熟，在每一个市政服务领域几乎都有若干家业务类型相似、信誉好、具有3个"P"特点的大型企业，市场占有率也比较高。所谓"野蛮人"由于门槛较高不容易进来，低价竞争、恶意竞争等现象也鲜有发生。

形成相对成熟的市场环境既与历史长短有关，也离不开法国对 PPP 的正确理解。PPP 的概念早在 17 世纪就在法国引起了广泛讨论。经过上百年的社会革命与动荡之后，法国政府和公共部门总体而言更倾向于选择实力雄厚的大型企业。这些企业的优势很明显：其一，它们在财务和成本方面更具实力，抗风险能力和稳定性相对较强。其二，经过长期市场竞争的洗礼，它们在服务品质方面更有保证，而且更爱惜企业信誉和公众形象，是政府和公共机构值得信赖的合作伙伴。其三，经过长期的积累，它们在应对各种突发状况方面非常有经验。

同时，法国的经验证明，健康有序的市场环境也有利于促进企业发展良性循环。在环保及公用设施领域，由于法国企业往往不用承担它们并不擅长的重资产投资，因此可以投入更大精力用于研发和精细化管理，适应激烈的市场竞争。以威立雅为例，它在 20 世纪 80 年代初设立了安茹研究所，专门研究与水相关的课题，包括饮用水生产和分配，市政和工业废水处理与臭味控制等。作为该研究机构的主要投资者，威立雅通常将其年收入的 1.5% 左右都投入到其技术研发工作中。算上来自外部合作项目的收入，该研究所每年的研发经费大约有 6500 万欧元[①]。目前，该研究所在膜分离、消毒、生物处理和水力模型等方面的工作已经得到了欧盟的认可，以它为主体研发出来的 Actiflo® 净水工艺和 Biostyr® 曝气生物滤池等水处理工艺，以及多种开发运行管理软件、水质分析方法等显著提升了威立雅的项目运营水平和效率，已经广泛运用到其在全球各地的项目。

高度自动化的水厂——法国巴黎梅里奥赛水厂建于 20 世纪初，是世界上第一个采用纳滤膜技术处理河水的水厂。目前供水规模达到 34 万立方米/天，该厂建成后，出水水质好，可以为巴黎北郊 39 个区大约 80 万居民提供优质的饮用水。

虽然工艺相对复杂，服务人口众多，但是该厂却实现了高度自动化。整个水厂采用了 1250 台由计算机控制的预报控制屏，950 多台在线传感器，140 个自动系统，可以连续向控制中心提供 600 个数据信息，完全实现自动

---

① 见《国外水务技术与管理》。

控制。该厂中控室每班只有 1 人,生产流程均按照在线监测仪表的检测数据实行全自动化控制,包括石灰卸装、药剂的调配和投加、设备的启动和关停等。

在水厂有异常状况时,控制系统会自动进行应急处理,同时相应的信息会自动发送到相关人员的手持终端机上,相关人员可以即时通过网络进行处理,必要时,相关人员会在 20 分钟内到水厂进行现场处理。在遇到紧急事故需要关闭巴黎整个管网供水系统时,只要通过控制中心操作,仅 5 分钟就可以关闭管网 3/4 的阀门,剩下 1/4 可以在 15 分钟内关完。

(三) Partnership——地位平等的合作伙伴

PPP 模式需要政府和公共机构与民营部门首先确立一个共同的目标,双方为此要承担相应的角色和任务,并对风险进行分摊。分摊风险尤其重要——如果为公共工程进行投资的民营部门不需要承担任何风险,则有违市场规律;如果负责制定项目目标的政府和公共机构将民营部门不能控制、也无法预估或抵消的风险转嫁到它们头上,为自己开脱责任,则有害于公信力。另外值得强调的是,"Partnership"不是上下级领导与被领导的关系,而是通过合同协议,确定双方是地位平等的合作伙伴关系,履行各自的权利和义务,提供优质公共产品和服务。

完备的法律框架和组织架构可以为 PPP 项目保驾护航。在法国,PPP 模式主要被分为特许经营和合伙合同(CP)两大类。在特许经营方面,2009 年、2010 年,法国颁布了有关工程特许经营的法令,又随后对欧盟的指令进行了转化;在 CP 方面,2004 年,法国颁布了《合伙合同法》,并随后转化了欧盟的新公共采购指令。法国在 2004 年还成立了服务于 CP 项目的 PPP 中心。该中心隶属于法国经济、财政和工业部,其主要职责是在 CP 项目前期准备、谈判和监管等环节为公共部门提供决策支持。

成功的 PPP 项目既有赖于合同完善,又要执行效率高。以法国水价调整为例,无论是污水处理还是直接向用户收取水费的特许经营项目,在 PPP 合同中都规定了水价调整公式和调整方法,调整也比较及时、到位。同时,作为回报,为充分保障民众的知情权,水价调整过程透明,水务企业的财务盈亏状况既要上报主管部门,又要向社会用户发布。调价的条件、原因、目的，扩大投资或水务系统的维护、更新、改造计划，都须让社会及时了解并充分监督。

PPP模式有别于其他商业合同的特点在于，政府和公共机构既是客户，也是监管者。因此，如何监管，以多大的力度进行监管，非常考验合作双方的关系。法国的环境执法力度很强，违法必究，而且公众的投诉对PPP项目的成败也极为关键。但是，相比中国，法国在制度设计上很多时候却显得既具备刚性，也有一定的弹性空间，便于实际操作和灵活掌握。例如，法国的污水处理标准中会同时规定出水浓度和去除率，只要这两个指标中的一项达标即可，这样既充分考虑了污水随季节变化的特征，也考虑了污水处理厂实际去污能力的情况。

三、对中国的启示

PPP模式在法国有几百年的历史，最终日渐成熟被广泛接受，并推向国际市场，对中国有一定的借鉴意义。

在环保及公用设施领域，中国近几年开始全力推广PPP模式。但从目前项目落地的情况来看，尽管中央政府三令五申要以效果为导向，然而在新型城镇化建设和化解地方债压力的双重作用下，中国的PPP项目仍然难以摆脱"重投资、轻运营"的局面。辩证地看，一方面，这具有一定的积极意义，即政府可以通过PPP模式融资，在不大幅增加财政赤字的基础上，迅速补齐基础设施建设的短板。另一方面，这样的"偏科"也会对市场环境带来一些负面影响：比如，其一，这会让市场强化资本偏好，优先选择融资能力强、资金充足的企业，哪怕这些企业在环保和公用设施领域并不专业，后期运营存在一定风险。其二，专业门槛的降低会逼着企业疏于对工艺技术的长期投入，转而追逐短期利益，以加强资本实力为优先考虑，进入自己并不擅长的金融领域，与金融机构联手，以动辄十几亿元甚至几十亿元的资金迅速拿项目，加大企业管理风险。

最后，法国的经验表明，当前中国环保和公共设施领域的增长速度和发展模式是相对的，并不会永远持续下去。当资本热度逐渐退去，市场最终还是会选择那些具有专业运营核心优势，可以提供高质量产品和服务，有业内良心的企业，即"Private Professional Provider"——专业的民营服务供应商。实际上，具有这样3个"P"特点的企业，对资本型企业才最具吸引力。

作者简介：

黄晓军，威立雅集团中国区副总裁/董事总经理，中国市长·跨国公司企业家联席会主席，中华全国工商联合会环境服务业商会执行会长，中国外商投资企业协会副会长，中国循环经济协会副会长，中国可持续发展工商理事会董事会成员、欧盟中国商会环境工作组主席。1986年进入中华人民共和国外交部，开始了长达10余年的职业外交官生涯。1999年，加入法国通用水务集团（威立雅前身），主持对外关系事务。2004年出任威立雅水务中国区副总裁。期间，分别于2006年、2012年赴北京大学及清华大学深造，并获工商管理硕士学位。2010年出任威立雅集团中国区副总裁。

张啸渤，2013年进入威立雅，负责中国区公共关系，2015年起担任公司事务与战略经理。

从阿大葱油饼看公共服务的顶层制度设计

王 强

在 2016 年 11 月 21 日在上海召开的，一个有 16 位部委负责人和 11 位省份或地级市负责人参加的深化"放管服"改革座谈会上，李克强总理提到了两家"小食店"。"前段时间，有家馄饨铺和一家葱油饼店影响很大。"李克强说，"这两家小食店可能确实存在证照等问题，但我们基层政府部门也应更多百姓角度考虑一下，尽量寻求更多人的'共赢'。"总理所说的这两家小食店，分别是开在上海弄堂里的"梦花街 19 号馄饨店"和"阿大葱油饼店"。去年 8 月以来，这两家曾经被媒体和食客"点赞"的小食店，因为经营地点为居住房屋无法办理证照被先后关停，引发舆论热议。

在 PPP 圈内，本人可能是对阿大葱油饼最了解的。现在吃到阿大葱油饼简直是一种奢望。我确实品尝过的。自从上海城投总部从浦东陆家嘴搬到浦西文化广场附近，我每天早上都要从阿大的店门口经过。与其说是店，不如说是他家的一间 2~3 平方米的亭子间。阿大本身是驼背，每天一个人在黑乎乎的亭子间忙活。每周停业一天，要照顾年迈的母亲。每次经过店门口，总有十来个人排队。原先是敞开供应的，后来价格未变，但每个人最多只能买五个，每天只能供应 300 个。本来我们都以为阿大会这样劳作直到做不动为止，即使是 BBC 报道也不会改变什么。但是阿大的店一关，引起了网络和媒体上的轩然大波。关店反而成为阿大走出上海、走向全国的助推器。阿大店被关的直接原因是上海有规定，自住用房不能用于营业，也就相当于划拨用地不能用于商业用途，否则需要补交土地出让金。但是要阿大补交出让金是个天大的笑话，他也交不起，可要他在附近找一家小一点的店面也是不可能的，每个月卖葱油饼赚的钱还不够付租金。正当我们都在为阿大葱油饼消失倍感惋惜的时候，局势峰回路转，知名餐饮网"饿了吗"以社会资本的名义出手相救，为阿大在附近找了一个门面，不仅为阿大搞定了"License"，而且支付了每个月的租金，阿大的任务只管专心致志做大饼、卖大饼。

而阿大的门面居然开在上海城投总部大厦的对面！这样，我对此更有发言权了。

一、阿大葱油饼火到何种程度

现在阿大的葱油饼火到什么程度？每天中午我散步的时候总会凑上去看一看，搜集一下一手资料。排队是自然了，但是令人惊异的是有人凌晨三点半就来排队，直到中午十一点、十二点才买到，一天至少7、8个小时花在几张葱油饼上，而这样的人还大有人在。一条只容2个人并排走过的人行道上，每天到中午的时候总会挤上二三十个人，但这并不意味着食客只有这些，而是指最后的一批，之后就卖完关门。每天中午隔壁避风塘的老板不得不出来维持秩序，否则会影响他的生意。现在葱油饼的价格提高至5元一只，网上居然还有报道黄牛炒到50元一只。本来每人可买5个，现在只能买2个。我目睹了一个令人匪夷所思的场景，有人从边门进入直接端走了一锅30只葱油饼，立刻招来了边上排队的食客海啸般的责骂。针对这种人满为患的状况，阿大开动脑筋，也搞起了供给侧结构性改革，每天早上六点之前，阿大向各位食客发牌子，每个牌子可买5个葱油饼，他们也无需排队，过3~4个小时到阿大这里取便是。没有拿到牌子的，就到门口来排队，每人只能2只，总归每天300只葱油饼，卖完为止。

一张葱油饼能热卖到这种程度，也算登峰造极了，阿大此生足矣！在这场交易中，表面上看，"饿了吗"不仅一个葱油饼都赚不到，每个月还要倒贴1万~2万元的租金。但是仔细想想，这场交易的最大赢家就是作为社会资本的"饿了吗"。现在人心所向阿大，"饿了吗"帮助阿大，那么人们就自然为"饿了吗"投以青睐的好感，阿大就自然成了"饿了吗"的活广告。如果阿大有商业头脑，不仅不应该付给"饿了吗"半文钱，而是要问"饿了吗"每年收取几百万元的广告费，这就要看阿大的儿子能不能想到这一层。一张葱油饼，商业模式改变，便是一桩大生意。

二、从阿大葱油饼的供给到公共服务顶层设计方向

于是乎，阿大成了 2016 年度沪上著名的网红，估计未来他还要红下去。现在才知道，阿大店面被关一事，居然惊动了李克强总理。现在如何评论阿大，人人都有各自的视角，多数人，包括上海的官方媒体，都将阿大看成当代社会"工匠精神"的典型加以褒扬，现在倒是不提他非法经营了。但是李克强总理目光独具，认为阿大案子是我们目前推进的"简政放权"工作还不到位的体现。在我看来，简政放权是一方面，更重要的是可以将阿大前后的遭遇与我国公共服务的顶层制度设计联系起来，因为这里面包含了诸多公共服务或公共产品经济学的基本要素。也就是说，理解了阿大的葱油饼的供给，也就理解了公共服务顶层制度的设计方向。

所谓公共服务，就是让全社会每一个普通老百姓用得上和用得起。阿大的葱油饼虽然不是严格意义上的公共产品，但是确实有公共服务的影子。尽管粮食不能算是公共产品，但是遭遇粮食危机，就是需要国家和政府直接干预的公共大案。公共产品和服务让每个老百姓都能用得上，那么产品和服务的量就要足够多；用得起，就是产品和服务的价格就不会高，甚至是免费。这样一来，公共服务行业就不会有大量的市场企业参与，即使企业愿意提供产品和服务，这个企业只能微利。所以，公共服务最好是政府提供，或者政府直属企业提供，由于是以公共服务保障为目的，这样的企业往往是亏损经营的，主营业务亏损需要其他盈利业务补偿，这样企业才能运转下去。不过，政府直接提供公共产品有一个问题就是能力有限，质和量不能同时兼得。也就是说，政府只能提供最普遍的、最基本的公共服务，这样的公共服务包括国防、救灾、基本医疗和基本教育，并且一视同仁，即使是罪犯也要一样对待。前一段时间，美国一所监狱发生了件真实的故事，一个死刑犯临刑前享用了最后的晚餐，没想到监狱方面不知道他有心脏病史，让他喝了一瓶红酒，罪犯心脏病发作提前半个小时离开了人世，最后家属上告监狱并最终获赔 150 万美元，因为监狱没有维护好罪犯最后半个小时的珍贵的生命权。所以，一个最基本和普遍的公共服务要企业来提供是没有道理的，这也是政府存在的理由，PPP 涉足这些领域也是荒谬的，生搬硬套只能是遗患

无穷。

在此基础往上推演，不同的公共产品就会有不同的供给和消费方式。这里要引出公共产品经济学的两个基本概念，竞争性或非竞争性，排他性和非排他性。乍一看，这两个概念很抽象，很难理解。但是从供给和使用两个维度去解释，就会一目了然。首先，排他性和非排他性需要从供给角度理解。非排他性就是指供给方（政府或企业）对全体社会成员无条件地供给公共产品，最直接的表现就是免费提供。这样排他性就是有条件提供，直接的表现就是供给方收取了费用以后才能提供。其次，从使用的角度理解竞争性和非竞争性。非竞争性是指人们可以共同使用同一个公共产品，无论需要花钱与否，而无需排队。竞争性是指，即使花了钱，由于公共产品少，人们也不能同时享用同一公共产品，使用的时候会发生拥挤，或者需要排队，一个一个来。将供给和使用两个维度按照（非）排他与（非）竞争进行矩阵式排列，就会得出四类公共产品（参见图1）。

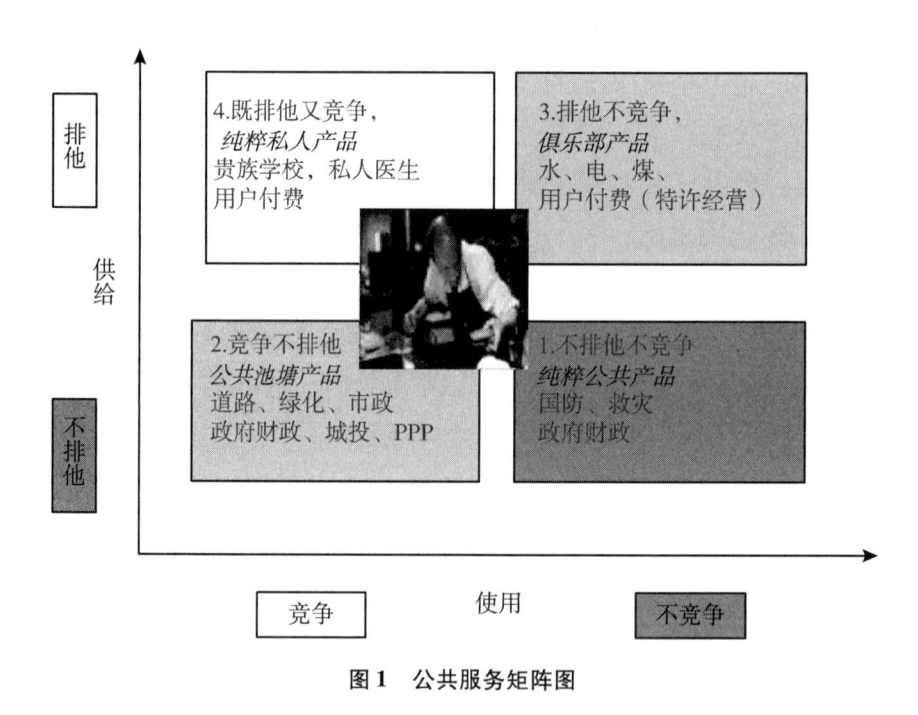

```
           ↑ 排他
           │
   ┌───────────────────┬───────────────────┐
   │ 4.既排他又竞争，    │ 3.排他不竞争，     │
   │ 纯粹私人产品        │ 俱乐部产品         │
   │ 贵族学校，私人医生  │ 水、电、煤         │
   │ 用户付费           │ 用户付费（特许经营）│
   ├───────────────────┼───────────────────┤
   │ 2.竞争不排他        │ 1.不排他不竞争     │
   │ 公共池塘产品        │ 纯粹公共产品       │
   │ 道路、绿化、市政    │ 国防、救灾         │
   │ 政府财政、城投、PPP │ 政府财政           │
   └───────────────────┴───────────────────┘
           ↓ 不排他
     竞争      使用      不竞争  →
```

图1　公共服务矩阵图

第一类就是上述提到的，政府提供的免费的、普遍的和最基本的公共服务，政府必须保障，公众除了正常纳税以外，无需支付额外的费用。所以，这部分公共服务的特点是不竞争和不排他，政府要无条件保障。由于能纳入此部分公共服务的品种很少，这类服务只能通过政府财政负担，或通过发债和上级政府拨款解决。如果一定要用 PPP 模式，那只能是非常牵强，为做而做，并且只能提供一小部分，大部分还是需要政府自己解决。

第二类是非排他但是竞争性类公共服务，这部分在经济学上也被称为公共池塘类公共服务。政府免费向全体公众提供，但是公众在免费享用的同时，就会面临拥挤问题，这正如城市道路和城市绿地公园，如果政府不通过另外收取牌照费，政府修再多的马路也不能最终解决拥堵问题，但是政府也不可以在马路上设收费站，否则会遭到人们的诟病。由于是免费的，人们对这一类公共服务的需求特别大，因为人人都希望家门口有一个美丽的池塘，但是没有人愿意为这个公共资源单独付费。由于需求特别巨大，政府的当期财力往往跟不上广大人民日益增长的需要，在中国就诞生了"城投模式"来解决这部分服务的投资和融资问题。虽然表面上由国有的地方城投公司提供，但是在本质上还是代表政府行使公共义务。43 号文发布以来，地方城投公司被要求剥离政府融资功能，甚至是被要求清算关闭或与政府债务甄别隔离，代之以 PPP 模式。然而，各地对基础设施和公共服务欠账太多，再加上快速城镇化，这方面的需求就特别巨大，PPP 只能解决一小部分问题，大部分还是需要依靠城投公司。例如，用 PPP 模式修一条 10 公里的城市道路，但是这要在封闭的环境下才能有效，如果该条道路需要延伸，那 PPP 合同就包不住了，就需要重新谈判。在这样的情况下，政府也不会容忍社会资本，最后借助城投公司是最好的解决办法。上海在 21 世纪初开展的一些著名的 PPP 项目几乎都出现过这样或那样的问题，最后好几个项目都不得不由国有投资公司接手，其中就有如此深刻的道理。所以，公共池塘类服务可以通过 PPP 模式或城投公司来解决融资问题，是政府购买服务的范畴。

第三类就是排他但非竞争性公共服务，在经济学上被称为俱乐部产品。所谓俱乐部产品，就是指只有进入俱乐部的会员才能有资格享受到俱乐部提供的产品和服务。那么，如何进入俱乐部，通常的情况下就是付费，不付费就不得入，就会排他。进入俱乐部以后，享用特定的产品和服务，往往还需要另外收费，但会员付费以后，即使有再多的会员要求，俱乐部都要尽力满足。反推到公共服务，就如同水、电、煤气、电信和有线电视等。人们需要付费以后才能享受到这种公共事业类服务。并且，人们付费以后需要同时享用到这样的服务，这就是非竞争性原则，不能因为用户多而停止供应，还要使服务质量保持在较高的水准。俱乐部产品与公共池塘类产品相比，除了不竞争、不拥挤以外，最大的区别就是俱乐部产品是用户购买，公共池塘类产品是政府购买。俱乐部产品是公众消费者与供应者发生结算关系，公共池塘类产品是政府与供应者发生结算关系。供应者可以是政府的一部分，如事业单位，但是事业单位提供此类服务的能力非常有限，无论是质还是量都不能满足要求，所以往往需要企业来提供，不管是PPP中的社会资本，国有专业企业还是地方城投公司。俱乐部产品的服务、购买和结算主体是用户和企业，政府只是受用户和企业共同委托承担两者利益的调节者（Regulator）的作用，而我们所认识的监管或管制（Regulation）实际上是调节的一部分。政府通过一种叫特许经营的制度来调节或监管。如果用户和企业能够把价格谈妥，就根本不需要政府干预，但是实际上这很难办到，用户和企业的价格期望总会有差距，这个差距要么通过财政补贴，要么通过政策补贴，无论哪种补贴都不应该成为企业特许经营者收入的主体。特许经营是俱乐部类公共服务的有效模式。需要强调的是，虽然是用户支付，但是政府对此类服务还要监管、管制，以调节双方利益。其中最核心的是定价，政府是价格的裁判员。有了公正的定价，企业才能不断拓展边界、提高质量。

第四类就是另一个极端，既排他又竞争，在经济学上被称为私人产品。也就是说，这类产品不仅价格贵，而且就算用户有支付能力，但是也有可能买不到，说不定还需要排队，并且往往是卖完了就没有了。例如，兰蔻香水，LV箱包等，具有小众化、定制化、高端化和品牌化的特征。在公共服务领域，也有不少的服务具有私人产品的特征，最典型的就是私人贵族学校，如英国的伊顿公学，还有高端豪宅区的直饮水服务等。这些都不需要政府干预，用户自行就能与服务商协调。这也是公共服务发展的高级阶段。

三、阿大葱油饼对公共产品供给的启示

再看阿大和他的葱油饼。用上述的公共服务矩阵来思考阿大葱油饼案例也是非常有意思的。严格来讲，阿大葱油饼应该归于私人产品的范畴，因为既要花费又要排队，并且要很费力地排队。但是葱油饼顶多5块钱一个，人人买得起，也是广大老百姓生活需要的东西，所以姑且笼统算作公共服务。

用阿大葱油饼来探讨公共服务的顶层制度设计，可以使讨论更加有趣、生动、形象。那么，姑且算作公共产品的阿大葱油饼到底能给我们什么启示呢？

第一，在公共产品的供给上，政府不能完全包办。虽然最基本的公共产品是需要政府提供，并且不能寄希望于PPP，但是除此以外，政府在决策时确实需要多思量，因为公共产品的供给还是分层次分对象的。上海市政府在早年推出的东方早点就是这个案例，用力过猛，不仅不能满足量的要求，品种和口味也有限。毕竟每个人的胃是不同的，不能千篇一律，所以阿大们才有了机会。

第二，公共产品的供给确实存在分类现象。"二法并一法"确实是美好的愿望，但是公共服务矩阵将分类已经表露无遗。在公共池塘类的产品里，由政府财政提供，向企业支付和购买，公众免费享用但确实需要排队。所以，政府也不要老想着为群众提供无偿的服务，免费的结果就是要排队。可以用PPP模式，但不能为主，在中国发展的语境下，城投模式确实比PPP有效、简便和灵活。关键是城投公司要完善，而不是彻底消除。否则，不久的将来，万一PPP模式有瑕疵，政府发债又不那么顺利，政府拿什么补救？

在俱乐部公共产品里，用户付费是关键。政府的重点是改革公共服务的行业体制，是建立制度，这个制度就是特许经营，政府的作用就是授权、调节和管制（Regulation），不能用PPP取代特许经营，不能一只手缩进去，另一只手又伸出来，更不能一个人的手缩进去，更多人的手伸出来。企业服务好，用户愿意"使用者付费"，政府不能用补贴做代替用户付费，更不能用补贴作为另一只手的指挥棒，另一只手也不能破坏长期行之有效的行业规则，这就是李克强总理反复提倡的"简政放权"。所以，建立和完善特许经营制度是重中之重。

王守清教授曾在一个帖子里讲到国外把PPP和特许经营当做一回事，我们非要把它们分开，弄得外国人看不懂。确实，在国外两者在表面上确实是一回事，个中原因是国外，特别是欧美，城市规模固定，基础设施完善，只是零星修补，服务边界不会大幅变化。但是在中国完全不是这样，服务边界一直在变，这就需要有强大的特许经营者和长期灵活与可调节的特性经营制度。PPP的核心是边界固定，所以PPP与特许经营不同，只能作为城投模式的补充而不是取而代之。

第三，公共服务要发展，需要市场机制和社会资本参与，并且所有权与运营权分离。阿大案例的演变非常好地诠释了市场和商业资本的力量。社会叫好的公共服务遇到发展的瓶颈，确实需要社会资本。阿大案例里的社会资本就是风投"饿了吗"。所以，我们现在所讲的广义的PPP，只是表达了社会资本参与、助力公共服务这件事，而狭义的PPP/PFI/PF2/BOT/TOT、政府采购、特许经营仅仅指公共服务提供和消费的方式和路径。

阿大葱油饼借助社会资本这件事再细剥下去会更有意思。社会资本承担阿大店面的租金，但是有了好的商业模式，不需要从阿大葱油饼处分红，照样能够赚大钱。所以，商业模式设计对公共服务而言至关重要。阿大只要专心致志把葱油饼做好，把专业运营服务做好，只要每天卖300只5元钱一只饼足矣！据说，阿大也曾经对吃客表露过，他本人的一大乐趣就是宁愿每天看着这么多人排队，也不愿意扩大产能，他就喜欢看到别人买不到葱油饼而着急的样子。反过来，如果没有阿大，"饿了吗"什么也赚不到。所以，专业的运营是公共服务的核心，社会资本只是辅助。社会资本可以换，"饿了吗"离开了，可以找阿里巴巴或大众点评代替，但是阿大离开了，老百姓就会不满意。所以，好的专业运营服务不能随意更换，更不能用所谓的市场公平竞争招标来简单替换之，要慎之又慎。这也是上海至今没有大幅度开展PPP的重要原因。由于需要排队，阿大的葱油饼归于公共池塘类，但是如果哪一天阿大认为需要扩大规模，招兵买马，成立"阿大葱油饼有限公司"或开分店了，老百姓只要付钱不需要排队都能吃到，那么阿大葱油饼就是俱乐部产品，那更加需要社会资本助力，那时候不仅仅是"饿了吗"，其他资本也会参与。如果阿大想玩点小情调，弄起"阿大葱油饼料理"，葱油饼里掺入日本和牛肉，把大饼卖到50~100元，也未尝不可，那就是私人奢侈品。

无论如何，老百姓或吃货们只认阿大，不认识什么社会资本。对老百姓而言，公共服务中专业运营者品牌的作用比资本更加重要。所以，看看我国近两年出台的PPP的各类文件，好像重点只是在引进社会资本，重点只是关注于设施建设，对公共设施后期的运营服务的规定不多。这就相当于只是找了包工头把阿大的店面装修了，把炉子弄好了，但是阿大还没有找到，更没有考虑如何烘制出卓越的葱油饼。培养一个社会资本很容易，造一个炉子也很容易，培养一个阿大，要三十年！所以，政府要在公共服务领域着力培养更多的有真水平的阿大，鼓励他们走向更大的市场，而不是本末倒置，让南郭先生盛行。

第四，公共服务中的土地问题。土地是财富之母，也是公共服务赖以存在的基础。但是公共服务的提供者并不是以土地赚钱，毕竟不是房地产商。正如阿大付不起租金，门店都开不起来。"饿了吗"来了以后，阿大的租金解决了。所以，政府不能由于特许经营项目有了"经营"二字，或PPP项目有点微利就将土地进行捆绑招拍挂，就选择性地认为公共服务是经营性的，那就会无端增加经营者的成本，政府在短期内确实是赚钱了，但中长期看，影响老百姓的利益，不宜提倡。不过，在PPP的语境下，土地问题还可以进一步挖掘。阿大原先的门面之所以被关，是因为我国土地管理上有一条铁律，自住用房不能用于经营目的，所以阿大办不出营业执照。推而广之，就是公益性用地不能用作经营，否则就需要改变用地性质和招拍挂，这就是我国各地地铁车站上盖物业不能大规模开展的重要原因，僵化的土地制度反而造成了土地资源的极大地浪费。阿大的案例带给我们的启发是，既然公益性用地不能用于经营，那么经营性用地是否可以用于公益目的呢？当然可以！"饿了吗"帮助阿大搬到新的门面，其目的不是在于卖葱油饼，而是为了自身做广告，是一种活脱脱的经营性行为，他每个月为阿大支付几万元租金理所当然，他赚得更多！所以，作为公共服务顶层制度设计的一项创新思路，可以用更大的商业行为，来为其中的公共服务的用地制度进行松绑。这也是公共服务和公共资源的整合创新之道，值得研究。

好了，阿大葱油饼的故事写到这里，自己的肚子也饿了，也想通过"饿了吗"点购两只葱油饼。一只给我自己，另一只想送给远在天堂的埃莉诺·奥斯特罗姆教授，是她发明了公共服务的矩阵，为此还获得2009年的诺贝尔经济学奖。

作者简介：

王强，国家发改委PPP专家库定向邀请专家，上海社科院PPP中心秘书长，目前供职于上海城投集团有限公司。2001年在英国伦敦大学学院（UCL）巴特列特研究生院建筑经济与管理专业（主修城市基础设施投融资和PPP/PFI）学习并获理学硕士学位。2005年加入上海城投以后，牵头开展了《基础设施投资新趋势——上海PPP模式研究》并于2010年获上海市政府决策咨询奖，此研究被上海市法制办誉为"上海市特许经营立法的理论基础"。2006~2007年参与了《上海市城市基础设施特许经营管理办法》的制定工作，并向上海市政府立法相关部门系统性地提出建议并大部分得到采纳与吸收。作为上海城投项目小组成员，参与了数个上海市重要的PPP项目的重组和政策制定工作。2007年，发表经济监管体制研究，对完善中国的水业监管有较大借鉴价值。2009年，牵头上海城投投资的BOT项目上海长江隧桥的通行费征收方案的研究，成果得到上海市政府批准并实施至今。先后又参与了上海市市级层面市政基础设施和公用事业特许经营和PPP领域绝大多数的研究工作，如《上海市城市基础设施特许经营实施战略研究》，该项研究与2012年被国家发改委授予优秀研究成果奖。2013年王强与他人合作翻译出版了世界银行报告《城市水务事业的公私合作：发展中国家的经验述评》。2015年4月中标上海市人民政府决策咨询重点课题《上海市公用事业特许经营深化研究》。

中国 PPP 的天象

王 强

不知从何时起，PPP 圈子开始流行看天象。掐指一算，中国力推 PPP 已经进入第三个年头了。当 2014 年初，PPP 的号角开始慢慢吹响的时候，没有几个人会预想中国的 PPP 事业会走到今天的地步，当时行业内还有个专家写文章表示，结合以往的经验，我国 PPP 最后很有可能会"一地鸡毛"。然而，仅仅过了三年，"一地鸡毛"至少变成了一大批"金凤凰"。

这些"金凤凰"能不能成为中国经济上空中的"雄鹰"，是不是加快落实五大发展理念，促进新城镇化建设，提升城乡居民公共服务水平的利器和砥柱，现在还不能得到很明确的判断。但是，正当不断有人从外行成为内行，不断有内行摸清楚 PPP 的门道的时候，并且不断有舆论批评 PPP 市场种种不规范的时候，中国 PPP 的天象已经开始越来越清晰，越来越明朗。

那么，如何才能参透中国 PPP 在中远期内的天象呢？这就要从 PPP 的本质，中国推行 PPP 的经济社会背景以及近三年来中央和地方政府在推动 PPP 过程中分分合合的政策举措谈起。

一、中国 PPP 的内外条件

据官方数字，我国目前各级政府推出的各类 PPP 项目的总额已经达到了一二十万亿元了。如此巨大的体量，完全够资格成为我国当代发展进程中的一个重要的经济现象了。这个经济现象，肯定不会昙花一现，也不可能昙花一现，不仅仅值得全世界 PPP 专家来研究，更是值得全世界经济学家和社会学家来跟踪研究。

PPP 的本质就是基础设施和公共服务领域的管理创新，就是政府和市场的关系。如果梳理一下所有的现存政策与PPP项目现实需求之间的矛盾，追根溯源，根本上就是政府和市场之间的矛盾。这样的矛盾，不是天生就存在的，而是我国经济社会发展到一个新的阶段，自然而然产生的。这样的矛盾，也不仅仅在中国存在，在PPP的母国英国，依然存在。PPP不仅对中国来说是新生事物，在英国、法国和美国，在50年内，依然还是一个新的事物，虽然英国1992年就开始推行PPP。这正如男女的情感是人生永恒的主题，政府和市场的关系是人类经济活动中永远的命题。这个命题的内涵现在讲起来依然十分老套，就是政府多一点，还是市场多一点。

基础设施和公共服务领域是观察政府和市场关系最好的窗口。这个窗口，经常是被政府遮挡，又常常被国有经济占据，古今中外，莫不如此。英国1989年的水务私有化或市场化改革实际上是原有国有企业的改制，国有水务企业实施证券化和混合所有制，在这之前，英国水务奉行的是长达近一百年的政府和事业单位体制。现在细细想来，英国和世界上其他国家在推行PPP的背景与我国有相当的不同。英国和其他国家的PPP最初背景就是财政吃紧，不得不借助市场的力量。随着市场机制的应用，PPP模式的优势被不断发掘和提升，进而逐步改变了基础设施和公共服务领域的游戏规则、政企关系和政商边界。这一进程还在持续，但是还会时不时地受到国际政治与经济环境的影响，例如，2008年的全球金融危机就使英国的PFI投资额大幅下降，并导致了PF2的形成。

虽然中国推出PPP的终极背景也是和全球金融危机有关，但确切地讲，是在政府不缺资金来源，全球货币超发，而且货币超发下城市土地价值激增，进而政府更加不缺资金的环境下开始登堂入室，并向纵深发展的。所以，再看43号文（国务院关于加强地方政府性债务管理的意见）就会有别样的意味。在货币超发的背景下，43号文并不能真正地约束政府债务，却降低了城投债务，削减了平台公司的功能。政府平抑货币超发的办法，目前看来就是尽快形成基础设施资产了。这就是为什么中国会出现这么多各种门类的PPP项目，并且这些PPP项目当前还被认为是优质资产。虽然我们反复对照英国的PPP，但是英国实施二十年，只有几百个项目，总金额不超过1万亿元人民币。所以，两者实际上不具有可比性。货币超发，是中国PPP非常重要的客观条件。

那么，中国PPP的主观条件又是什么呢？主观条件有两个，条件之一是我国社会主义市场经济体制完善和改革的深化，这在党的十八大文件上写得明明白白。条件之二是政府公共治理方式的变革和能力的提高，这方面的需求现在看来更加迫切。PPP成了实现两个条件最好的载体。也就是说，PPP在其他国家说不定就是做项目，顶多是基础设施和公共服务领域的创新模式。在我国PPP就是充分激发市场活力的手段，要承担更大的历史使命。主客观条件互相呼应，中国就成了前所未有的PPP最大市场了。另外，与其他国家比较，更为特殊的是，由于PPP对各级政府而言，是个全新的专业，相关部门的意见一时得不到统一，最后不得不问计于民，民间的智慧得到展现，专业的思想得到交流，再加上信息网络、自媒体和微信的介入，为政府、市场和社会搭建了各种交流平台、讨论问题、研究问题提供了高度便利。政府出台的政策和制度，无论好坏，都能得到快速解读，响应或者广泛的评议，直至深入人心，就算有不足，也不会有大的偏差。全国上下，有这么大范围的人、机构部门，以一个共同的话题常常穿越时空，聚在一起，以这么高昂的热情参与讨论、研究和传播PPP的知识，这在全世界范围内都是绝无仅有的。英国实施PFI的时候，怎么可能有这样的条件？所以，中国PPP能够快速发展，有一部分贡献要归功于马化腾。上述几大因素结合在一起，中国的PPP就在三年前一个并不被人察觉的时点上，以特有的方式，爆发了。

二、中国PPP制度和政策设计的基本逻辑

回顾三年来出台的PPP制度和政策的主要脉络，抽丝剥茧，最后就会发现所有的考量都指向一个核心，那就是政府和市场的关系和边界。简单言之，就是在一个基础设施项目上，政府和企业的职责定位是什么，各自应该伸出什么手，各自的手又应该伸多长，谁的手先出还是后出，两者如何交手又如何握手。43号文提出了国有企业到底能不能承担政府项目融资的命题，60号文（关于创新重点领域投融资机制鼓励社会投资的指导意见）吹响了基础设施和公用事业领域推行市场化改革的号角，113号文（财金［2014］113号文政府和社会资本合作模式操作指南）明确了PPP项目中政府和企业的操作流程，《基础设施和公用事业特许经营管理办法》确立了基础设施项

目上政府吸引社会资本的原则和工作重点。2016年，由国务院颁布的《投资体制改革的决定》更是确立了企业的投资主体地位、并提出了完善政府投资体制，规范政府投资行为和转变政府管理职能的坚定要求。甚至包括倍受关注的PPP项目下的土地制度、园区和特色小镇开发模式，背后都涌动着政府和市场关系的影子。直至最近由国家发改委、证监会联合印发《关于推进传统基础设施领域政府和社会资本合作（PPP）项目资产证券化相关工作的通知》，推动成熟PPP项目资产证券化，这就直接打通了基础设施市场化的督脉，为下一步完善、细化PPP的各项制度打下了基础。所以，回顾这三年，没有哪一个领域如同基础设施和公用事业那样，改革得那么深刻、那么迅猛，那么受到广泛关注。

在实践方面，领先于理论研究和制度构建的地方就更多了。虽然PPP推行之初，各地"初生牛犊不怕虎"，推出了大量的，各种类型的项目，并且"叫好不叫座"等质疑之声不断，但是企业生存的需求、地方发展的需求、行业创新的需求远远盖过了各类争议，中国人民再次演绎了"实践是检验真理的标准"的光辉论断。虽然对融资平台模式仍然存有依恋，但是不少地方政府还是勇于探索，地方国有企业纷纷在探寻转型之路，各种创新融资方式和渠道被不断挖掘出来。特别是PPP为我国传统的建筑行业和市政公用行业的转型升级，进而走向高端化指明了方向。传统国有施工企业与各类资本嫁接，并主动延伸产业链，提升研发、设计和运营能力。以龙元建设为代表的民营企业，不惧严酷的市场竞争压力，以极大的胸怀整合各类资源，以高度的热忱和坚毅诠释PPP的真谛。随着"天义三叹"的声音广为接受，两部委三次示范项目的落地比例逐步提高、项目的规模走向合理，项目的边界愈加清晰，项目的机制更为灵活，中国PPP的"轻舟"已真正"驶过万重山"。

三、中国PPP的天象

所以，现在可以为中国PPP作一个阶段性总结，并撩开她的天象了。

首先，中国PPP不是诞生于"钱荒"，而是诞生于"钱漫"时代，所以会出现大量的各种类型的项目，这与英国等国的PPP推行背景有很大的不同。如果在资金泛滥的条件下，任由低水平的地方融资平台无序发展，那么更大的危机或灾难就在后面。中国在这样的背景下推出PPP，正好说明PPP不仅仅是融资方式，更是一种管理融资的方式。管理就需要具备能力。管理能力就不外乎来源于政府、市场和社会。政府的管理能力需要职能转变和治理水平提高，具体而言就是政府发包项目和监管项目的能力。市场的管理能力最终依赖于市场体制和制度的建立与完善以及社会资本专业能力的提高。社会的管理能力得益于公众能够对PPP项目、政企双方真正起到监督管理的作用。因此，中国的PPP还要承担更大的、更加重要的责任和使命，所获得的边际效应和制度红利将会远远大于其他国家。这是经过三年的观察、比较和体会而得到的基本结论。

那么，未来中国PPP的天象应该怎样描绘呢？这样的天象所展现的，不仅是2017年，而是三年、五年或是更长久的跨度下，中国PPP的图景。基本的构想如下：

（一）始终将制度建设和能力建设置于首位

不知是出于何种社会心理，对于一种新生事物，人们往往在开始时总会津津乐道于其不足，PPP也是一样。虽然现在我国PPP市场有点乱，但是终有"大治"的一天，这就离不开制度和能力建设。制度和能力建设，现在看来，是各国PPP进程中关键一环。英国PPP为什么只有几百个项目，就是因为英国PPP是中央政府推动的，地方政府的能力始终跟不上。所以，尽管PPP项目落地很重要，但更加重要的是背后的制度和能力建设。制度和能力建设是当今国际PPP的主要命题，这个进程在联合国、世界银行和PPIAF的推动下正在展开。制度和能力建设要先于PPP项目提出和落地的速度。只有这样，中国PPP才能行稳致远。

（二）推进循序渐进的、差别化、区域化的PPP政策

既然PPP不仅仅是融资，那么就不应该把融资作为推动PPP主要的，甚至是唯一的目的，还是要将制度与能力建设当作推动PPP的核心要义。目前，我国PPP市场和项目的空间布局是东部发达省市少，西部欠发达省

市多。现在以某些东部富裕城市为代表的当地政府和企业普遍认为，自己不缺钱，为什么还要搞PPP？在制度和能力建设的框架下，这样的说法是错误和落后的。可以这样说，PPP下的制度和能力建设与上海自贸区的建设同等重要。PPP是当前我国建立和完善市场经济体制，调整政府职能和市场关系的重要载体。如果在新一轮公共建设与公共服务中与PPP擦肩而过，那么几年下来，地方政府的管治能力，和市场对接的思维和能力与其他省市相比就会落后下来。所以，未来中国PPP的区域市场空间还要做适当调整，要改变一下思维，否则仍然得不到市场响应。要鼓励东部发达省市积极实践PPP，因为政府的能力强，广大干部的水平高，经济环境和城市信用好，金融市场相对发达，地方企业的专业水准较全面，推行PPP具有得天独厚的条件。而西部欠发达地区，推行PPP还是要谨慎，不能硬来，要以中央政府的转移支付和发行债券为主，快速弥补基础设施和基本公共服务的欠账。在逐步改变意识，提升理念，提高能力的基础上，渐进式开展PPP项目试点，同时建立PPP跨区域、政府间交流机制，东部地区尽快为西部地区树立榜样，培养人才和队伍。

（三）推动全行业转型、升级和高端化

在PPP到来之前，基础设施和公用事业往往被称之为基建行业，主要就是基本建设，说白了就是施工，与民工、包工头甚至是暴发户存在千丝万缕的关系。这在英国也是如此，施工承包商往往脱胎于广大的劳动人民。英国PPP开始以后，施工企业首先与设计机构联姻，并逐步向管理、咨询、运营和服务延伸，最终成为著名的建筑承包商和运营服务商。更为重要的是，PPP带来了融资，资本立刻成为传统的基建行业的重要组成部分。金融家与工程家相结合，传统的基建行业树立了资产思维、服务思维、整合思维和政策思维，PPP成为未来基建行业的基本业态。在国际市场上，我国的建筑承包商就会跃升为PPP承包商，这对全行业的转型、升级和迈向高端化有极大的好处。政府的行业主管部门与行业协会应该鼓励、推动这一进程。

（四）鼓励本地国有企业和平台公司转型、转制、开放本地市场

企业能力是 PPP 项目成功的保障。我国基础设施和公用事业行业长期以来在国有和计划经济体制下运行，民营企业的专业力量总体上看较为薄弱，央企的能力也往往集中在施工方面，短时间内也难以转变。真正具有全面地建设、运营保障和服务能力，外加融资功能的还是在地方国企，甚至连带上地方融资平台。这些企业人才最为集中，经验最为丰富，技能最为完备，但问题是这些企业往往不愿意参与。这些企业不参与，不利于我国 PPP 项目专业建设、运营和服务水平的快速提升，反而间接造成了各地 PPP 项目低价中标的乱象。要晓之以义利，鼓励这些企业打开思想的枷锁，走出本地，走向更大的市场，为中国 PPP 输出人才、经验和团队。融资平台更不能不分青红皂白，关门大吉，要积极采取对策，鼓励加快转型和转制，最终促使他们成为中国基础设施投融资体制改革中一支重要的力量。

（五）继续汲取国外 PPP 的认识、经验和教训，为"一带一路"服务

最后，还是要积极、努力、虚心和深刻地向外国老师学习，不要总是简单地认为，外国的月亮照不到中国的土地上，而喜欢用中国特色来搪塞，不能作井底之蛙。近三十年来，包括英国在内，全世界在基础设施 PPP 领域里取得了全面的、深入的、细致的学术和实践成果，这些成果还在不断扩大。国外也出现过特许经营和 PPP 之争，有的国家居然真有特许经营和 PPP 两部法律。要继续认真汲取国外 PPP 的认识、经验和教训，但并不是简单的文献翻译，还是要咀嚼、吸收后再反哺出来，要让世界 PPP 真正成为中国 PPP 的一部分。这方面还有更加深层次的战略内涵。中国企业要成为"一带一路"上的 PPP 承包商，当然要向当地学习，遵守 PPP 国际规范，而不能老是强调"中国特色"。

PPP 合同争议解决机制浅谈

刘世坚

有关 PPP 项目合同或特许经营协议项下的争议解决（下称"PPP 合同争议解决"），自《最高人民法院关于适用〈中华人民共和国行政诉讼法〉若干问题的解释》（法释［2015］9 号，下称"最高法解释"）2015 年 4 月横空出世以来，一直为业内所热议。值此 PPP 立法工作紧锣密鼓，PPP 条例即将出台之际，这一问题却貌似仍然悬而未决，各种高见层出不穷，不知何时方是了局？

今天，我们从法律、合同、实践和政策四个层面，再来梳理一下这个对 PPP 模式而言极其重要的话题，希望能够收拢思路，明确分歧，争取在最大范围内达成基本的共识。

一、相关立法本意及其不能控制的衍生效果

我们先对与 PPP 合同争议解决有关的法律法规做个简单的梳理：

（一）《行政许可法》相关内容

"第十二条 下列事项可以设定行政许可：

（一）直接涉及国家安全、公共安全、经济宏观调控、生态环境保护以及直接关系人身健康、生命财产安全等特定活动，需要按照法定条件予以批准的事项；

（二）有限自然资源开发利用、公共资源配置以及直接关系公共利益的特定行业的市场准入等，需要赋予特定权利的事项；

(三) 提供公众服务并且直接关系公共利益的职业、行业，需要确定具备特殊信誉、特殊条件或者特殊技能等资格、资质的事项……

第五十三条　实施本法第十二条第二项所列事项的行政许可的，行政机关应当通过招标、拍卖等公平竞争的方式作出决定。但是，法律、行政法规另有规定的，依照其规定。"

根据《行政许可法》的上述规定，政府部门应可就授予项目公司特许经营权设定行政许可，并通过招标、拍卖等公平竞争的方式作出决定。但是，从PPP项目操作惯例（以合同形式，而非行政审批或行政许可，授予特许经营权或类特许经营权），以及相关立法及政策方向来看，我不认为就特许经营乃至于PPP合同项下的经营权设定行政许可是一个值得考虑的选项。

(二)《行政诉讼法》相关内容

"第二条　公民、法人或者其他组织认为行政机关和行政机关工作人员的行政行为侵犯其合法权益，有权依照本法向人民法院提起诉讼。

第十二条　人民法院受理公民、法人或者其他组织提起的下列诉讼：

（五）对征收、征用决定及其补偿决定不服的；

（七）认为行政机关侵犯其经营自主权或者农村土地承包经营权、农村土地经营权的；

（十一）认为行政机关不依法履行、未按照约定履行或者违法变更、解除政府特许经营协议、土地房屋征收补偿协议等协议的；

（十二）认为行政机关侵犯其他人身权、财产权等合法权益的。"

综上，"政府特许经营协议"在《行政诉讼法》第十二条被明确提及，还有与之可能形成关联的征收征用、经营自主权、财产权等，均属于行政诉讼的受案范围，行政机关应是行为主体，也是被诉主体。

不过，从《行政诉讼法》的条文内容及其立法本意而言，业内大多数行政法专家和学者似乎倾向于认为，《行政诉讼法》的目的在于解决民告官无门的问题，而不是为行政机关寻求一个比民事诉讼或仲裁更为安全可靠的"避风港"，2015年的最高法行政庭负责人就行诉立案登记有关问题答记者问（下称"最高法答记者问"）也为此提供了佐证。这一点非常重要，虽然它的衍生效果并不尽如人意,最高法解释就是其中一例。

(三) 最高法解释的相关内容

《关于适用〈中华人民共和国行政诉讼法〉若干问题的解释》:

"第十一条　行政机关为实现公共利益或者行政管理目标,在法定职责范围内,与公民、法人或者其他组织协商订立的具有行政法上权利义务内容的协议,属于行政诉讼法第十二条第一款第十一项规定的行政协议。公民、法人或者其他组织就下列行政协议提起行政诉讼的,人民法院应当依法受理:(一) 政府特许经营协议;……

第十二条　公民、法人或者其他组织对行政机关不依法履行、未按照约定履行协议提起诉讼的,参照民事法律规范关于诉讼时效的规定;对行政机关单方变更、解除协议等行为提起诉讼的,适用行政诉讼法及其司法解释关于起诉期限的规定。

第十三条　对行政协议提起诉讼的案件,适用行政诉讼法及其司法解释的规定确定管辖法院。

第十四条　人民法院审查行政机关是否依法履行、按照约定履行协议或者单方变更、解除协议是否合法,在适用行政法律规范的同时,可以适用不违反行政法和行政诉讼法强制性规定的民事法律规范。

第十五条　原告主张被告不依法履行、未按照约定履行协议或者单方变更、解除协议违法,理由成立的,人民法院可以根据原告的诉讼请求判决确认协议有效、判决被告继续履行协议,并明确继续履行的具体内容;被告无法继续履行或者继续履行已无实际意义的,判决被告采取相应的补救措施;给原告造成损失的,判决被告予以赔偿。原告请求解除协议或者确认协议无效,理由成立的,判决解除协议或者确认协议无效,并根据合同法等相关法律规定作出处理。被告因公共利益需要或者其他法定理由单方变更、解除协议,给原告造成损失的,判决被告予以补偿。

第十六条　对行政机关不依法履行、未按照约定履行协议提起诉讼的,诉讼费用准用民事案件交纳标准;对行政机关单方变更、解除协议等行为提起诉讼的,诉讼费用适用行政案件交纳标准。"

对于最高法解释的上述内容,我们需要进一步考虑以下问题:

"政府特许经营协议"属于行政协议——那么特许经营协议项下的争议是行政争议吗？与特许经营协议安排基本相同的PPP合同是不是也有被划归行政协议的可能？

对于"行政机关不依法履行、未按照约定履行协议"和"行政机关单方变更、解除协议等行为"，最高法解释予以区别对待，但是原则还不是很清晰——后面的逻辑是什么？会如何影响争议的性质及解决机制？

最高法有意引入民事法律审理行政合同纠纷——两分法的思路。

另据最高法行政审判庭负责人就行政诉讼立案登记有关问题答记者问时明确，此次修法的重要目标是解决立案难的问题。以上法律条文也只是强调"公民、法人或者其他组织就下列行政协议提起行政诉讼的，人民法院应当依法受理"——也就是说，就"政府特许经营协议"而言，民告官有权而非必须提起行政诉讼，一旦提起，人民法院即应受理？最高法解释其实不是冲着特许经营项目或PPP项目来的？

最高法解释没有解决作为行政协议的《特许经营协议》项下，官无法主动告民的问题——换言之，如果采取行政诉讼方式，特许经营项目里的"政府方"只能等着"项目公司"来诉，否则政府方只能通过民事诉讼或仲裁的方式才能"主动出击"。对于将维护公共利益作为基本政策目标之一的公共产品和服务行业，这样一种安排是否合乎逻辑？

（四）《仲裁法》相关内容

我们再来看一下《仲裁法》的相关规定：

"第二条 平等主体的公民、法人和其他组织之间发生的合同纠纷和其他财产权益纠纷，可以仲裁。

第三条 下列纠纷不能仲裁：

（一）婚姻、收养、监护、扶养、继承纠纷；

（二）依法应当由行政机关处理的行政争议。"

那么一个很严肃的问题来了，行政协议项下的争议就一定属于"应由行政机关处理的行政争议"吗？现实情况是，有些仲裁机构就是这样理解的。特许经营协议里面写好的仲裁条款真的有可能被视为无效条款。当事人可以选择的争议解决方式真的有可能仅限于"民"方胜诉率偏低的行政诉讼。尽管我们愿意从最为公平、合理及合乎逻辑的角度来理解行政许可法、行政诉讼法及最高法解释的立法本意，但是其衍生效果却不为其所能完全控制，甚至于正在走向反面。

二、PPP 合同必须是行政协议吗？

特许经营协议（乃至于 PPP 项目合同，以下统称"PPP 合同"）到底是不是行政协议？毋庸讳言，因为涉及政府相关权利和义务的让渡，PPP 合同确实具备一定的行政属性，但是如果就此判定其属于行政协议，并适用与之相关的争议解决机制，未免失之武断，并且正在带来越来越多的负面影响。

以下简单提出几个问题，谨供大家思考和讨论。

其一，PPP 合同的双方一定包括行政机关吗？实际上，PPP 项目实施机构并不局限于此，事业单位或国有企业充当 PPP 项目实施机构的情况并不少见，《基础设施和公用事业特许经营管理办法》对此也持正面态度。如果 PPP 合同的政府方签约代表并非行政机关，其是否有权就 PPP 合同项下争议提起民事诉讼或仲裁程序？私方又是否有权依据政府方对其签约代表的授权，而对一级人民政府提起行政诉讼呢？

其二，PPP 合同的基本目的是什么？对于政府方而言，我们理解其发起 PPP 项目并签署 PPP 合同的基本目的，在于附条件地让渡特定公共权力及义务，向社会资本开放公共服务和产品的供给市场，并以合同形式约定社会资本方的相关对价获取，这与单纯的行政许可之间存在本质差异。而对于社会资本而言，他们参与 PPP 项目当然不是为了从事慈善事业，而是为了实现其商业目的，获得合理的投资回报，而这些目的的实现，也依赖于 PPP 合同的本身，特别是合同双方的平等协商的地位，以及诚信履约的结果，而非行政管理与被管理的关系定位。

其三，PPP 合同条款与条件的可协商性。从 PPP 合同的条款与条件来看，其与特定的行政权力及义务的覆盖范围存在一定交集（如政府授权、无差异化不间断服务等），同时也受限于行政强制措施（如征收征用）。但需要注意的是，PPP 合同具备较强的可协商性（受限于市场测试、澄清谈判和磋商程序的应用），政府方签约代表在 PPP 合同项下的权利和义务，与其行政权力并无天然的、必然的交集。而社会资本（或项目公司）的特定的额外义务，也并不能构成PPP合同属性的决定性因素，因为额外义务也是可以具备商业对价的（如最低需求量保证等）。至于行政强制措施，其对于PPP合同的适用，与一般民商事合同之间也并无差异。

综上，PPP合同中绝大多数内容均体现意思自治的原则，而不仅限于政府审批或授权本身。正如最高法在"新陵公司诉辉县市政府案"的裁定（详见下文）中所述，涉及相关行政审批和行政许可等其他内容为合同履行行为之一，属于合同的组成部分，不能决定涉案合同的性质。从协议书的目的、职责、主体、行为、内容等方面看，其具有明显的民商事法律关系性质，应当定性为民商事合同。简单地将特许经营协议定性为行政协议或行政合同，与特许经营项目在我国二十余年的实务及现状存在脱节。

三、PPP合同争议解决的实践

（一）"新陵公司诉辉县市政府案"

纸上谈兵总是苍白的，下面来观摩一下实战案例。2015年10月，最高法解释施行之后的第一个最高人民法院相关判例出炉，以下是该案简要情况：

"新陵公司诉辉县市政府案"[①]

一审法院河南省高院驳回辉县市政府提出的管辖权异议（行政诉讼应移交新乡市中院管辖），认为河南省高院作为民事案件受理此案并不违反法律规定。

二审法院最高院认为案涉协议书系典型BOT模式政府特许经营协议，该项目具有营利性，协议书系辉县市政府作为合同主体与新陵公司的意思自治及平等协商一致的合意表达，协议书未仅就行政审批或行政许可事项本身进行约定，涉及相关行政审批和行政许可等其他内容为合同履行行为之一，

[①] "新陵公司诉辉县市政府案"来源：中华人民共和国最高人民法院民事裁定书2015民一终字第244号。

属于合同的组成部分，不能决定案涉合同的性质。从协议书的目的、职责、主体、行为、内容等方面看，其具有明显的民商事法律关系性质，应当定性为民商事合同，不属于行诉法修订及司法解释中的行政协议范畴。

河南省高院以及最高院均从民商事合同主体平等性以及意思自治角度对涉案政府特许经营协议予以分析，从而将涉案合同界定为民商事合同，认为此案作为民事案件受理并不违反法律规定。

（二）其他相关案例

需要注意的是，最高人民法院在最高法解释出台前后也曾经受理过其他类似案件，但判决的思路与"新陵公司诉辉县市政府案"截然不同，却与最高法解释的表面逻辑暗合。

1. 和田市人民政府与和田市天瑞燃气有限责任公司、新疆兴源建设集团有限公司其他合同纠纷

根据该案民事裁定书（（2014）民二终字第12号），涉案合同以及当事人讼争法律关系虽然存在一定的民事因素，但双方并非平等主体之间所形成的民事法律关系，故不属于民事案件受理范围。

2. 商丘新奥燃气有限公司与商丘昆仑燃气有限公司侵权责任纠纷

根据该案民事裁定书（（2015）民申字第256号），与特许经营区域范围相关的行政区划界定系政府行政职权范围，不属于民事案件受理范围。

（三）小结

根据以上几个最高院的案例，我们大致可以梳理出以下几个初步结论：
1. 有关政府特许经营协议的争议，作为民事案件提起并不一定就违法。
2. 政府特许经营协议仍有可能被定性为民商事合同，但有较大的不确定性。
3. 结合行政许可法、行政诉讼法、最高法解释及最高法案例，在特许

经营协议项下约定仲裁或民事诉讼的争议解决方式,虽然并不一定违法或无效,但仍有潜在风险,需要适当予以规避。

4. 另外,值得思考的是,我们在 2015 年之前历时二十多年的特许经营项目实践,特别是对民事诉讼和仲裁(包括大量国际仲裁)的大范围适用到底出了什么不得了的大问题,以至于我们居然到了需要推倒重来的境地?

四、政策导向和立法方向均应以可预期性为重

时至今日,PPP 作为一定时期和范围以内的准国策甚至于国家战略的地位,似乎已经没有太多的争议,PPP 立法也是箭在弦上,不得不发。在这样一个大的政策背景之下,窃以为由行政许可法、行政诉讼法及最高法解释所带来的诸多争议和困惑,确实到了一个必须解决的关口。特许经营协议及 PPP 项目合同是否必须认定为行政协议?行政诉讼是 PPP 项目中"民告官"的额外选项,还是其唯一救济路径?如何设定 PPP 合同争议解决机制,才能更好地保护 PPP 项目中的公共利益?

其余不赘,仅就最后一个问题而言,我想大家最起码应该达成一个基本共识,那就是 PPP 项目中公共利益的保护,完全取决于 PPP 项目的稳定、持续、长期运营,而合同任何一方(特别是政府方)在争议解决程序中获胜。基于这一共识,窃以为 PPP 立法,包括对 PPP 合同争议解决机制的设置,均应重点考虑 PPP 相关政策导向及改革方向。除去对基本法理及项目实务层面的考量之外,均应致力于提高 PPP 项目参与各方,以至于 PPP 项目全产业链相关各方对 PPP 合同签订、执行及争议解决机制的可预期性,而非背道而驰。在 PPP 项目规模及其对国内政治、经济生态形成巨大影响的今天,就更应如此。

有鉴于此,我们建议弱化 PPP 合同(包括特许经营协议)作为行政协议的定性,而将之定位于特殊性质的民商事合同。对于独立于 PPP 合同之外的行政权力的行使,行政诉讼的程序自然适用。而对于因此引发的 PPP 合同项下的争议,则可视具体情况不同,保留部分具备行政争议属性的争议通过行政诉讼解决的通道,但将民事诉讼和仲裁向所有 PPP 合同项下争议开放。

附：

最高法行政庭负责人就行诉立案登记有关问题答记者问

来源：最高人民法院网发布时间：2015-05-03

准确把握起诉条件，自觉维护诉讼秩序

——最高人民法院行政审判庭负责人就行政诉讼立案登记有关问题答记者问

记者：行政诉讼法已经实施，请问最高人民法院在解决"立案难"方面有哪些举措？

负责人：修改后的行政诉讼法已经正式颁布和实施。本次修法的一个重要目标就是解决"立案难"的问题，行政诉讼法对立案登记的程序、起诉条件等作了一系列规定。人民法院对符合起诉条件的案件，必须做到有案必立，有诉必理，依法、充分保障当事人行使诉讼权利。最近，最高人民法院发布了《关于人民法院登记立案若干问题的规定》和《关于适用〈中华人民共和国行政诉讼法〉若干问题的解释》。这两部司法解释坚持贴近人民群众，坚持尊重司法规律，坚持依法保障当事人的诉权，对立案登记工作进一步作了细化规定，对于全面推行立案登记制度必将起到积极的作用。为了防止个别地方法院搞不收材料，不接诉状，不作裁定，司法解释明确要求一律接收诉状，打开群众诉求之门；不能当场立案的，要在七日内决定是否立案；七日内仍不能决定是否立案的，应当先予立案；对起诉状内容或者材料欠缺的，应当一次性全面告知，杜绝反复多次要求补充材料、修改诉状，让当事人往返奔波的现象，客观上为当事人行使诉权设置障碍；为了便于当事人寻求救济，要求上级法院对立案工作加强监督，明确当事人对不予立案裁定不服的，可以提起上诉。可以说，这些措施坚持了以法律为依据，以群众需求为导向，从解决实际问题入手，是从制度上、源头上解决人民群众反映强烈的"告状难"的重要的司法举措，充分体现了人民法院对于当事人起诉权利的高度重视和切实保障。

第十四条 县级以上人民政府应当授权有关部门或单位作为实施机构负责特许经营项目有关实施工作，并明确具体授权范围。

"本院经审理认为，本案所涉《和田市天然气利用项目合同》及其《补充合同》系由和田市政府作为一方当事人根据其行政机关公权力所签订，体现了其依据有关市政公用事业管理法规，对天然气的利用实施特许经营，行使行政职权的行为。虽然兴源公司作为一方当事人的目的在于获取一定经济利益，但案涉合同本身是要对天然气这一公共资源进行开发利用，建设并提供公共产品和服务，从而满足公众利益的需要，体现出政府实施行政管理的公益性目的。另外，案涉合同内容虽然存在对双方权利义务的约定，在一定程度上体现了双方协商一致的特点，但其中关于特许经营权的授予、经营内容、范围和期限的限定、价格收费标准的确定、设施权属与处置、政府对工程的监管等内容，均体现了政府在合同签订中的特殊地位。本案所涉特许经营权的授予虽属于行政许可行为，但在《市政公用事业特许经营管理办法》已明确市政公用事业市场化方向，允许并鼓励通过签订合同的形式推进基础设施的建设以及提供服务的情况下，亦不宜因行政许可系因合同方式取得而否定其行政性质。此外，本案中，和田市政府解除合同的依据以及向和田市建设局出具批复同意其接管兴源公司和天瑞公司天然气运营业务的行为，在性质上应属于行政行为，兴源公司和天瑞公司针对和田市政府解除合同、强行接管其相关财产及经营权而提起本案诉讼，应当属于《中华人民共和国行政诉讼法》第十一条第一款第（三）项"人民法院受理公民、法人和其他组织对下列具体行政行为不服提起的诉讼：……（三）认为行政机关侵犯法律规定的经营自主权的；……"规定的行政诉讼受案范围。综上所述，本院认为，本案所涉合同以及当事人之间讼争的法律关系虽然存在一定民事因素，但双方并非平等主体之间所形成的民事法律关系，因此本案不属于人民法院民事案件受理范围，当事人可依据相关行政法规定另行提起行政诉讼。原审法院将此作为民事纠纷予以受理并作出实体判决不当，应予纠正。据此，和田市政府请求解除合同以及要求兴源公司和天瑞公司返还垫款的反诉请求，亦不属于民事案件的受理范围，本案亦不予处理。

　　本院认为：本案争议焦点为城市规划区域范围的确定是否属人民法院民事案件裁判范畴。新奥公司依据案涉《特许经营协议》关于其特许经营权区域范围为"商丘市城市规划区域内"的约定，主张昆仑公司在商丘市睢阳区进行的相关燃气管道建设等行为对新奥公司构成侵权。昆仑公司则认为商丘市睢阳区不属上述协议约定的商丘市城市规划区域范围。故双方就昆仑公司相关行为是否构成侵权的争议，源于对商丘市城市规划区域的不同认识。该争议的解决，不能回避商丘市城市区域范围的认定问题。而城市规划区域应由行政机关依法确定。但本案中，商丘市相关部门对该市城市规划区域范围的意见并不一致。商丘市人民政府或其他有权机关亦未就商丘市城市规划区域的范围作出明确的认定。根据《最高人民法院关于适用〈中华人民共和国行政诉讼法〉若干问题的解释》第十一条的规定，政府特许经营协议属行政机关为实现公共利益或者行政管理目标，在法定职责范围内，与公民、法人或者其他组织协商订立的具有行政法上权利义务内容的协议。如前所述，在行政机关未明确本案《特许经营协议》所涉商丘市城市规划区域范围的情况下，直接认定新奥公司依该协议所享有特许经营权的区域范围，超出人民法院民事裁判的范畴。但是一审、二审裁定以新奥公司未能提供该图示故不能证明其特许经营区域范围为由驳回其起诉不当。上述裁定关于界定城市规划区域范围属政府行政职权的意见正确，在该范围未经行政机关依法确定前，驳回新奥公司基于此提起的侵权诉讼，并无不当。

作者简介：

刘世坚，毕业于美国杜克大学法学院（Duke University School of Law），现为北京市君合律师事务所合伙人、君合金融与基础设施业务部北京负责人，同时也是国家发改委、财政部定向邀请入库的PPP专家、中国国际工程咨询公司、中国国际工程咨询公司战略研究院第二届专家学术委员会专家、E20研究院特约研究员（市政环保资产证券化）。刘律师自1998年开始从事境内外基础设施项目投融资业务，全程参与了国内诸多经典PPP项目的运作与实施，并作为法律专家深度参与PPP立法工作，分别为国务院法制办、国家发改委、财政部及多个省市提供PPP立法建议，参与PPP项目资产证券化相关立法及培训工作。目前，刘律师还受邀作为五名中国专家之一参与联合国欧洲经济委员会（United Nations Economic Commission for Europe）组织的轨道交通项目PPP国际标准制定工作。

PPP 立法及配套制度体系刍议

刘世坚

关于 PPP 立法，我们一直强调一部法律不可能化解所有冲突，但是可以为之留出必要的空间与接口。一部法律不可能完全凌驾于既有游戏规则之上，但是可以对其进行充分的优化与融合。一部法律不可能解决所有问题，但是可以为后续成体系的立法工作奠定基础。今天，我们就来谈一谈 PPP 立法及其配套制度体系，对不同层级的立法工作所能解决的问题做一些初步的探讨。

一、适合通过立法解决的问题

（一）PPP 立法需明确的方面

总则开门见山，PPP 法（或条例，以下简称"PPP 法"）应对以下几个要点予以明确阐述，以收画龙点睛之效。

1. 立法目的

在立法目的上，促进 PPP 模式的规范有序发展自然是应有之义。除此之外，也建议从另外两个角度考虑 PPP 法的立法目的：一是推动投融资体制改革和政府治理模式的转型；二是解决 PPP 模式与现行法律法规之间的冲突。在一定范围以内，这其实也是近年来有关各方在 PPP 模式推广和落地方面达成的共识。

需要强调的是，个人认为 PPP 法应当致力于解决顶层设计问题，而不应只限于 PPP 项目操作法、工具法或投融资及运维管理法。这个定位需要清晰而坚定。

2. PPP 的定义

PPP 法应当对 PPP 进行定义，并对其分类予以明确。如对 PPP 实行双轨制管理，则可以分为特许经营类 PPP 项目与政府购买服务类 PPP 项目，并对其各自的基本特征和要素予以概述。

3. 适用范围

建议对特许经营类 PPP 项目实行正面清单管理，而对政府购买服务类 PPP 项目实行负面清单管理。在公共服务和产品的大框架之下，排除一些涉及国家基本职能（如国防、外交）或政府核心功能（如社保）的公共服务，以及纯市场化领域。

4. 主管部门

我们可以从两个不同的角度来考虑这个问题。

（1）角度一：由国务院直接设立 PPP 联席管理机构，并在各省、自治区、直辖市设立分支机构，对 PPP 项目进行综合管理。

（2）角度二：在对 PPP 项目进行双轨制管理的前提下，由发改部门和财政部门分别对特许经营类 PPP 项目和政府购买服务类 PPP 项目进行综合管理，并由各行业主管部门按项目所属行业进行分管。当然，为了避免重复审批、多头管理的问题，联审联评机制也应以适当的形式在这种模式下得以应用。

（二）PPP 立法在项目实施层面考虑的问题

项目实施在项目实施层面，PPP 法应主要考虑以下几方面的问题。

1. 项目的发起

在政府发起 PPP 项目之外，社会资本主动发起的形式应该成为可选项，甚至可以逐渐成为主流方式之一。为此，相关政府信息（如区域发展规划、相关基础数据等）公开、实施方案征集与评比、社会资本补偿等配套制度也应有所考虑。

2. 社会资本的遴选

（1）在适用法律上，不一定继续适用《招标投标法》和《政府采购法》，并为之做出各种打补丁的努力。建议另起炉灶，为建立一套专门适用于 PPP 项目投资人遴选的规则，在 PPP 法项下留出接口。

（2）在遴选程序上，可以考虑参照近年来出台并行之有效的规范性文件，在 PPP 法中予以原则性规定。

（3）在主体资格上，建议鼓励民营资本和外国资本的参与，同时兼顾国家安全和反垄断的相关考量。对于一直都是焦点的融资平台及项目所在地国企的参与资格及身份问题，则不建议在 PPP 法中进行专门规定。

3. 项目公司的设立

需要明确 PPP 项目是否必须设立项目公司，并澄清政府方是否必须入股项目公司的问题。个人认为均非必须，同时应对现行相关法规及项目审批管理制度予以足够的尊重。

4. PPP 合同

PPP 法应对 PPP 项目合同（包括特许经营类和政府购买服务类 PPP 项目合同）的性质、宗旨和原则予以简要描述，但无需在 PPP 法中对合同基本条款或要点予以罗列。

5. 监督管理

PPP 法可以在这个部分体现公共利益优先、绩效考核、信息公开、全生命周期监管等基本理念。应该强调的是，对于适用于公共产品与服务供应的 PPP 模式而言，公共利益优先原则应当受到充分重视，甚至应当优先于"物有所值"，被列为 PPP 模式的核心要素。在很大程度上，公共利益优先原则其实是 PPP 项目各方权利、义务以及诸多合同惯例的合法性的重要来源，包括社会资本的遴选方式、政府方出资代表的金股权、项目公司的普遍服务义务、政府的监管权、介入权和终止后的接收权、信息公开等。

（三）法律责任及争议解决

1. 法律责任

（1）作为合同一方，政府和社会资本均应按 PPP 合同的规定承担违约责任。这里需要明确的，是 PPP 项目实施机构在 PPP 合同项下的违约责任，是不是应当由其授权方（即项目所在地的县级以上人民政府）兜底的问题。个人理解，作为授权方，县级以上人民政府应当对 PPP 项目实施机构的履约行为承担全部责任。

（2）另一方面，PPP 项目各方又应依法承担行政及刑事责任。除非涉及双重或多重处罚，任何一方已在 PPP 合同项下承担违约责任，不得使其与之相关的行政或刑事责任得以豁免。

2. 争议解决

在 PPP 项目中，政府作为合同方以及行政监管方的双重身份，必然导致 PPP 合同项下的特定争议具有行政争议的色彩，或直接被民事法院或仲裁庭拒绝受理（如近年来出现的特许经营协议争议被仲裁庭拒绝受理的情形）。对此，PPP 法需要发出清晰无误的信号，即有关 PPP 合同是否属于平等主体之间的民事合同，PPP 合同项下是否有特定争议需要通过行政诉讼的方式加以解决等问题，PPP 法均应给出明确的说法，给 PPP 项目参与各方一个稳定的预期。

当然，为项目实施的稳定性和可持续性计，PPP 法也可以考虑设定诉讼或仲裁的前置程序，包括专家调解、联席机构审查与裁定等，并强制适用。

（四）PPP 模式面临的法律冲突

以下我们简单梳理一下 PPP 模式目前所面临的主要法律冲突：

配套保障从立法配套层面，个人认为 PPP 法应为成体系立法合理预留足够的接口。对于 PPP 法自身无法直接化解的 PPP 模式与现行法律法规之间的冲突，可以留待第二、第三层级的法律文件加以解决。

1. 与《招标投标法》及《政府采购法》的冲突

（1）社会资本的遴选程序（竞争性磋商方式在一定程度上缓解了冲突，但又有被滥用之嫌，且与特许经营相关法规存在矛盾）。

（2）二次招标豁免。目前市场上普遍存在的竞争性磋商和二次招标豁免并行的操作存在违规风险。

（3）对外国企业的限制。需要注意的是，《政府采购法》的相关规定并不构成对作为中国法人的外商投资企业的限制。对于这一点，部分地方政府和投资人存在错误认知，需要纠正。

（4）政府购买服务。个人更加倾向于将政府购买服务的适用范围明确限定在"政府履职所需服务事项"，并取消其对公共服务事项的适用，以彻底解决政府购买服务与PPP之间的混淆和冲突。

2. 与《行政许可法》、《行政诉讼法》、《合同法》、《仲裁法》的冲突

（1）特许经营权，以及PPP项目合同下政府方对项目公司的其他授权（不直接体现为特许经营）是否属于行政许可，或在某种程度上具备行政许可的性质，有待明确。个人认为，无论是从行政许可的定义和PPP的定位，还是从简政放权的政策导向来看，均不宜作此认定。

（2）PPP项目合同/特许经营协议的合同性质，特别是特许经营协议是否可以适用《合同法》的一般规则，有待明确。个人认为可以明确界定为平等主体之间的民事合同，但政府部门（包括PPP项目实施机构）并不因此自动丧失其针对项目公司的法定行政权力。或者退而求其次，基于后法优于前法、特殊法优于一般法的原则，直接明确PPP项目合同/特许经营协议的特殊合同性质。

（3）PPP项目合同/特许经营协议双方是否可以通过仲裁方式解决争议，有待明确。如果PPP项目合同/特许经营协议被界定为特殊性质的合同，则该等合同项下的争议不属于行政争议（法律明确列举的行政争议事项除外），双方可以自行选择争议解决方式。仲裁庭或民事诉讼法院也应有权对该等合同项下的争议的性质依法加以裁定。

3. 与土地管理法规的冲突

（1）土地的有偿使用原则与 PPP 项目的公共服务属性之间的关系，有待通过立法加以必要的协调。

（2）项目用地的"招拍挂"流程与社会资本的遴选程序之间的有效衔接。

（3）土地开发权益作为 PPP 项目收益来源的合法性问题。

值得注意的是，《关于在公共服务领域推广政府和社会资本合作模式的指导意见》（国办发〔2015〕42号）（以下简称"《国办发42号文》"）已将"多种方式保障项目用地"作为政府提供的政策保障之一。其中规定，实行多样化土地供应，保障项目建设用地。对符合划拨用地目录的项目，可按划拨方式供地，划拨土地不得改变用地用途。建成的项目经依法批准可以抵押，土地使用权性质不变，待合同经营期满后，连同公共设施一并移交政府；实现抵押权后改变项目性质应该以有偿方式取得土地使用权的，应依法办理土地有偿使用手续。不符合划拨用地目录的项目，以租赁方式取得土地使用权的，租金收入参照土地出让收入纳入政府性基金预算管理。以作价出资或者入股方式取得土地使用权的，应当以市、县人民政府作为出资人，制定作价出资或者入股方案，经市、县人民政府批准后实施。

《国办发42号文》的上述精神，可以为 PPP 立法所借鉴。

4. 与项目核准及审批制度的冲突

（1）PPP 项目属于政府投资项目，还是企业投资项目？具体如何界定？这个问题关系到特定 PPP 项目走审批还是走核准程序，也关系到立项和报建主体，应该有一个明确的说法。

（2）项目可研批复（或项目核准）与两个论证之间的关系。可以考虑通过部门联审机制解决，避免重复审批和多头管理的问题，同时防止"可批性研究"和"可通过论证"的弊端。

5. 与国有资产管理法规的冲突

（1）政府方出资、国有资产转让和社会资本公开遴选程序的协调统一。

（2）依据 PPP 项目合同/特许经营协议进行的股权回购、国有资产转让、项目公司移交股权或者项目设施等安排，应被视为符合国有资产管理的系列要求。

6. 与预算法的冲突

主要体现在政府方付费义务（包括最低需求量保障、可行性缺口补助和政府付费）与现行预算制度之间的矛盾。需要考虑解决的问题包括：

（1）如何将政府付费额度合法纳入当期财政预算？

（2）如何将长期付费义务有效纳入中长期财政规划，并确保列入年度预算？

（3）如何从控制转移支付的角度增大地方政府违约成本，激发地方政府的契约精神。值得一提的是，近期网上流传的《PPP 项目财政管理办法（征求意见稿）》就提到，"上级财政部门应当督促下级财政部门严格履行 PPP 合同。没有及时足额向社会资本支付政府付费或者提供补贴的，按照合同约定依法办理。经法院判决后仍不执行的，由上级财政直接从相关资金中代扣，并支付至项目公司或社会资本"，直截了当，相当给力。

7. 与担保法、物权法、证券法的冲突

应明确允许基于特许经营权、PPP 项目收益权等进行的融资（质押贷款、项目收益债、资产证券化），并为专门的、可以实现风险隔离及破产隔离的特殊项目公司（SPV）立法留出接口。

二、适合通过法律解释、政策性规定和操作指引解决的问题

除了上述需要通过 PPP 法及其配套法规解决的问题之外，有些问题更加适合通过相关法律解释、政策或操作指引加以详细阐释与具体规范。以下我们择其要点予以简述。

（一）基本边界

1. 基本原则与核心要素

PPP 的基本原则与核心要素，目前虽然已在一定范围内达成较大共识，但是更多属于口头的"政治正确"。在实际操作层面，各路专家的理解和阐释其实多有差异，甚至大相径庭。以"伙伴关系"为例，其共识到底有多大，甚至于有没有，个人以为在某些地域、某些行业还真的是个问题。因此，通过法律解释、政策和操作指引对 PPP 的原则、理念和要素进行详细阐述，以尽可能压缩曲解或误解的空间，还是很有必要的。

2. 正面清单和负面清单

如前文述及，建议以指导目录的形式不定期地发布和更新 PPP 项目的正面清单和负面清单，明确区分不同类型的 PPP 项目，厘清特许经营类 PPP 与政府购买服务类 PPP，或是"传统基础设施"类 PPP 与"公共服务"类 PPP 之间的边界。

3. 项目类

对于 PPP 项目的常见类型（如 BOT、BOOT、BOO、TOT 等），可以考虑通过操作指引的形式予以归纳和总结，并对其各自边界、特性和要点进行阐释。

4. 信息公开

对于 PPP 而言，信息公开应该是大势所趋。近年来，相关部委也在这方面多有着力，PPP 项目的信息公开制度和体系的建立已见曙光。

（二）项目发起和实施

1. 项目发起和确认

在 PPP 项目的发起和确认方面，建议从项目落地指引的角度出发，重点考虑以下几方面的问题：

(1) 项目性质的划分标准，即明确哪一类项目属于政府投资，哪一类属于企业投资，具体的标准是什么？

(2) 可行性研究报告（适用于政府投资项目）和项目申请报告（适用于企业投资项目），与 PPP 项目实施方案、物有所值及财政承受能力两个论证的衔接。近日，网上流传的《国家发展改革委关于切实做好传统基础设施领域政府和社会资本合作有关工作的通知》，提出"要将项目是否适用 PPP 模式的论证纳入项目可行性研究论证和决策……科学分析项目采用 PPP 模式的必要性和可行性，不断优化工程建设规模、建设内容、建设标准、技术方案及工程投资等"，并要求建立"PPP 项目联审机制……从项目建设的必要性、合规性、规划衔接性、PPP 模式适用性、财务可负担性以及价格和收费的合理性等方面，对项目进行综合评估"。由此可以看出发改部门对于这个问题的基本思路。

对于相互衔接的可研报告或申请报告、实施方案及两个论证的框架与内容，也建议以操作指引的方式予以发布。

(3) 社会资本发起项目的流程及配套措施。

现有法规对此着墨不多，实际操作层面也无案例。个人认为，社会资本发起 PPP 项目主要需要考虑以下几个方面的问题：

社会资本的申请与建议。社会资本可以对 PPP 项目的开发和立项提出申请，并自行编制项目建议书，对项目的必要性、合规性及 PPP 模式相关可行性指标（如物有所值和财政可承受能力）进行初步分析，报 PPP 项目主管部门或联审机构评估与审定。

在上述项目建议书获得政府认可的前提下，社会资本可以继续深化相关研究，以提出可行性研究报告或项目申请报告，并报相关主管部门审批或核准。为与 PPP 模式相匹配，该等审核或核准可以仅针对项目本身，并先行发给 PPP 项目主管部门或实施机构，待今后 PPP 项目公司正式设立后自动承继。

在可研报告或项目申请获批之后，社会资本可以继续制定项目实施方案，以报 PPP 项目主管部门或联席机构（通过聘请第三方咨询机构）评估，并开展两个论证（如适用）。如果政府方认为有必要，也可以就项目实施方案进行公开征集和评比，并以最后确定的实施方案为基础，启动社会资本的竞争性遴选程序。

作为社会资本发起PPP项目的配套措施，除对传统立项及基本建设程序进行改革之外，政府方还需要向社会资本进行必要的基础信息及数据公开，并对社会资本因发起项目而承担的成本及费用予以合理的补偿。

2. 实施机构、社会资本和项目公司

对PPP项目的主要参与方（即实施机构、政府方出资代表（如有）、社会资本和项目公司等）的主体资格、角色定位、基本权责进行说明。诸如，地方融资平台和当地国企参与PPP项目的问题（是否可以网开一面以及相关前提条件），社会资本需要具备的资质和能力问题（是否必须拥有项目建设和/或运营能力），社会资本对项目的责任范围的问题（是否仅限于对项目公司的出资），都需要有一个较为明确的说法。

3. 合同体系

对于PPP项目（或特许经营项目）的基本合同体系，应该说本来还是很清楚的，即以项目公司为主体签订的一系列合同（特许经营协议等），以及项目公司股东协议和章程。但是在《基础设施和公用事业特许经营管理办法》和《政府和社会资本合作模式操作指南》取消传统的"草签"安排（即由社会资本与项目实施机构签字确认相关合同条款与条件），并代之以社会资本与项目实施机构之间签署正式的"初步协议"或"项目合同"（以下统称"初步协议"）之后，很多不同的理解及做法开始出现。有认为"初步协议"和项目公司后续签署的PPP合同应当并行的，有认为"初步协议"在项目公司后续签署的PPP合同生效之日即自动失效或解除的，也有人认为PPP合同就应由社会资本（而非项目公司）与项目实施机构签署并执行。个人观点，其中第一种理解有明显的BT遗风，应予明确摈弃；第二种理解符合既往惯例及现实需要，可以考虑和"草签"安排选择适用；第三种理解有一定的启发性，但与现实情况存在较大落差，一方面可能抑制投资杠杆的正常应用，另一方面也可能促使政府寻求社会资本与项目公司承担连带责任的安排，这对于PPP模式的推广应用可能形成阻碍效应。

4. 收费与价格

PPP项目的收费及价格机制（特别是使用者付费项目），需要与目前的

物价管理法规及制度安排相匹配，以期实现协商定价、依法调价及合理回报。

（三）监管

1. 监管体系

对于 PPP 项目的监管（包括行政、行业及合同监管，以及社会公众监督），特别是全生命周期的监督和管理，现有的一些规定还是略显简单，需要根据 PPP 项目的分类，以及主管、分管部门的设立或职责划分来进一步细化，辅之以相应的监管标准，以期建立一套针对 PPP 项目的全方位的监管体系。

2. 禁区

经过近两年的实践，PPP 领域形成了一些所谓的"禁区"，例如"固定回报"、"明股实债"和"变相举债"等。但是对于禁区的具体边界，业内并无确切、统一的说法，以至于各种灰色操作屡禁不止，政策导向与市场偏好之间出现明显背离。

个人理解，上述"禁区"的划定意在防止社会资本可获固定回报的提前退出，以及与之相关的项目风险的不合理配置。但是需要正视的是，财务投资人目前参与 PPP 项目，受限于内部的风控审查，及其所携资金的基本诉求，通常都是不入虎穴不得虎子，所谓的"禁区"也是不得不进。

为了更加精准地划定禁区，并使其得到市场的实质响应，建议对"明股实债"一类的术语进行更为明晰的阐述，解析出其中违反 PPP 核心原则的基本要素，并对那些并不会影响到项目正常落地和执行的商业安排予以认可或放行，而不宜采取望文生义、一概封杀的政策。

（四）争议解决可以考虑制定并强制适用诉讼或仲裁的前置程序

由 PPP 项目相关各方自行聘请第三方机构或专家对争议进行审理和裁

定,或在 PPP 项目管理体系内增设部级、省级或行业协会性质的争议解决常设机构,以最大限度地降低争议解决成本及其可能给公共利益造成的损害。

三、适宜通过合同指南及示范文本解决的问题

有鉴于 PPP 模式的应用范围之广、项目类型之多、参与主体之多元、所涉专业领域之庞杂,个人对 PPP 项目合同指南及示范文本之类的文件所能发挥的作用,一直都持保留态度。不过从大方向上来讲,相关工作还是值得去做的,需要关注的无非是如何去做,怎样做好的问题。

囿于文章篇幅,以下仅就 PPP 项目合同指南及示范文本理应覆盖的要点予以罗列,谨供业内探讨和参考之用。

1. PPP 项目合同/特许经营协议的总体框架及合同范式。
2. PPP 项目运作惯例及对应条款(如不可抗力、法律变更、临时接管、一般补偿、提前终止补偿、移交、争议解决等)。
3. 适用于不同项目类型的条款(如付费、调价、绩效监测、保险等)。
4. 项目补贴机制及相关财务模型。
5. 适用于不同行业、不同项目类型的绩效考核指标体系及方式。
6. 适用于不同领域的其他特殊规定。

融资平台与 PPP 的协同发展

罗桂连

地方政府融资平台模式是国内公共基础设施投融资领域的主流模式，近年大力推动的 PPP 模式对特定类型的项目具有体制机制优势，但在国内全面推广的条件尚未成熟。做实做强规范融资平台，积极审慎稳妥推进 PPP，协同发挥两种不同模式的优势，用 20 年甚至更长的时间，逐步实现政府项目投融资体制的转型升级。

一、建设性政府债务

公共基础设施领域存在巨额政府债务有其客观必然性。考虑公共基础设施领域的政府债务和资金平衡，应当放在 30 年以上的考察周期中，而不仅是短期财政收支平衡问题。

第一，政府在公共基础设施领域形成巨额建设性负债无法回避。国内公共基础设施领域普遍未建立起足够水平的使用者付费机制，政府要发起项目并维持正常运营提供公共服务，依赖项目本身的现金流普遍做不到，大部分项目都需要政府提供持续的资金支持。提供这种资金支持，衍生于政府通过公共基础设施提供基本公共服务的政治责任，无法逃避，实质上也无法完全转移。实际上，公共基础设施项目有效寿命与投资回收期很长，往往可以提供定期、稳定、可预测的预期收入，有条件承担较高的财务杠杆率，通过长期债务融资方式筹集建设资金是国际通行做法，只是各国的主流融资方式存在差异。国内城市化建设速度史无前例，在公共基础设施项目集中超前建设的高峰期，政府当前财力根本无法足额提供资金，政府只能通过各种形式的负债来填补巨额资金缺口。巨额存量债务的逐步消化和实质性解决，要靠

20~30 年甚至更长时期地方政府财力的增长，靠居民收入提高后能承担更高水平的公用事业收费水平，靠盘活存量资产等方式的组合利用。没有必要否认巨额建设性债务的存在，也没有必要过度担心偿债压力造成财政危机，但确实需要较长时期才能清偿建设性债务。

第二，不同的政府负债方式在政府承担偿债责任方面具有同一性。在国际上看，地方政府债券、融资平台与 PPP 模式是三种最为主流的形式，国内目前也已经形成这三种模式并存的局面。地方政府债券是显性化的政府负债形式，直接体现在政府当前的债务余额中。融资平台是代替政府融资，融资平台为公共基础设施项目融资所形成的建设性债务，实质上就是政府债务，只是暂时显示在融资平台的会计报表上，没有直接体现在政府债务统计数据之中。在当前国内的 PPP 项目中，绝大部分项目都需要或多或少，甚至完全依靠政府在 PPP 合同期内的未来支付义务，在需要政府付费的 PPP 项目中，未来的政府付费确定无疑，实质上也是政府建设性债务。

第三，融资平台仍是国内地方政府融资的主流渠道。2014 年 9 月 21 日，国务院印发《关于加强地方政府性债务管理的意见》（简称"43 号文"），明确了地方政府融资只能通过发行政府债券或采用 PPP 模式，剥离融资平台公司政府融资职能，融资平台公司不得新增政府债务。43 号文力求将国内公共基础设施的投融资模式从融资平台主导，一步转向"地方政府债券+PPP"，该文执行已有两个完整年度。以 2016 年为例，当年发行地方政府专项债券 1.17 万亿元，截至 2016 年底签约 PPP 项目总投资额 3.6 万亿元，估计当年通过 PPP 模式形成固定资产投资不超过 8000 亿元，两种方式实际解决的投资不超过 2 万亿元。当年全国完成基础设施投资 118878 亿元，其中地方政府项目投资不低于 8 万亿元，可见主要融资模式还是地方政府融资平台。可以合理预计，由于其他两种模式在国内还无法成为主流，在未来 10 年内，融资平台的主流地位仍然难以撼动。

二、两种模式的分析

融资平台是地方政府在现有财政体制和投融资体制下的重要实践创新，是国内近 20 年以来城镇化领域和公共基础设施项目建设的主流融资渠道。

在公共基础设施项目的各类实施模式中，PPP模式涉及利益主体最多，风险分配与利益协调关系最为复杂，实施难度与不确定性也最高。目前还没有在哪个国家取得普遍性的大范围成功。国内大规模推进PPP实践，还受到一些短期内无法解决的因素的严重制约。

第一，融资平台模式是各国普遍采用的公共基础设施项目实施模式。即使在自由市场经济的美国，城市基础设施主要靠发行市政债筹资，也还存在很多代替政府融资并组织项目实施的公共机构（著名的有田纳西河流域管理局、纽约新泽西港务局）。1972年，经美国国会批准，纽约市与新泽西州政府联合出资组建纽约新泽西港务局，管辖以纽约自由女神像为中心共约1500平方英里的区域，主营业务是公共基础设施，资金来源主要来自基础设施的使用者付费及发行债券。曼哈顿所在的纽约港区是美国式自由资本主义的圣地，居然由这么一家类似平台公司的公共机构负责提供公共基础设施，而并不是市政债、PPP或私有化模式，令人吃惊！

第二，融资平台所积累的经验与能力可以继续发挥巨大作用。国内形形色色的融资平台可以分为四类。一是综合性平台，如上海城投、杭州城投、武汉城投等。发达地区的综合性平台已经积累综合优势，融资成本低、组织项目建设效率高、运营管理能力强。二是专业性平台，如京投公司、上海申通地铁集团、北京排水集团、重庆水务等，是某个特定领域的融资、建设与运营主体。如2003年成立的京投公司，截至2015年底累计完成投资达3953亿元，建成客流总量世界第一、总里程世界第二的超大型城市轨道交通网络。三是园区性平台，如上海金桥集团有限公司、苏州高新区经济发展集团总公司、西安高新控股有限公司等。它们主要承担经济开发区、高新区、出口加工区、保税区及自贸区等特定发展区域的基础设施融资、建设与运营，招商引资以及政府授权的公共服务职能。四是空壳型平台。2008年国际金融危机后，各地成立了一些资产规模小、可运作资源少、治理结构不规范、综合能力弱、至今未公开发行债券的区县级平台。从数量上看第四类平台占比很高，但从占有的有效资产规模看，实际占比并不大，并不能代表融资平台的主流。这类平台公司是欠发达地区金融意识落后、金融市场运作能力弱、地方政府公共管理能力差等因素的突出体现。这类平台需要规范发展，其中有些可能会被淘汰或撤并。但绝对不能简单因为存在这些不规范平台，而否定所有的融资平台。

第三，英国政府也不认为 PPP 具有普适性。英国众议院财政委员会在 2012 年对前 20 年的私人融资活动（Private Finance Initiative，PFI）项目做了一个整体的评估，得出几点重要结论：一是采购程序复杂、耗时比较长，一般需要 2~3 年项目才能完成采购，融资成本相对比较高，最终通过政府付费实质上会增加财政负担而不是减轻负担，难以实现价物有所值。二是 PFI 项目融资属于政府资产负债表之外的融资，其负债不直接计入政府财政预算，从而使得 PFI 成为政府规避预算约束的一种方式，短期内能够刺激政府的非理性投资，长期内将加大政府未来财政负担。三是 PFI 项目提供的是公共服务，项目失败的风险最终依旧会由政府承担，因此风险并没有真正转移出去。四是 PFI 项目合同期长，难以根据未来实际情况与需求变化对合同条款进行调整，缺乏灵活性。这是英国的最高权力机构下议院对过去 20 年 PFI 实践的一个官方的综合性评价，主要指出 PFI 模式的不足之处，这对我国推进 PPP 工作有很强的借鉴意义。实际上，英国的政治家虽然推崇 PFI 模式，将其作为成功经验向其他国家推广。但实务中，英国从未排除使用传统的政府投资模式，而且坚持将传统模式作为选择 PFI 等其他模式的比较基准。根据英国财政部提供的数据，1992~2014 年 PFI 项目占英国整个公共部门投资的比例仅为 11%，最高的年份也没有超过 20%。因此，不能将 PFI 视为英国采用 PPP 的唯一模式，更不能将其视为英国政府公共项目运作的唯一模式。

三、PPP 模式的制约因素

国内 PPP 模式受到一些因素的严重制约，目前还不具备大规模推广的基本条件。

一是缺乏权威规范的法规支持。国内 PPP 领域，仅有一项部门规章，主要靠数量众多的规范性文件指导。国家发展改革委与财政部两部门发布的政策性文件存在很多冲突和不一致的地方，主要体现在对于实施机构、社会资本资格、前期工作要求、实施机构、入库要求、操作程序、社会资本的选择方式等方面。规范性文件的法律位阶低、相互之间存在冲突、权威性欠缺，难以取信于社会资本及公众。这种政策混乱局面，给地方政府实施 PPP

项目带来了实质性困难。另外，PPP模式的内在要求与现有预算、土地、税收、融资、国资等法律规定存在不衔接的问题，甚至有明显冲突，增加了法律风险。

二是政府的公共治理能力不足。PPP模式下，政府从直接实施项目，转变为整合各方社会资源用公共治理机制和市场化方式实施项目，政府应当从行政命令方式转变为平等协商的公共治理方式。这种转变不可能在短期之内完成，甚至会经常出现政府行为不当甚至违约的现象。2016年《政府工作报告》中指出，政府要带头讲诚信，绝不能随意改变约定，决不能"新官不理旧账"。这反映出这种现象的普遍性与严重性，对各级地方政府思维方式与行为方式的转变，可谓前路漫漫。

三是缺乏众多合格的候选社会资本。PPP项目的社会资本需要具备筹集稳定、长期、成本合适的巨额资金，按"百年工程标准"组织好项目建设，运营管理好项目资产实现最佳社会与经济效益等方面的综合能力。在推进市场化运作比较早、程度也比较深的制水厂、污水处理厂、生活垃圾处理设施、天然气、供热等少数领域，国内已经出现批量的合格社会资本，占据比较高的市场份额。但是，在轨道交通、市政管网、环境治理、海绵城市等更多领域，仍然缺乏批量的具备综合能力的社会资本。近年来，在PPP领域唱主角的央企施工企业，融资能力与运营能力的培育和提升，也至少需要5年以上的时间，并且难度很高。理论上，可以通过组建联合体来整合不同类型机构的能力，但由于联合体的责任与利益划分、连带责任的法律界定、联合体本身的不稳定等问题，挑战也很明显。

四是难以实现基于项目现金流的融资模式。基础设施项目投资规模以亿元、十亿元、百亿元为单位，依靠表内融资或主体担保，社会资本普遍无法承受。唯有通过以项目现金流为基础的项目融资，实现表外融资和有限追索，才有可能打破融资困局，为PPP模式提供稳定的资金支持。不过，国内的使用者付费项目普遍收费不足，政府付费项目又面临低层级政府"小马拉大车"、事权与财权不匹配、历史欠债或违约问题突出等现实因素的制约，难以普遍实现真正意义上的有限追索性质的项目融资。前两年依托央企主体信用的PPP融资模式，显著抬高了央企的资产负债率和或有负债风险，不可持续。

五是缺乏批量的合格PPP咨询项目负责人。牵头咨询机构的项目负责人在PPP项目实施中特别重要，至少要有能力完成四个方面的工作：政府的决策参谋，让领导决策时踏实放心，坚定决策层推进项目的信心和决心；确保吸引多家符合项目需要的潜在投资者参加竞争，形成充分、良性的竞争局面，协助政府强中选优；除承担自身专业任务外，还要对其他专业中介机构的专业冲突进行协调，利用自身的专家顾问网络弥补其他中介机构的专业不足，承担专业任务兜底的职能；落实项目招商进度安排，在确保工作质量的前提下，协调众多相关方，积极稳妥按时间表推进项目。这种复合型高端人才的极度短缺，实质性地制约了PPP项目的大规模实施。

四、两种模式的协同发展

在PPP模式下，融资平台仍然可以发挥积极性甚至主导性的作用。培育强平台是推进城镇化建设的必由之路，也是积极稳妥推进PPP模式的前提和抓手。

第一，融资平台承担城市化建设起步期的资金筹集职责。在城市化建设的起步期，诸多基础设施项目需要全面启动并超前建设，需要巨额的"第一桶金"才能打开城市建设的新局面。此时，土地价格较低，招商引资刚开始还没有产生稳定税收，社会资本怀疑发展前景难以大规模投入，唯有融资平台可以迎难而上。可以说，国内城市化发展取得重大成效的地方，平台在初期融资中都起到绝对主导的作用。那些一开始就靠廉价卖地的地方，难以持续推进城市化建设规划的高水平落实。只有牢牢地依托政府信用和公共资源，融资平台才有生存基础。同样，只有利用好融资平台和土地财政两个轮子，在当前的财力约束和融资约束下，地方政府才能落实城市建设长远规划与目标。

第二，培育强平台是欠发达地区推进PPP工作的主要抓手和当务之急。从发达地区的经验来看，欠发达地区培育强平台的意义有：一是成为地方政府在公共基础设施领域的人才积聚高地、经验积累载体和对接各方资源的枢纽；二是作为地方政府城镇化项目融资的蓄水池，以及以土地资源为主的各类公共资源的积聚、培育、转化和实现主体；三是担任PPP等市场化项目的政府方实施主体、项目现金流不足的风险缓释主体、代表地方政府进行监管的执行机构,并且,当 PPP 项目失败时,融资平台可以作为代表地方政府接盘处理遗留问题的公共机构;四是社会资本异地投资 PPP 项目时,需要跟当地主要融资平台亲密合作实现合作共赢,这种合作可以体现为股权合作,也可以是共同开发,凝聚合力为 PPP 项目顺利平稳推进创造条件。

第三,发达地区的强平台应当"走出去"服务全国,成为 PPP 等市场化项目的社会资本和市政公用行业的并购整合主体。国内要大规模推进 PPP 项目,其中的一个制约因素,就是缺乏具有融资、建设、运营等方面综合能力的投资运营商群体,难以实现真正有效的竞争态势。发达地区的融资平台在本地已经有几十年的经验积累,是国内少有的具有综合能力优势的潜在投资运营商。首创股份、北控水务、城投环境这类脱胎于融资平台的市场机构,作为先行者已经取得了较大的成功。如果有更多的地方政府融资平台走出所在城市,服务于更广阔的地域,将推动 PPP 模式的深入全面推进。不过,目前地方政府普遍担心本地平台对外服务遇到风险时,仍需要本地财政救助,因而严格限制本地平台"走出去"。如何破解僵局,需要 PPP 大环境的改善,可能还需要较长时间。

作者简介:

罗桂连,清华大学 PPP 研究中心特聘高级专家,国家发改委 PPP 专家库定向邀请专家,中国资产证券化研究院 PPP 专业委员会主任委员,中国水网特约评论员,E20 研究院 PPP 专委会成员。注册会计师,清华大学管理学博士,伦敦政治经济学院访问学者。2000 年以来一直在基础设施投融资与资产证券化领域从事实务、研究和政策制定工作。组织了上海老港生活垃圾填埋场国际招商、上海浦东自来水公司股权转让等标杆性项目,并为西宁市、宝鸡市等地方政府提供项目融资全流程咨询服务。主译的《基础设施投资策略、项目融资与 PPP》、担任副主编的《PPP 与资产证券化》已出版发行,还参加《资产证券化操作手册》(第二版)、《REITs 投资指南》等多本相关领域专业著作的编译工作。

国内大规模推进 PPP 模式的九大制约因素

罗桂连

在基础设施的各类实施模式中,PPP 模式涉及利益主体最多,风险分配与利益协调关系最为复杂,实施难度与不确定性也最高。国内推行 PPP 项目实践,还受到一些因素的严重制约。需要各方面针对这些突出问题,切实补短板,才能推进 PPP 工作行稳致远。

一、缺乏权威规范的法规政策支持

国内 PPP 领域,仅有一项部门规章,主要靠数量众多的规范性文件指导。发改委与财政部两部门发布的政策性文件存在很多冲突和不一致的地方,比如,对于实施机构、社会资本资格、前期工作要求、实施机构、入库要求、操作程序、社会资本的选择方式等方面。规范性文件的法律位阶低、相互之间存在冲突、权威性欠缺,难以取信于社会资本及公众。这种政策混乱的局面,给地方政府实施 PPP 项目造成实质性困难。另外,PPP 模式的内在要求,与现有预算、土地、税收、融资、国资等法律规定存在不衔接的问题,甚至有明显冲突,增加了法律风险。

二、政府的公共治理能力不足

PPP 模式下,政府从直接实施项目,转变为整合各方社会资源用公共治理机制和市场化方式实施项目,政府应当从行政命令方式转变为平等协商的公共治理方式。这种转变不可能在短期之内完成，甚至会经常出现政府行为不当甚至违约的现象。《2016年度政府工作报告》中指出，政府要带头讲诚信，绝不能随意改变约定，决不能"新官不理旧账"。反映出这种现象的普遍性与严重性，各级地方政府思维方式与行为方式的转变前路漫漫。

三、政府的规制与监管能力不足

PPP项目合作周期长，特许经营期内可能遇到的不可预期事项会很多。政府在合同管理方面会遇到几个方面的挑战：一是PPP合作协议可能经常需要调整，政府需要参与并主导有关协议的再谈判；二是具体项目的日常运行涉及多个政府部门，需要整合各方面的力量对项目公司及其主要股东，进行全方位、全流程的日常规制和监管；三是项目实施过程中，可能出现项目公司违约、工程事故、经营事故、社会冲突、不可抗力等突发事件，有时还需要政府介入和接管项目公司，政府要有能力主动应对，尽可能控制损失与影响。国内地方政府普遍缺乏这方面的能力积累，挑战性和风险很大。

四、缺乏众多合格的候选社会资本

PPP项目的社会资本需要具备筹集稳定长期成本合适的巨额资金、按百年工程标准组织好项目建设、运营管理好项目资产实现最佳社会与经济效益的综合能力。在推进市场化运作比较早、程度也比较深的制水厂、污水处理厂、生活垃圾处理设施、天然气、供热等少数领域，国内已经有出现批量的合格社会资本，占据比较高的市场份额。但是，在轨道交通、高速公路、市政管网、海绵城市等更多领域，仍然缺乏批量的具备综合能力的社会资本。近年来，在PPP领域唱主角的央企施工企业，融资能力与运营能力的培育和提升，也至少需要5年以上的时间，并且难度很大。理论上，可以通过组建联合体来整合能力，但由于联合体的责任与利益划分、连带责任的法律界定、联合体本身的不稳定等问题，挑战也很明显。

五、民营企业存在进入限制

2012年以来,我国民间投资增速总体呈下滑态势,2016年首次出现民间投资增速低于总体投资增速的现象,与总体投资增速的缺口有所增大。民营企业参与PPP项目,存在以下障碍:一是部分项目通过招标条件设置限制民营企业参与;二是融资成本较高存在竞争劣势;三是民营企业应对政府履约风险的能力较弱;四是重建设轻运营不利于民营企业发挥运营管理方面的优势;五是获取项目信息较难且不及时。

六、难以实现基于项目现金流的融资模式

基础设施项目投资规模以亿元、十亿元、百亿元为单位,依靠表内融资或主体担保,社会资本普遍无法承受。唯有通过以项目现金流为基础的项目融资,实现表外融资和有限追索,才有可能破融资困局,为PPP模式提供稳定的资金支持。不过,国内的使用者付费项目普遍收费不足,政府付费项目又面临低层级政府"小马拉大车"、事权与财权不匹配、历史欠债或违约问题突出等现实因素的制约,难以普遍实现真正意义上的有限追索性质的项目融资。前两年,依托央企主体信用的PPP融资模式,显著抬高了央企的资产负债率和或有负债风险,不可持续。最近几年,国内的财政管理政策与金融监管政策特别不稳定、特别难落实、特别多冲突,进一步加大了项目融资的难度。

七、缺乏中长期稳定资金支持

PPP项目通常是资金密集型项目,项目投资回收期往往超过15年,特许经营期接近30年,巨额、稳定、低成本的资金供应是项目稳定运行的基础,具有资金积聚能力的财务投资者是PPP项目的主要出资者。国内的金

融资产主要集中在银行体系，商业银行储蓄资金的主要资金来源是储户的短、中期存款，偏好期限较短的金融产品，难以提供巨量长期限的资金。随着养老、医疗、护理保险的快速发展，保险资金与养老基金在PPP项目融资领域将发挥越来越重要的作用，但目前资金实力有限，监管政策也还存在一些限制。国内适合投资PPP项目投资的长久期金融产品尚不发达，商业银行与保险机构这类主流财务投资者，尚不熟悉项目融资方式，制约了PPP模式在国内的大范围推广。

八、缺乏合格的批量PPP咨询项目负责人

牵头咨询机构的项目负责人在PPP项目实施中特别重要，至少要有能力完成四个方面的工作：（1）政府的决策参谋，让领导决策时踏实放心，坚定决策层推进项目的信心和决心；（2）确保吸引多家符合项目需要的投资者参加竞争，形成充分、良性的竞争局面，协助政府强中选优；（3）中介机构的牵头方，除承担自身专业任务外，还要对其他专业中介机构的专业冲突进行协调，利用自身的专家顾问网络弥补其他中介机构的专业不足，承担专业任务兜底的职能；（4）落实项目招商进度安排，在确保工作质量的前提下，协调众多相关方，积极稳妥按时间表推进项目。这种复合高端人才的极度短缺，实质性制约PPP项目的大规模实施。

九、对国内外经验教训的总结借鉴不够扎实

政府购买服务形式的PPP在英国已经有超过20年的实践，特许经营形式的PPP在法国更有超过60年的实践，还有澳大利亚、加拿大、新西兰、新加坡、日本、中国台湾，都有比较长时间的实践。在国内，原国家计委从1994年开始试点，2003年起原建设部推动市政公用行业市场化运作，也有超过6000个案例。认真、全面、客观总结国内外经验与教训，避免犯重复的错误特别重要。不过，从各种渠道了解的信息看，这轮PPP项目操作上过于粗糙，无知无畏的特征比较突出，存在较高的潜在隐患。

基于"不完全契约理论"来看PPP合同的不完全性及改善

纪鑫华

根据契约理论（Contract Theory）相关研究，新古典经济学中的成本交易为零和信息完全两大假设不成立，并在此基础上形成了基于信息经济学的完全契约理论和基于新制度经济学的不完全契约理论（incomplete contracting theory）。在PPP模式下，政府和社会资本通过PPP合同这种契约，来约定双方在项目全生命周期的权利义务，但由于未来或然情况（contingencies）无法预见或约定、政府和社会资本的有限理性（bounded rationality）、明确各方清晰权利义务的成本过高等原因，使得PPP合同无法穷尽政府和社会资本在未来各种或然状态下的责权利，可见PPP合同是一种典型的不完全契约。而这种不完全性，很有可能会导致事前的最优契约失效，或当事人做出无效率的专用性投资等，进而导致PPP项目的效率损失。因此，有必要借鉴"不完全契约理论"相关研究成果，通过再谈判机制设计、剩余控制权配置、引入第三方及尽可能完善契约及事后监督等措施，改善PPP合同的不完全性。

一、契约不完全性的相关理论解释

经济学中将所有的市场交易，包括长期的和短期的、显性的和隐性的，都视为一种契约关系。经济学家很早就从契约或合同的角度分析问题，埃奇沃思在传统经济学领域第一个系统地提出了契约理论，用无差异曲线盒创立了契约曲线，以刻画瓦尔拉斯一般均衡下帕累托最优的短期契约集合，和阿罗—德布鲁一般均衡下帕累托最优的长期契约集合。但这些理论都建立在当事人信息对称的基础上。直至新制度经济学鼻祖——罗纳德·科斯（Ronald H. Coase）在《企业的性质》（1937）这一开创性论文中指出，"由于预测的困难，关于商品或劳务供给的契约期限越长，那么对于买方来说，明确规定对方该干什么就越不可能，也越不合适"，契约的不完全性第一次被正式提及。

科斯的追随者交易成本学派和产权学派（或泛指新制度经济学派），以及之后的格罗斯曼和哈特（Sanford Grosssman & Oliver Hart）（1986）、哈特和莫尔（Oliver Hart & John Moore）（1990）创建的GHM模型，进一步拓展了不完全契约理论的研究，并广泛运用于经济、法学、管理、政治哲学等领域。

经济学上的契约不完全性是指契约没有充分地状态依赖（insufficiently state contingent）。哈特从三个方面解释了契约的不完全性：第一，在复杂的、十分不可预测的世界中，人们很难想得太远，并为可能发生的各种情况都做出计划；第二，即使能够做出单个计划，缔约各方也很难就这些计划达成协议，因为他们很难找到一种共同的语言来描述各种情况和行为。对于这些，过去的经验也提供不了多大帮助；第三，即使各方可以对将来进行计划和协商，他们也很难用下面这样的方式将计划写下来：在出现纠纷的时候，外部权威，比如法院，能够明确这些计划是什么意思并强制加以执行。

二、充分认识到PPP合同不完全性的必然

在PPP模式下，政府和社会资本通过合同约定双方在项目全生命周期的权利义务，但由于未来或然情况无法预见或约定、政府和社会资本的有限理性、明确各方清晰权利义务的成本过高等原因，使得PPP合同无法穷尽政府和社会资本在未来各种或然状态下的责权利。

（一）PPP项目的长期性导致对未来或然情况无法预见或约定

传统的契约理论认为，契约规定了缔约方的权利义务，这些权利义务有

利于激励缔约方进行长期投资。Hart 和 Moore（2006，2008）则提出了一个互补性观点：契约为交易关系提供了一个参照点，当事人签订长期契约是基于在柔性契约和刚性契约间进行的权衡。所谓柔性契约，是指允许当事人对事后不确定性做出适应性调整；而当事人签订的与未来结果密切相关，且对任何结果都不会感到失望的则是刚性契约。

对于 PPP 项目而言，若采取柔性契约，政府或社会资本有可能实施无效或低效的履约行为，这将会给项目本身产生无谓的损失，而刚性契约则可以降低这种损失的程度；但纯粹的刚性契约也不利于充分调动社会资本的主观能动性，以切实提高 PPP 项目效率。基于此，政府和社会资本应在契约的适应性和机会主义之间，寻求平衡的长期契约。

由于 PPP 项目实施可长达二三十年，在复杂的、十分不可预测的世界中，人们很难想得太远，这其中小到原材料价格上涨、消费者偏好变化，大到项目技术工艺改革、国内外政治经济环境变化，尤其是目前社会资本较为担心的政府履约意愿和履约能力等风险，都会对项目的实际经营情况产生影响。而在 PPP 项目前期准备，尤其是风险的识别过程中，无法充分预见到各项或然情况及概率，因此，也就无法在 PPP 合同中为可能发生的各种情况都做出计划。

（二）PPP 合同缔约的政府和社会资本方都是有限理性的

作为 PPP 合作主体的政府和社会资本，在缔约过程中是有限理性的，这里的有限理性是指"社会人"的理性是处于完全理性和完全非理性之间的在一定限制下的理性。赫伯特·西蒙（Herbert Simon）认为建立在"经济人"假说之上的完全理性决策理论只是一种理想模式，提出了满意准则和有限理性这两个命题，用"社会人"取代"经济人"以纠正传统理性选择理论的偏激，拉近了理性选择的预设条件与现实生活的距离。

政府和社会资本在 PPP 合同准备及签约过程中是有限理性的，其具体原因在于：首先，手段——目标链的次序系统很少是一个系统的、全面联系的链，PPP 项目前期简单的准备更会导致不准确的结论；其次，政府和社会资本的知识有限，两者既不可能掌握全部信息，又不可能最大限度地追求理性、只要求有限理性；第三，由于客观条件的约束，政府和社会资本在决策过程中也缺乏相关能力追求最优方案，PPP 项目中也往往追求双方较满意的次优方案；最后，在 PPP 合同准备甚至签约过程中，政府和社会资本也可能有意或无意地隐瞒部分信息，造成事实上的信息不对称，进而影响到对方决策的理性。

（三）PPP 合同中约定各方清晰权利义务的交易成本过高

契约的交易费用是由交易环境（交易次数、不确定性）和交易特征（资产专用性）等所决定的。Tirole（1999）进一步将导致契约不完全的交易费用细分为以下三部分：一是预见成本，即当事人由于某种程度的有限理性，不可能预见到所有的或然状态；二是缔约成本，即使当事人可以预见到或然状态，以一种双方没有争议的语言写入契约也很困难或者成本太高；三是证实成本，即关于契约的重要信息对双方是可观察的，但对第三方（如法庭）是不可证实的。

对于 PPP 项目而言，即使理论上存在签订完全契约的可能性，但这种前期投入的大量时间和人力财力，也是政府和社会资本方所不能接受的。具体在项目准备过程中，一方面是项目合作周期较长，政府和社会资本很难全面识别项目各项或然情况，预见成本相当高；另一方面我国目前成熟的项目案例还较少，还缺乏大量可供借鉴的案例范本，因此政府和社会资本基于各自利益出发，缔约成本也较高。从经济效率角度而言，政府和社会资本也会选择较优方案明确合同条款，并随着自然状态逐步实现而通过再谈判等手段优化项目实施，而不是在前期片面追求契约的尽善尽美。

三、改善 PPP 合同不完全性的相关措施

PPP 合同一旦确立就对缔约方产生了强制的约束和保护，通过合同文本将相关的"不确定"变为"确定"，并明确政府和社会资本长期合作的权利义务。鉴于 PPP 合同必然的不完全性，且这种不完全性将可能诱发契约执行过程中的机会主义、"敲竹杠"（hold up）或攫取"可占用性专用准租金"（appropriable specialized quasi rents）等风险，导致 PPP 项目效率损失

甚至项目失败,因此有必要针对这种不完全性,通过再谈判机制设计、剩余控制权配置、引入第三方及尽可能完善契约及事后监督等措施,以将负面影响降到最低。

(一) 明确约定再谈判条件及原则

契约理论包括"完全契约理论"和"不完全契约理论",完全契约理论规定了执行过程中各种或然状态下缔约方的权利义务,因此核心在于事后监督;而不完全契约理论则强调契约签订时不能明确各种或然情况,并主张在自然状态实现后通过再谈判(renegotiation)进行解决,因此重心相应转到机制设计或制度安排,尤其是再谈判机制的设计,"不完全契约的引入,注意力开始从依赖于结果的补偿问题转向程序和制度的设计问题"(Patrick Bolton, Mathias Dewatripont, 2008)。

对于 PPP 项目而言,再谈判是项目实施的一个重要环节。Guasch (2008) 研究了 20 世纪 90 年代阿根廷、巴西、墨西哥等拉美和加勒比海地区主要国家的 PPP 项目情况,其再谈判的比例达到 54.5%。而按目前国内 PPP 项目准备的质量而言,笔者甚至感觉我国 PPP 项目的再谈判将会是不可或缺的一个环节。

因此,应结合 PPP 项目合作周期长、或然情况难以一一识别等客观实际,针对原有合同未能明确风险的再分配机制做出原则性规定,避免负面因素发生导致的根本环境变化,使得项目效率受损甚至无法继续实施。特别是关系国计民生的公益性 PPP 项目,政府必须保证项目的存续和正常经营,因此,需特别明确再分配原则和机制,尽量避免风险发生时再进行谈判所带来的不确定性。

虽然 PPP 项目合同的调整或再谈判是难以避免的环节,但这并不意味着可以降低原始合同签订的质量要求,因为合同再谈判一方面具有不可控制性,甚至无法达成共识而导致项目提前终止,进而影响到公共产品和服务的提供;另一方面,再谈判也是有成本的,且会导致项目的效率损失,并造成社会总福利的损失;同时,契约制定过程中形成的相关原则可以为后续的合作和再谈判提供参考,原始合同的完善也有利于再谈判过程中双方达成一致的意见。

（二）妥善配置项目剩余控制权

所谓"剩余控制权"（residual rights of control）是指在初始契约中不能描述所有或然情况下，如何使用非人力资产的排他性决策权。由于契约的不完全性，除了事先规定的具体权利之外，契约中还有事前无法明确的其他事项，因此，契约缔约方中必须有人拥有该剩余控制权，以在初始契约中未规定的或然情况出现时，相关缔约人能做出应对。

剩余控制权直接来源于对物质资产的所有权，资产拥有的越多，外部选择权越多，谈判能力越强，剩余控制权越大，事前的专用性投资激励就越强。GHM 模型认为，应通过资产所有权或剩余控制权的配置，确保在次优条件下实现总剩余最大化的最佳所有权结构，把所有权安排给投资重要或不可或缺的一方。所有权配置方式则主要由投资重要性、双方对产品价值的评价及产品的公共化程度三方面决定（Francesconi&Muthoo，2006）。

对于具体的单个 PPP 项目而言，笔者认为剩余控制权配置中应充分考虑项目的物质资产所有权、合作博弈过程、公共产品的属性和载体等。具体反映在 PPP 合同中，应综合考虑项目所采用的具体模式、项目资产属性及投资构成、项目回报机制（尤其是合同中的可用性付费、绩效付费及排他性条款等设置）、项目公司治理架构、社会资本退出机制等因素，优化剩余配置权配置，以提高决策者对或然事项决策的有效性，并进而提高 PPP 项目的实施效率。

（三）妥善引入第三方

这里所说的第三方主要是指缔约方在 PPP 合同违约时所寻求法律干预的相关外部机构，包括但不限于国家或法律机构等。

根据法经济学界的干预学派观点，可以通过法律干预弥补契约不完全性的效率损失。如果是由于缔约成本过高导致契约不完全，则国家可以通过司法解释或判例等提供某种形式的"默示规则"（default rule），以调整当事人行为（Schwartz，1994）；如果是因为证实成本太高，由于缔约方不可能把不可证实的条款写入契约，则应基于某些可证实的条款强制执行（Schwartz，1992）；如果是因为预见成本过高，则区分缔约方信息对称与否，不对称时，则法庭可以迫使有信息优势的一方主动揭示信息，对称情况下，法庭如否决契约会导致当事人减弱专用性投资激励，转而增强保险，则需在激励和保险之间权衡（Anderlini，Felli&Postlewaite，2003，2004）。

在司法干预的基础上，Shavell（1980）进一步提出，把赔偿当作弥补契约不完全的手段，包括预期损失赔偿（expectation damages）和信任损失赔偿（reliance damages），前者是指违约方要补偿对方基于合同履行可获得的机会收益，后者则还需另外赔偿对方的专用性投资。两种赔偿措施都会导致项目过度投资，但预期损失赔偿导致的过度投资要小于信任损失赔偿。

这里需指出，一方面法律干预和赔偿判定的前提条件是相当苛刻的，需要第三方在信息方面至少不劣于当事人，并具备成本和信息两方面的双重优势，同时相关变量应可以证实。另一方面，还应结合我国法律体系，选择适合的方法来实施。

（四）尽可能完善契约及事后监督

虽然笔者一直强调合同不完全性的必然，但对于PPP项目而言，在准备过程中，充分运用现有所掌握的信息，借助专业第三方的力量，尽可能明确全生命周期中的各种风险和或然情况，并针对性地进行风险分配，对于PPP项目成功还是具有根本性的重要作用。这样既能充分明确政府和社会资本各自的权利义务，约束双方通力配合做好PPP项目；也能避免事后再谈判或是司法干预等过程中所导致的项目效率损失、甚至影响项目公共服务的提供。

尤其对于一些特定的行业风险方面，可以充分借鉴国内外的行业案例，尽量予以充分考虑；但对于一些宏观的社会经济风险，或是短期内不可预见的技术进步等，则需依赖事后进行调整。签订尽可能完备的PPP合同有利于缩小项目全生命周期中的风险范围，从而可以促进更多值得信任的长期合作关系。

根据契约理论，完全契约规定了执行过程中各种或然状态下缔约方的权利义务，核心在于事后监督。对于PPP项目而言，如果前期准备过程中能比较全面地考量各项或然因素，并针对性地做好计划，则项目执行过程中，重点就是如何监督政府和社会资本充分履约，理论上而言这样也是最有效率的项目实施方式。前期准备的越充分、签约条款越完善，就越能基于合同、依靠市场来解决问题。

作者简介：

纪鑫华，现就职于上海市财政局涉外经济处，负责上海市PPP项目推进、国际金融组织贷款项目管理和清洁发展委托贷款项目管理，参与了财政部和上海市相关项目管理规章的制定，参与了财政部、上海市PPP相关课题。就PPP政策、风险管理、项目融资和项目落地等主题，在《经济日报》、《中国财经报》、《中国财政》、《澎湃新闻》等发表数篇PPP评论文章。

关于水务行业 PPP 项目税收安排现状的调研报告

纪鑫华

PPP 项目中的税收安排和筹划对于项目成本核算、企业盈利水平将产生重要影响，但目前多数 PPP 项目并未予以相应的重视。在 E20 平台、部分咨询机构和社会资本的支持下，本人对水务行业 PPP 项目的税收现状进行了调研，主要通过问卷调查的形式，并选择部分项目进行访谈，内容包括水务 PPP 项目在不同阶段所涉及的税种、政府以资产入股及政府补贴付费等关注重点的税收安排、企业所享受的税收优惠、合理避税的筹划及与地方税务部门的沟通等。现就相关情况总结如下。

一、问卷调查及座谈的主要内容

本次共收到有效反馈问卷 35 份，笔者进而选择了中信水环境集团、北控水务的部分 PPP 项目进行访谈，以更为深入、全面地了解水务行业 PPP 项目税收现状。

（一）项目基础内容

包括项目投资规模、所采用的具体 PPP 模式、所处地域、社会资本属性等内容。

35 份有效问卷中，有 18 个总投资规模在 10 亿元以上，5 亿~10 亿元和 1 亿~5 亿元的分别为 9 个和 8 个。

项目实施模式上，BOT 模式有 27 个，另外 8 个项目为 TOT 或 ROT 模式。

所处地域上，东部地区 15 个，中部地区 9 个，西部地区 11 个；从项目所属政府层级来看，省级项目 1 个、地市级项目 24 个、县级项目 10 个。

35 个项目中除 1 个尚未采购外，其他落地项目从社会资本性质来看，民企和外企中标 12 个项目、地方国企中标 12 个项目、央企中标 10 个项目；总体而言，央企中标项目的总投资较大，民企和外企中标项目的总投资额相对较小。

（二）PPP 项目各阶段及重点环节税收安排

将 PPP 项目全生命周期细分为 SPV 成立、融资建设、项目运营和项目移交四个阶段，分别调研各阶段所涉及的税种（均为多选，参见表1）

表1　　　　　　　　　　PPP 项目各阶段所涉及税种表

税种	成立阶段	融资建设阶段	项目运营阶段	项目移交阶段
契税	8	9	7	5
印花税	27	26	22	10
土地增值税	7	7	5	5
增值税	11	18	31	13
企业所得税	0	16	31	13
房产税	9	14	20	7
土地使用税	13	18	22	8
其他	3	5	7	5
未涉及或方案中未明确	4	1	1	13

此外，问卷还重点调研了政府以不动产等入股、政府补贴或付费、企业可能会享受的税收优惠及"营改增"和 78 号文对企业税负的影响等几个重点问题。

有 10 个项目涉及政府以不动产等入股，其中一半选择了缴纳契税和印花税，4 项选择企业所得税，增值税、土地使用税、土地增值税和房产税都有 3 个项目选择。

对于 PPP 项目中的政府补贴或付费，28 个项目选择缴纳企业所得税、20 个项目缴纳增值税、另有 4 个项目未明确该项税收方案，没有项目认为这"不涉及税收"。

企业所享受的税收优惠方面，31 个项目认为可适用资源环境和生态保护方面的行业税收优惠、10 个项目选择适用特定开发区或中西部地区等区域性税收优惠、另外有 8 个项目还享受地方政府税收返还的优惠、有 2 个项目认为不适用任何税收优惠政策。

"营改增"和 78 号文对企业税负的影响方面，有 8 个项目未测算该方面的税负影响，其他有影响的项目中，各有 11 个认为将会增加企业所得税和增值税的负担；值得注意的是，也有 10 个项目认为这会降低企业增值税税负。

（三） 实操中的税收沟通协调

问卷重点调研了税收政策变动所导致成本变动的最终承担者、公司是否考虑合理避税及与当地税务部门沟通的情况等内容。

税收政策变动所导致成本变动的最终承担者方面，有 19 个项目认为应由政府承担该变动所增加的成本、由社会资本最终承担的是 3 个、双方共担的是 10 个项目、1 个项目的合同中未进行明确；其中有一个项目，在约定范围内的成本变动将由社会资本承担、超出该范围的将由政府最终承担；其中另有一份问卷反映，虽然说 PPP 合同中就此做了约定，但项目落地后该税收成本上升的问题未能达成一致解决。

采取相关税收安排以合理降低税负方面，有 21 个项目有这方面考虑但尚无实施方案、6 个项目没有这方面计划、有考虑且已有方案的仅 8 个。

与当地税务主管机关沟通方面，有沟通且沟通有实际效果的为 6 个项目、已进行沟通但效果一般的项目为 17 个、尚未沟通的项目为 12 个。

二、目前水务行业 PPP 项目中税收安排上的问题

由于目前 PPP 项目涉及面较广、配套政策尚在逐步完善中，且 78 号文

和"营改增"等税收政策变动对于水务行业又产生了整体的深刻影响，因此参与各相关方、包括地方税务主管机关在内，对于水务PPP项目涉及的税种、税收优惠政策的适用性等难以全面、准确界定。

而且社会资本一般以税后利润为基础计算收益率，相关税收的最终承担方实质为政府、税收政策变动的成本也大多由政府承担，因此，在项目前期准备和社会资本选择过程中，社会资本缺乏足够的动机与政府全面沟通项目实际税收负担，实施机构和咨询机构则缺乏足够的能力来详尽测算税收成本，这就导致了前期项目成本测算的不准确，进而影响到物有所值和财政承受能力评估的准确性，甚至会影响到项目后续实施的稳定性。

（一）对于项目应缴税款的认识差异较大

综合问卷反馈数据，对水务PPP项目在四个阶段的税收适用情况认识存在较大差异和片面性；对于政府以不动产等入股以及PPP项目中来源于政府的付费或补贴等环节的税收，大多缺乏足够的重视，没有准确进行税负测算或充分适用税收优惠政策；项目公司取得专项补贴后的财务和税务处理不妥当；个别项目片面放宽了税收优惠政策的适用性；实施方案中对税收这一成本不够重视、部分项目仅简单地定性描述；从问卷数据也可以看出，超过三分之一的项目实施方案中认为移交阶段不涉及税收或方案中尚未明确。这些问题将会对政府和社会资本双方未来全生命周期的合作带来不确定影响。

（二）企业缺乏足够动机合理避税

由于PPP项目中社会资本一般以税后利润为基础计算收益率，相关税收的最终承担方实质为政府、税收政策变动的成本也大多由政府承担，因此，社会资本缺乏足够的动机来合理避税，且在前期方案中咨询机构也无法提供专业的税收筹划，将导致地方政府实际承担的项目税收成本较高，变相增加了地方政府的支付义务。

（三）与地方税务主管机关缺乏有效沟通

由于项目准备过程中对于税收不够重视，因此，在项目准备过程中，咨询机构、社会资本和实施机构与税务主管机关的沟通还不够全面深入，多数单位有这方面计划但尚未实施、有些则根本没有这方面安排，仅少数项目表示已与税务主管机关进行沟通且成效明显；且不同地区、甚至于同一地区的税务机关对于项目都存在不同的解释口径，也直接导致PPP项目各方无所适从。

（四）政府实际支付义务测算不准确

一方面是PPP项目各方对于税收缺乏足够的重视，另一方面部分咨询机构也缺乏这方面的专业能力，因此导致了PPP项目前期准备中税收测算不够精确。尤其对于政府，作为PPP项目中税收的最终承担方，前期税收测算的不全面和不准确将会很大程度上影响到政府的实际支付义务，并直接导致了物有所值定量测算、财政承受能力评估的不准确。

同时，如果前期方案中未能详尽规划税收筹划，但在项目实施过程中，尤其在项目公司利润分配环节社会资本采取了相应的避税方法，这样会增加社会资本利润，变相增加了政府对社会资本的支付责任。

（五）部分税收政策执行口径有待进一步明确

从问卷及访谈的情况来看，在部分税收政策的适用条件上有待进一步细化或明确，比较典型的包括，政府付费或可行性缺口补贴项目中，用于弥补项目成本的部分和项目公司利润部分是否应同样纳税、地方政府支付的服务对价是否可以作为不征税收入等，目前已经看到不同的地方税务部门对此有不同的解释和界定；对于来自于中央财政等上级的专项补贴，不同项目公司的财务和税务处理办法也不尽相同，税负也相应不一样。

三、关于进一步优化PPP项目税收安排的建议

（一）用好现有各项税收优惠政策

目前，我国PPP项目广泛运用于水务等公共服务各领域，相关部门针

对这些公益性领域已制定了诸多的税收优惠，应在 PPP 项目中根据《中华人民共和国企业所得税法实施条例》、《关于全面推开营业税改征增值税试点的通知》、《资源综合利用产品和劳务增值税优惠目录》和《国家税务总局关于企业所得税应纳税所得额若干问题的公告》等规定，注重用好现有的优惠政策，并在项目前期方案策划中，注重各项优惠政策的适用条件，尤其应注重加强与当地税务主管机构的沟通，为后续项目顺利享受税收优惠打好基础，以切实降低社会资本提供公共服务的成本。

（二）重视 PPP 项目前期税收筹划

合法合规地进行税收筹划，对社会资本而言，将有助于降低纳税成本、节省了费用开支，提高了社会资本的资本收益率，使其利润直接增加，进而增强社会资本的竞争能力；从政府而言，将会引导包括社会资本在内的各类市场主体按照国家政策导向行事，进而使得国家税收政策的引导和调节效应得以实现。就 PPP 项目具体而言，充分地开展税收筹划，还将极大地有助于项目减少实际税收成本，从而减少了政府方的直接支付责任。

（三）合理选择差异化的 PPP 模式

PPP 模式的选择不仅取决于项目是新建或是存量改造，更应结合项目本身特征及政府的目标和潜在社会资本的性质，选择个性化的模式。PPP 模式的选择对于调动社会资本参与 PPP 项目的积极性和主观能动性，对于项目的资产价格、会计处理、融资安排、税收筹划、再融资设计和政府实际支付成本等会产生深远影响，包括项目税收成本的高低和税收筹划的安排均有实质性影响，可谓牵一发而动全身，因此，不能简单地套用 BOT、TOT 或 ROT 等模式，而是应合理选择具体的 PPP 落地模式。

（四）完善 PPP 项目税收优惠体系

建议针对 PPP 项目的经营模式、合作期限、项目性质等特性，完善现行所得税、增值税等方面的优惠政策，更加合理地覆盖各类 PPP 项目的全生命周期，尤其对于因为采取 PPP 模式而较其他项目所增加的相关环节，如 PPP 项目公司资产转让移交等所增加的税收，以及由于 PPP 项目前期投入较大，但将在项目稳定运营后才能获得相关收入所导致的前期亏损无法弥补；PPP 项目中项目公司无法取得增值税进项抵扣凭证而导致增值税税负偏高等，应逐步完善相关税收优惠，既能体现税收的公平，也可在一定程度上减少 PPP 项目中地方政府的支付责任。

（五）明确部分税收政策的执行口径

从本次调研可以看出，由于目前 78 号文和"营改增"等税收政策变动对于水务行业产生了整体的深刻影响，且 PPP 作为近几年新生事物、配套政策尚在逐步完善中，因此，各地对所涉及的部分税收政策理解不一。如政府付费或可行性缺口补贴项目中，地方政府支付的服务对价是否可以作为不征税收入、用于弥补项目成本的部分和项目公司利润部分是否应同样纳税，对于来自于中央财政等上级的专项补贴如何进行财务和税务处理，政府前期投入资产的增值部分该如何处理等，还有待政策制定部门进一步明确相关执行口径，以便地方实操部门统一认识。

（六）界定不同 PPP 模式下相关资产性质

目前，企业会计准则仅针对企业采用 BOT 参与公共基础设施建设时项目公司的资产性质做了界定，将基础设施确认为公司的金融资产或无形资产。但该文件仅限于通过特许经营实施的 BOT 项目，目前尚没有别的文件明确 PPP 其他模式是否也参照此办法执行，且对于项目公司而言，资产界定为固定资产、金融资产或无形资产不仅影响到项目融资的可得性和融资成本，且固定资产、金融资产和无形资产在折旧年限、损失税前认定、加计扣除等方面都会有差异，也就可能导致企业税负增加。因此，建议尽早明确 PPP 各类具体模式中资产性质的具体界定。

（七）注重 PPP 项目税收优惠审核

为充分发挥税收优惠的政策导向作用，避免不合规项目通过包装偷逃税，应在加大对规范 PPP 项目税收支持力度的同时，加强对 PPP 项目的合规性审核，县级以上财政部门应结合国务院和财政部相关政策要求，出具 PPP 项目审核意见，以此作为享受相关税收优惠的依据。尤其是在推动 PPP 项目规范、有序、可持续发展所明确的程序性、主体性等方面要求，对诸如 Public 和 Private 界定错误，通过固定回报、明股实债等进行变相融资的伪 PPP 项目等，一律不得享受相关税收优惠，严格防范企业借 PPP 名义进行包装以侵蚀税基。

（八）全面公示税收优惠享受信息

作为财政部推进 PPP 模式规范发展的一贯原则，公开透明的要求也应得到充分落实。通过对项目公司享受税收优惠相关信息的公示，尤其是合作主体、回报机制、绩效考核、风险分配等核心条款，以及项目执行过程中各阶段的税收优惠享受情况，使 PPP 项目更全面地接受各方监督，既能避免伪 PPP 项目通过税收优惠偷逃税，更能督促政府、咨询机构和社会资本共同推进规范 PPP 项目的开展。

（九）加强对咨询机构的宣传和引导

目前，各级政府 PPP 项目实施中都将第三方咨询机构作为重要的智力支持，并多基于咨询机构的方案选择社会资本并明确双方责权利，因此，有必要加强对咨询机构的宣传和引导，使其充分认识到项目实施方案中税收测算的重要性，并在咨询过程中补充增加这方面的专业力量。当然，这也需要项目实施机构首先认识到税收测算和筹划的重要性，在咨询采购中明确这方面要求、并予以咨询机构一定的激励引导。

基础设施 PPP 项目可持续发展需关注的问题

李 飞

目前，随着国家层面严控地方政府债务融资平台，力推 PPP 模式，地方政府参与基础设施的融资、建设及运营管理的角度发生了微妙的变化，从原来的融资平台融资、招标建设、自行运营管理，到今天 PPP 模式下的社会投资人承担全部角色，政府负责监督管理绩效考核等内容，政府部门推动基础设施可持续发展的角度也发生了一定变化。

基础设施 PPP 项目可持续发展应该从两个维度考虑，一个是要做到可持续发展的基础设施 PPP 项目；另一点是基础设施 PPP 项目的可持续性。

可持续发展的基础设施 PPP 项目是基于宏观层面考虑，要可持续发展，首先要有法律支撑，也就是我们现在力推的 PPP 立法工作。通过一部层级较高的法规，解决目前 PPP 这个"三定"没有安家的发展方向问题，解决相关法律的协调统一问题，解决相关部门协调统筹问题，只有这样才能做到可持续发展的 PPP。

基础设施 PPP 项目的可持续性是当前阶段我们更多关注的方向，包括 PPP 项目的野蛮增长、上级政府的工期压力、社会咨询机构的无序竞争、咨询服务费的圈地式报价、社会投资人重建设轻运营以及不平衡报价等，严重制约了 PPP 项目的可持续发展。

一、PPP 项目的野蛮增长

近三年，PPP 项目作为地方政府的主要融资工具，已呈燎原之势，但在操作过程中，也存在野蛮增长的问题。不论什么样的项目，不论是否适合采用 PPP 模式，不论地方财力是否能够承受，都一股脑采用 PPP 模式，这就导致了很多项目在后续的履约工作中难以避免的会发生争执。

二、上级政府的工期压力

目前，很多项目都是要求咨询单位 2 个月搞定实施方案 + 两个论证批复，1 个月招标工作完成，1 个月进场施工，不到 4 个月的工作时间，如何让咨询单位深入研究项目，结合项目自身特点、区域财力特点及地域特点等制定有针对性的好的方案。但是，地方政府也确有苦衷，特别是到了年底，督查考核任务清单一对比，也就顾不上科学决策了，往往把开工当成第一目标。

三、政府与社会投资人对项目认知及诉求的错位

地方政府对项目的需求融来钱、按期保质保量干好活、顺利安全运营；社会投资人对项目的需求是拿到项目，工程建设报高价、运营报低价，工程建设把施工利润尽量挣足，运营钱不够再想办法。双方的需求错位直接导致了对项目投资、报价等判断的错位，也进而严重影响了今后履约中项目的可持续性。

四、社会咨询机构的无序竞争

PPP 与既往项目不同，一个没有任何经验的咨询公司，就能够大包大揽 PPP 业务，然后再层层分包下去，难以保证质量，也变相造成了很多信息不对称，政府的要求难以在方案中落实，一个是听不懂、一个是听不到。

五、咨询服务费的圈地式报价

咨询服务的跑马圈地、低价中标现象严重，但这也和地方政府的能力和

决策水平是相关联的，只有地方政府懂了PPP，明白了什么样的咨询能够提供自己需要的方案，才能够杜绝这种现象。

六、社会投资人不平衡报价

社会投资人重建设、轻运营，重变更、轻履约。期望建设利润挣足，期望变更利润挣够。

对于上述制约PPP项目的因素，我们要用可持续的观点去看待，要用可持续发展的思路去解决。

1. 坚守契约精神的底线，把协议当作圣经去遵守，把协议当作睡前读物常翻常看。

2. 科学决策项目操作模式，不能一棒子打死公建公营模式，存在了这么长时间，必然有其优势，不适宜采用PPP模式的基础设施项目，就要由政府买单。

3. 精细化制定项目工作时序，合理安排项目PPP实施方案、两个论证和招标工作时间，让各方有充足的时间完善项目方案。

4. 明确咨询机构PPP服务费取费标准和选择机构的原则，保证咨询单位合理收益，让咨询单位把更多的心思用在完善方案上。

5. 强化运营工作及绩效考核工作地位，让好的运营商能够脱颖而出。

作者简介：

李飞，清华PPP中心特聘专家，现为国家发改委PPP专家库专家、财政部PPP专家库专家。曾深度参与并组织过北京市轨道交通14号线、16号线、新机场线及兴延高速公路、首都地区环线高速公路等国家发改委和财政部示范项目的特许经营全过程的工作。在市政及交通基础设施PPP领域有较深入的研究。

显微镜下的社会投资人

李 飞

PPP经历了三年的迅速发展，随着落地项目不断增多，社会投资人从服务类型、企业属性等方面积极调整，不断适应完善现阶段国情下PPP项目的特点。不同类型、不同属性的社会投资人，特点亦不尽相同，对政府部门的管理决策也带来了一定挑战。

一、法律法规允许的社会投资人构成

纵观2014~2017年的各类PPP文件，对社会投资人的要求相对宽泛，大致沿用了两种分类性质。一是从社会投资人的企业属性分为央企、地方国企、民企、混合所有制及外资；二是从社会投资人的工作性质分为财务投资人、施工建筑商及运营商。相关文件鼓励了各类属性的社会投资人（包括42号文之后，也认可了地方融资平台在一定条件下投资本级政府的项目），也对社会投资人的工作性质提出了一定的要求——投资能力、管理经验、专业水平、融资实力以及信用状况良好的社会投资人方。

二、地方政府视角下合格的社会投资人

从上述文件我们可以看出，中国式PPP顶层设计时对社会投资人的要求相对宽泛，只要按照PPP的契约精神，有相应能力的任何公司都可以来投资PPP项目。但是，是单独投标还是组成联合体投标，就是现阶段摆在政府和社会投资人面前的一个问题。

(一) 两个维度看社会投资人特点

不同属性企业由于其管理方身份的不同,必然决定了看待 PPP 项目的角度不同,决策的流程、灵活度不同,融资的成本、目的不同;不同工作性质也决定了社会投资人对 PPP 项目的风险判断不同、对自身可承担的风险应对方式不同、对利润的获取方式及获取时点不同、在项目各阶段的身份亦不尽相同。

1. 从企业属性看

(1) 央企

一般由国资委管理,企业规模巨大,业绩较多,信誉较好,融资能力强,金融风险抵抗力较强,多为建设能力较强、履约能力较好,对政府相关要求的响应度较高,但企业性质决定了工作灵活度不足,最终使用资金仍为政府体制循环内部流动。

(2) 民企

政府背景较弱、企业规模相对较小、融资能力手段灵活、金融风险抵抗力不足、建设大项目业绩较少、部分企业掌握关键性创新技术、部分企业运营能力较强、履约能力良莠不齐,工作灵活度较高,建设运营成本控制力较强。

(3) 地方国企

在项目所在地规模较大、当地政府背景较强,本地项目业绩众多,运营比较能结合地方特色、融资能力一般、履约能力较强,管理粗放,建设运营能力相对较强,但成本控制力较差。但是"走出去"后,由于以往的粗放式管理,建设运营成本相对较高,往往出现水土不服,竞争力不足的现象。

(4) 外资企业

政策对外资企业准入门槛限定较高,企业规模相对较大、国际项目业绩众多、融资能力强、融资来源多样、项目运营理念较新、运营创新性强,但履约良莠不齐。大多外资公司在决策过程中,原则性极强,决策过程相对较长。同时,由于语言、沟通、决策流程等存在一定障碍,部分外资企业仍然难以适应中国现阶段国情。

2. 从工作性质看

(1) 财务投资人

多为银行机构及基金公司等，资金体量大，由于其多为单纯财务投资，对资金收益有明确要求，对财务风险控制较为严格，不喜欢承担建设及运营风险。但由于本阶段 PPP 模式多包含工程建设及运营，纯粹财务投资人进入及退出渠道尚存不畅，金融机构已逐步转变思想，愿意以股权形式参与，并做到同股同权。

(2) 施工建筑商

施工建筑商长期以来主营业务是施工，精通工程管理及施工建设，相对自有资金体量较小、资产负债率较高、人员规模较为庞大，多为以工程养队伍的状态。施工建筑商是目前 PPP 市场的主力军，央企、地方国企及民企多在此列，施工建筑商在目前阶段多已完成转型，公司内部多有投资公司或基金公司，且多是以建设工程为先导获取项目，后续可以自行运营或委托运营。但建筑商大多更注重施工利润，自身投资公司的设立也主要是为了支持项目融资，后期运营能力相对不强，还需要通过项目的开通运营予以检验。

(3) 运营服务商

运营服务商在 PPP 项目中主要负责后期运营管理，管理资产规模相对较大，几乎承担全部运营期安全、经营等风险，收益也需要在长期的运营管理中通过政府或使用者付费方式逐步取得。由于对前期投资、建设等依赖性较强，且时序相对靠后，市场上单纯的运营商相对较少，大多属于承担运营任务的建筑商属于为获取 PPP 项目内部转型的产物。少数专业运营商也多是在本地服务，"走出去"的路还需要不断探索。

(4) 此外，还有部分掌握了一定创新型技术的建筑运营商，相对来说资金实力较弱，但其拥有关键创新技术，符合政策引导及产业发展方向，更加注重于建设及运营全过程管理，往往能够通过关键技术获得丰厚的收益。

（二）地方政府需求研判

在 PPP 项目中，包括投资、建设以及运营管理等多方面的内容，没有资金支撑肯定难以实施项目，没有保质保量的工程就没有未来长期稳定运营的基础保障。那么，在全过程管理中，地方政府最想要的、更加看重的，或者在招标文件中首要解决的又是哪一方面呢？

1. 解决融资平台难以融资的问题

随着近几年严控地方政府融资平台的替政府融资行为，以及中央层面明确地方政府举债只能通过地方债的形式，地方政府在基础设施建设过程中遇到了项目资金不足的问题。但地方经济发展必然需要基础设施的有力支撑，越早完成项目、投入越低、收益相对更大，所以地方政府一定要牢牢抓住PPP这根救命稻草，不论真的假的，只要做成外表是PPP，就能融来钱，解决资金问题。

2. 解决项目按期完工建设问题

解决了钱的问题，有资质、有业绩、有能力的施工企业是最不缺的。那么缺的是什么？现在政府真正需要的是能够按时、保质、保量，基本能够独自完成全过程建设任务，尽量少的需要政府协调建设过程中问题的建筑商。而且，还需要能够相对灵活处理施工中出现的诸如，征地拆迁、工程变更，甚至通过税收拉动地方经济发展等。当然，如果能够通过竞争降低建设成本也是政府部门乐于看到的。

3. 解决运营管理问题

作为PPP项目，最为重要的一个环节就是运营管理，运营管理主要包括安全、绩效、收益及风险防控等内容。基础设施项目事关民生保障，政府对运营管理首要的诉求就是运营维护安全，包括设备设施运维的安全、运营产出质量的安全、运营服务及周边外延拓展功能的安全等。有了安全的保障，就可以从引入先进管理经验、促进同业竞争等方面关注运营服务水平。最后，当然还要关注运营期的风险分配以及经营收益等内容。

（三）地方政府视角下适宜的社会投资人

由于历史原因，地方政府在PPP项目中，无论对项目还是对项目公司，更希望扮演强势角色。那么，现阶段地方政府视角下适宜的社会投资人一般具有如下特点：

1. 从企业属性上看，地方政府最倾向的是听话的企业、地方关系协调能力强的企业、发生问题易于沟通的企业，特别是关乎民生的大型基础设施项目，政府更加倾向于地方国企、央企。对于民企及外企，目前投资规模相对低的环保产业较多，但在投资规模较大的项目中，较长的履约期内必然会产生地方政府及社会投资人无法预判的情况，考虑到民企逐利性相对较强，双方甚至涉及第三方争议解决较为困难，相对引入难度较大。

2. 从工作性质上看，地方政府首要的任务就是引资，没有资金的支持与保障，其他都是空谈。其次，由于政府相关工作任务、考核指标、关门开完工日期等要求，地方政府的着眼点就放在建设，按时、保质、保量，熟悉地方工程建设流程，能尽量自己解决工程建设中问题的建筑商自然就会脱颖而出。最后，政府当然喜欢有经验有能力的运营商，但是考虑到运营商真正"撸起袖子加油干"至少要等到交工验收前后，同时考虑未来的不确定性，在现实面前必然要排到融资及建设后边，作为第三梯队进行考量。

通过上述分析，我们可以判断，现阶段地方政府在选择社会投资人时，首要的倾向有政府资本控股建筑商，且该建筑商还要有投资能力，对于运营管理的考量一般会适度放宽。其次，对于小型项目，有核心技术的有投资能力的技术性企业也将是地方政府的座上宾。再次，有过长期合作经验、经过多个项目考验的，有投资、建设及运营能力的民企或外资也会成为地方政府的一类选择。

当然，如果能够依法合规的单纯引入财务投资人，其他的建设、运营都由地方政府直接指派给地方国企是最好的。既完成了引资任务，解决了当期资金的窘境，同时还照顾了地方国企，使得地方国企可以进一步发展壮大，为地方做更多的贡献！但这似乎又背离了 PPP 的初心。

三、社会投资人的发展方向

PPP 的初心是通过转变政府职能、合理分配项目风险等事项，从本质上提升公共服务效率，真正做到由专业的人做专业的事。

（一）单纯的财务投资人可以参与，但不欢迎目的不纯的参与

财务投资人单独作为社会投资人参与项目从法规上没有明确禁止。但是从实际工作中，由于财务投资人对财务回报要求相对稳定，对工程建设运营掌控力较低，多形成明股实债、政府兜底等伪PPP项目，从本质上项目风险还是留给了政府。

但即使相对规范的项目，由于纯粹的财务投资人对工程建设及运营管理风险难以形成有效的预判，往往在中标后再次进行工程的二次招标、运营的再次谈判选择，进而将建设运营风险全部打包交给下游单位，且往往不能从技术上掌控项目。因为管理层级的增加，也造成了政府管理成本的增加及管理的流程不顺。

（二）能够合理分担，且有能力承担相应项目风险的社会投资人应该成为现阶段的主力军

基于当前阶段社会投资人的特点，社会投资人至少应具备财务投资能力和建设能力，运营能力可以在后续的建设期内加快培育，但运营相对复杂的项目应该要求社会投资人具备运营能力及经验。只有这样，才能够将风险真正地予以隔离，政府和社会投资人各自承担相应的风险，在项目履约过程中才能够对投资、建设以及运营风险做好控制。

在企业属性方面，央企及地方国企当然更受青睐，但民企和外企的进入也是促进同业竞争、提升公共服务效率的有效手段。但是，对于政府融资平台作为社会投资人参与本级政府本行业项目的行为，应该更加严格界定及核查，避免形成地方保护。

（三）注重运营能力建设，充分体现全生命周期绩效管理的社会投资人是今后的发展方向

目前，部分地方政府已经认识到专业的运营商对于PPP项目极为重要，

但由于资金的需求以及建设任务的要求,尚不能把运营摆到应有的重要位置。今后一段时期,随着运营工作的不断深入,运营商的地位将稳步提升,话语权将进一步增大。社会投资人的发展方向应该是充分注重运营能力建设,充分体现全生命周期绩效管理。

2000余万元罚款敲响PPP项目反垄断的警钟

刘敬霞

一、首例PPP供水项目因垄断被处巨额罚款

根据国家工商行政管理总局("国家工商总局")2017年2月7日发布的《竞争执法公告2017年3号》,经国家工商总局授权,江苏省工商行政管理局("江苏省工商局")于2015年6月23日对吴江华衍水务有限公司("华衍水务")涉嫌滥用市场支配地位的垄断行为进行立案调查,于2016年12月30日对涉案当事人作出行政处罚决定。

根据江苏省工商局《行政处罚决定书》(苏工商案〔2016〕00050号),江苏省工商局决定责令华衍水务停止违法行为,并处以2014年度销售额306134558.39元7%的罚款,计21429419.08元。

此为供水PPP项目首例违反《中华人民共和国反垄断法》滥用市场支配地位被处罚的公开案例,该处罚一公布即引起PPP界及公用事业行业的巨大反响。PPP模式、特许经营打破了政府对水、电、燃气、交通等众多公用事业的垄断,为各类社会资本提供了进入公用事业领域的机会。公用事业本身具有自然垄断属性,一旦企业获得某类公共产品或服务的特许经营权,该企业则成为一定区域范围内特定产品或服务的垄断经营者,可实现规模经济下的生产效率。社会资本一般会通过与政府部门签署合同获得特许经营权,进而在某一区域的公共产品市场上获得市场支配地位(或称垄断地位)。垄断地位保证了项目的投资回报,但滥用垄断地位将面临巨大法律和经营风险。所谓,成也垄断,败也垄断。特许经营与垄

断、特许经营与政府管制，PPP 项目中的反垄断风险应引起项目各方的高度关注。

二、吴江华衍水务有限公司因滥用市场支配地位被罚 2000 万元

吴江华衍水务有限公司（华衍水务）成立于 2005 年，是香港中华煤气有限公司（中华煤气）在内地以 PPP 模式投资运营的第一个水务项目的项目公司。根据与当地政府签署的《吴江市区域供水特许经营协议》，华衍水务享有吴江区域 30 年供水特许经营权，该项目总投资 9.7 亿元。

2014 年以来，吴江区多家房地产开发企业向工商机关举报称华衍水务在提供自来水供水服务时，限定房地产开发企业对小区居民供水工程设计、施工和供水材料设备的自主选择，违反《反垄断法》相关规定，请求工商机关依法查处。2015 年 6 月 23 日，江苏省工商局对华衍水务涉嫌滥用市场支配地位的垄断行为予以立案调查。

2017 年 2 月 7 日，国家工商总局公布了江苏省工商局对华衍水务滥用市场支配地位案的处罚决定书。根据处罚决定书，江苏省工商局认定：当事人（即华衍水务）在供水经营中，利用其在吴江区范围内公共自来水供水服务的支配地位，明示或暗示房地产开发企业将给水安装工程、二次供水工程、接水装表工程等交由其全资子公司吴江华衍建筑工程安装有限公司或其指定的企业施工。对供水工程所需的水表、管材等主要材料和设备，要求房地产开发企业、施工单位必须使用当事人提供或指定的品牌、厂商。当事人在交易过程中附加的上述不合理交易条件，使房地产开发企业在供水工程施工单位的选择、材料设备的采购等方面没有自主选择权，破坏了公平竞争的市场秩序，违反了《反垄断法》第十七条第一款第（五）项的禁止性规定。根据《反垄断法》第四十七条规定，江苏省工商局决定责令当事人停止违法行为，并处以 2014 年度销售额 306134558.39 元 7% 的罚款，计 21429419.08 元。

三、公用事业领域滥用市场支配地位案件频发

华衍水务案很可能是PPP项目滥用市场支配地位被处罚的首例。但事实上反垄断执法机关此前已处罚数起水、电、煤等公用事业领域的垄断案件。

2017年1月11日,国家工商总局召开的公用企业限制竞争和垄断行为专项整治行为情况通报会,通报指出,2016年,全国工商机关以供水、供电、供气、公共交通、殡葬等行业为重点进行专项执法,查处公用企业滥收费用、强制交易、强制服务、附加不合理交易条件、设置行业壁垒排除限制竞争等违法行为,共罚没金额1.67亿元,退赔多收费用及减少消费者经营者损失4.7亿元。

其他公开的案例还包括:

2017年1月,国家工商总局公布,国网山东省电力公司烟台市牟平区供电公司因为在组织建设新建住宅小区供配电工程时,将9家新建住宅小区临时用电工程交由其关联企业山东恒源电力有限公司进行施工,而被山东省工商局实施反垄断调查。

2016年11月,宿迁银控自来水有限公司因在住宅小区给水安装等工程中指定交易相对人的行为,被江苏省工商局认定为限定交易的滥用市场支配地位行为,没收违法所得3665347.08元,并处上一年度销售额百分之三的罚款1835071.66元,罚没款共计5500418.74元。

2016年10月,乌鲁木齐水业集团有限公司因在新、改、扩建供水接装业务过程中,要求用户单位必须选用其确定厂家的水表,被新疆工商局认定为限定交易的滥用市场支配地位行为,处以2013年度销售额1%的罚款,计149.3891万元。

2016年3月,青岛新奥新城燃气有限公司因以"不能保障稳定供气"等条件强制向工商业户收取"预付气费款",被山东省工商局认定为附加不合理交易条件的滥用市场支配地位行为,被没收违法所得52308.49元,并处以2013年度相关市场销售额百分之三的罚款6818533.79元。

公用事业因为关系民生,执法机关将一直保持高压监管态势,严厉打击

滥用市场支配地位行为,以维护公平有序的市场竞争秩序,保护消费者的合法权益。

四、PPP项目投资公用事业所面临的滥用垄断地位法律风险

我国《反垄断法》所称的市场支配地位,是指经营者在相关市场(相关市场,是指经营者在一定时期内就特定商品或服务进行竞争的商品/服务范围和地域范围)内具有能够控制商品价格、数量或者其他交易条件,或者能够阻碍、影响其他经营者进入相关市场能力的市场地位。

因为公用事业的自然垄断特性,以及特许经营的原因,或者二者的综合原因,提供公共产品或服务的经营者极易在某个相关地域的相关市场上获得垄断地位。垄断地位本身并不违法。在公用事业领域,垄断性经营也可以避免自由竞争引起的重复建设和资源浪费。公用事业领域的经营因为具有垄断优势,能够获得稳定的经营现金流,投资回报不会因市场竞争而产生大的波动,非常受投资者青睐。但是,垄断优势应当合理使用,滥用将违反《反垄断法》,面临严厉的处罚。

《反垄断法》第十七条所禁止的滥用市场支配地位行为主要包括以下几种情形:

(一)以不公平的高价销售商品或者以不公平的低价购买商品;

(二)没有正当理由,以低于成本的价格销售商品;

(三)没有正当理由,拒绝与交易相对人进行交易;

(四)没有正当理由,限定交易相对人只能与其进行交易或者只能与其指定的经营者进行交易;

(五)没有正当理由搭售商品,或者在交易时附加其他不合理的交易条件;

(六)没有正当理由,对条件相同的交易相对人在交易价格等交易条件上实行差别待遇;

(七)国务院反垄断执法机构认定的其他滥用市场支配地位的行为。

江苏省工商局即以华衍水务限定房地产开发企业对小区居民供水工程设

计、施工和供水材料设备的自主选择的行为，构成上述第（五）项所禁止的附加不合理交易条件，而对其进行了处罚。事实上，该行为很可能同时违反了上述第（四）项所禁止的指定交易相对人行为。在对宿迁银控自来水有限公司类似违法行为的处罚中，江苏省工商局即认定宿迁银控自来水有限公司的类似行为违反了上述第（四）项的禁止性规定。

根据《反垄断法》第四十七条，滥用市场支配地位的，由反垄断执法机构责令停止违法行为，没收违法所得，并处上一年度销售额百分之一以上百分之十以下的罚款。公用事业领域的经营者虽然具有垄断优势，但因为投资和运营成本大，且重要公用事业价格需执行政府定价或指导价，销售净利率一般并不高，如因滥用市场支配地位再被处以销售额百分之一以上百分之十以下的高额罚金，很可能导致项目亏损。

五、公用事业 PPP 项目涉及的其他反垄断法律问题

除了滥用市场支配地位，《反垄断法》还禁止滥用行政权力排除、限制竞争，垄断协议，排除、限制竞争效果的经营者集中等行为。简要分析如下：

（一）滥用行政权力排除、限制竞争

根据《反垄断法》规定，作为公用事业 PPP 项目的当事人一方，项目实施机构及法律法规授权的具有管理公共事务职能的组织，需要避免在授予独家经营权时实施《反垄断法》所禁止的滥用行政权力行为，不应以设定歧视性资质要求、评审标准或者不依法发布信息等方式，排斥或者限制外地经营者参加本地 PPP 项目招标投标活动，不得歧视对待外地经营者；政府机关亦不应为了保证项目盈利，强迫或协助项目方实施垄断行为。

根据最近发布的《国务院关于在市场体系建设中建立公平竞争审查制度的意见》（国发［2016］34 号），PPP 项目所涉及的政府机关亦不得设置不合理和歧视性的准入和退出条件，不得未经公平竞争授予经营者特许经营权，不得设置没有法律法规依据的审批或者事前备案程序，不得对市场准入

负面清单以外的行业、领域、业务等设置审批程序，不得违法给予特定经营者优惠政策，不得超越定价权限进行政府定价等。

（二）垄断协议

具有竞争关系的经营者之间，达成联合抵制交易的垄断协议（如联合拒绝采购特定经营者的商品），以及联合要求特定经营者不得与其具有竞争关系的经营者进行交易，以及串通投标（包括投标者之间相互约定，内定中标人、轮流中标以及就报价之外的其他事项进行串通等行为），均为《反垄断法》禁止的垄断协议。

经营者与交易相对人达成下列垄断协议亦为《反垄断法》禁止：

（一）在招投标活动中招标人与投标人达成垄断协议。包括招标者在开标前，将投标情况告知其他投标者、协助投标者撤换标书以及招标者与投标者就报价之外的其他事项进行串通等行为。

（二）经营者无正当理由与交易相对人达成协议，约定交易相对人只能在特定的区域市场内从事经营活动。

（三）经营者无正当理由与交易相对人达成协议，约定交易相对人只能与其进行交易或者只能与其指定的经营者进行交易。

因为公用事业的经营者一般在相关地域独占经营，很少涉及与竞争对手达成横向垄断协议；其产品或服务一般也直接销售至最终用户，中间没有转售行为，也很少涉及与交易相对人达成纵向垄断协议。但如果公用事业PPP项目由多方股东合资经营，在股东协议或合资合同中设置限制竞争条款时，需注意限制的地域和时间范围应符合合理性原则，否则有可能被认定为分割市场的垄断协议，面临没收违法所得和上年度销售额百分之一以上百分之十以下的罚款，该限制竞争条款也可能被认定为无效条款。

另外，公用事业领域的行业协会也要禁绝通过以下方式组织本行业的经营者从事禁止的垄断协议：

（一）制定发布排除、限制竞争的行业协会规则、决定、通知等；

（二）召集行业协会成员讨论并形成协议、决议、纪要、备忘录等；

（三）为经营者达成垄断协议提供沟通、讨论、协调等便利条件；

（四）国家工商行政管理总局认定的其他方式。

(三) 经营者集中

以合资形式实施的公用事业 PPP 项目，如果合资各方对项目具有共同控制，将被视为《反垄断法》意义上的经营者集中行为，如果各方的营业额达到经营者集中的申报标准，则在实施前，需报商务部进行反垄断审查。如果不进行经营者集中申报，将可能被责令停止实施集中、限期处分股份或者资产、限期转让营业以及采取其他必要措施恢复到集中前的状态，并处或单处五十万元以下罚款。

(四) 如何防范风险

首先对于 PPP 项目所涉及的政府机关，在制定有关 PPP 项目市场准入、产业发展、招商引资、招标投标、政府采购、经营行为规范、资质标准等涉及市场主体经济活动的规章、规范性文件和其他政策措施时，应当根据《国务院关于在市场体系建设中建立公平竞争审查制度的意见》事先进行公平竞争审查。经审查认为不具有排除、限制竞争效果的，可以实施；具有排除、限制竞争效果的，应当不予出台，或调整至符合相关要求后出台。在制定政策措施及开展公平竞争审查时应当听取利害关系人的意见，或者向社会公开征求意见。

对于公用事业 PPP 项目所涉及的投资经营单位，在签署 PPP 合同以及业务经营合同前，最好由具备反垄断法律知识的专业人员事先审核，以避免滥用市场支配地位的风险。在评估项目投资收益、进行可行性分析时，应基于合理的经营行为进行预测，不应将滥用市场支配地位可能获得的垄断性收益计算在内。在因为滥用市场支配地位行为被执法机关调查时，应寻求反垄断专业法律人员的帮助，积极配合调查，及时采取整改措施，申请中止调查，或者争取在处罚时获得宽大或豁免对待。

如果 PPP 项目以合资的形式实施，在实施前还需评估是否存在共同控制，是否达到了经营者集中申报标准。如果达到申报标准，应事先及时向商务部进行申报，审查通过前不应进行项目实施。在签署股东协议或合资协议时，也需由专业律师进行审查，以评估其中的限制竞争条款的合理性。

六、结语

因公用企业作为公用事业的经营者,向社会提供公共产品或公共服务,事关广大经营者和消费者合法权益。在国家大力倡导 PPP 模式的大背景下,社会资本参与公用事业的投资运营正面临前所未有的机遇,但风险与机遇并存,PPP 项目各方应高度重视项目所涉及的法律风险,尤其是反垄断风险,以确保项目的成功。

作者简介:

刘敬霞,系北京市京都律师事务所高级合伙人,具有 20 多年法律执业经验。国家发改委 PPP 入库专家及第二批典型案例评估专家、财政部 PPP 入库专家及第三批示范项目案例评审专家。长期在环境与公用事业领域深耕细作,精通投资、并购、证券、基金、上市、招标、国资、建设工程业务及 PPP 模式,并参与了国内多部法规规章的专家意见稿起草、论证和多个政府课题。刘敬霞律师曾任主板上市公司独立董事,北京市律师协会环境法律专业委员会秘书长、政府法律顾问委员会委员、证券期货委员会委员,中央企业投资经理和基金管理公司经理。

政府购买服务规范操作势在必行

李 炜

2013年9月《国务院办公厅关于政府向社会力量购买服务的指导意见》（国办发〔2013〕96号文）中明确要求在公共服务领域更多利用社会力量，加大政府购买服务力度，此后各部委陆续发文规范政府购买服务活动。就现状而言，由于立法层面的欠缺，多为部委颁布的规章，各部委在权限范围内从各自分管角度对政府购买服务活动作出规范，但规定的实施路径不尽相同，给各地在实际操作中留下选择性适用的空间。我们观察到，去年下半年开始，类政府购买服务已大规模泛化，目前已引起业内广泛的关注。笔者从政府购买服务的乱象及成因、实例及危害、政府购买服务与PPP的关系、建议如何解决四方面进行论述，以期对政府购买服务活动的规范操作有所裨益。

一、目前市场上关于政府购买服务的乱象及原因

（一）刻意将以工程建设为主的项目包装成政府采购服务项目，规避程序

财政部、民政部、工商总局联合发布的《政府购买服务管理条例（暂行）》（财综〔2014〕96号）对于政府购买服务作出如下界定："本法所称的政府购买服务，是指通过发挥市场机制作用，把政府直接提供的一部分公共服务事项以及政府履职所需服务事项，按照一定的方式和程序，交由具备条件的社会力量和事业单位承担，并由政府根据合同约定向其支付费用。"

由上述定义可知,通过政府购买服务,具备条件的社会力量和事业单位需要实质、直接向社会公众提供公共服务。

那么,以工程建设为主的项目是否属于政府购买服务的范畴?目前,法律法规并未明确排斥,实践中也无定论。笔者认为,对于工程建设投资的收回与项目建成后的运营服务效果不直接关联的项目,不应认定为政府购买服务项目。

但上述项目目前大量存在,究其原因,总结如下:

我国对于必须进行招标的工程建设项目,其招标程序和适用范围有着明确的规定,工程建设项目必须严格按照相关法律规定选择施工企业,程序较为明晰,竞争通常很激烈。

而以工程建设为主的项目一旦被包装成为政府购买服务或PPP项目,则将拥有诸多"便利",一方面,《政府采购法》规定的除招标方式以外其他采购方式均可适用,如竞争性谈判、竞争性磋商、单一来源采购等,项目的竞争程度明显降低;另一方面,《招标投标法实施条例》第九条的规定"已通过招标方式选定的特许经营项目投资人依法能够自行建设、生产或者提供的,可不进行招标",通过包装成特许经营项目,达到"两标并一标"的目的。

(二)大量的项目被包装成政府购买服务方式实施,绕开监管

《国务院办公厅关于政府向社会力量购买服务的指导意见》(国办发〔2013〕96号)规定,"教育、就业、社保、医疗卫生、住房保障、文化体育及残疾人服务等基本公共服务领域,要逐步加大政府向社会力量购买服务的力度",此后国务院及各部委陆续发文,倡导在城镇棚户区和城乡危房改造及配套基础设施建设、城市地下管廊建设、海绵城市建设、交通运输等领域推行政府购买服务方式。

而《国务院办公厅转发财政部发展改革委人民银行关于在公共服务领域推广政府和社会资本合作模式指导意见的通知》(国办发〔2015〕42号)规定"各级财政部门要重点关注城市基础设施及公共服务领域,如城市供水、供暖、供气、污水和垃圾处理、保障性安居工程、地下综合管廊、轨道

交通、医疗和养老服务设施等，优先选择收费定价机制透明、有稳定现金流的项目"。

由以上规定可以看出，政府购买服务及PPP之间对适用领域并无明确的界限，对于采用PPP方式实施的项目，《政府和社会资本合作模式操作指南（试行）》（财金〔2014〕113号）的规定，采用PPP方式的项目需完成物有所值评价与财政可承受能力论证，同时有"每一年度全部PPP项目需要从预算中安排的支出责任，占一般公共预算支出比例应当不超过10%"的红线规定。

如今不少地方实施项目时不采用PPP的要求实施，既不做实施方案、物有所值评价和财政可承受能力论证，不受一般公共预算支出10%的限制；同时也没有严格按照政府采购的相应程序，没有按照"先预算、再采购"的原则进行实施。

二、实例及危害

上文所述乱象在市政道路项目上体现得较为明显。笔者近期参与了某省第三批示范项目的评选工作，以评选的交通运输类项目为例，此类项目除几条高速公路外，几乎不具备经营性，基本依靠政府付费。而在评审的近20个项目中，仅有2~3个项目采用公开招标，大部分采用竞争性磋商，采用单一来源采购方式的项目数量甚至超过了采用公开招标方式的项目数量，且采用竞争性磋商、单一来源采购项目普遍存在违规适用"两标并一标"的现象。

在笔者参与的一个某计划单列市片区开发项目的评审中，该项目既没有按照PPP项目的要求去做实施方案、物有所值评价和财政可承受能力论证，也没有按照传统的政府采购程序"先做预算、再进行采购"的方式进行，甚至在前期可研、设计等文件都没有的情况下，就计划要按政府购买服务来实施项目采购工作。

上述实例的危害在于：

(一)"多花了钱,也没有享受到应有的服务"

此类项目通常竞争程度较低,容易导致工程总成本高于采用公开招标方式实施项目的工程总造价,再加上项目的还款周期较长,政府需承担相应的融资费用,进一步增大了政府总的财政支付压力。投资人在项目建成后,往往以各种方式寻求提前退出,导致项目实际采购金额上升的同时,运营服务效率并没有真正提高,不符合政府购买服务的初衷。

(二)"名为政府采购服务,实为拉长版的 BT"

将工程建设为主的项目象征性地增加一点运营或维护的内容包装成政府购买服务项目,再通过政府支付购买服务费的方式使投资人收回工程建设费用,实质上是用拉长版的"BT"方式来实施工程建设项目。而 BT 方式本身是国家政策法规不鼓励并被限制的一种工程建设方式,其危害在于易造成大量地方政府债务、项目全生命周期的效率不高、项目的成本高于一般传统模式。

(三)脱离现有监管体系,增加地方财政风险

政府采购程序及 PPP 操作流程已有较完善的法律法规配套,但由于政府购买服务与 PPP 之间的定义并没有完全理清,造成了在法律法规及监管体系中存在空白地带,如此类型项目数量及规模达到一定程度后,实质上增加了政府的隐性负债,将使地方政府可能面临巨大的财务风险。

三、政府购买服务与 PPP 的关系

就现行法律法规来看,政府购买服务、PPP 以及政府采购服务的边界并不清晰。根据《关于推广运用政府和社会资本合作模式有关问题的通知》(财金〔2014〕76 号)的规定,"政府和社会资本合作模式的实质是政府购

买服务"。而根据《关于开展政府和社会资本合作的指导意见》（发改投资〔2014〕2724号）的规定，"政府和社会资本合作（PPP）模式是指政府为增强公共产品和服务供给能力、提高供给效率，通过特许经营、购买服务、股权合作等方式，与社会资本建立的利益共享、风险分担及长期合作关系"，根据上述部门规章可以看出，不同部门对于政府购买服务与PPP的关系界定不尽相同。

笔者认为，政府购买服务与PPP在范围上存在交集，其交集部分是须采用PPP模式的政府购买服务，交集之外的政府购买服务不必强制适用PPP的采购程序。

四、解决建议

对于上述情况，我们认为可从以下几个方面规范政府购买服务，促进行业良性发展。

（一）建议强化"项目识别"作用

《政府和社会资本合作模式操作指南（试行）》（财金〔2014〕113号）中明确规定，在开展PPP项目的操作之前，首先要对项目进行识别，项目识别主要判断项目是否适合采用PPP的方式实施。笔者认为，对于拟采用政府购买服务方式实施的项目，可参照PPP项目的程序进行项目识别，识别项目是否适合采用政府购买服务的方式实施。无论是政府购买服务项目还是PPP项目，项目识别工作不仅要做，而且需要好好做，真正落到实处。

而判断项目是否为政府购买服务项目还是工程建设项目的关键，还是在于项目交易结构的设置。若项目建设费用的支付取决于运营期内的绩效考核结果，即可认定为政府购买服务项目，但是若工程建设投资的收回与项目建成后的运营服务效果不是直接关联的，哪怕披上了"可用性付费"等外衣，也不能被称为政府购买服务。以污水处理项目为例，虽然前期需进行污水处理厂的建设，但投资人所有投资的收回均取决于投资人是否提供合格的污水处理服务，而不是根据工程建设内容固定给予投资人以投资回报。所以，行业共识是污水处理 BOT 项目是典型的政府采购服务项目或 PPP 项目。如果工程建设费用单独支付，与服务质量和效果没有关联，不管是叫"可用性付费"还是别的称谓，其本质就是加长版 BT，并不符合政府购买服务或 PPP 的要求。

（二）加强政府购买服务的顶层制度设计

一方面应尽快厘清政府购买服务和 PPP 的边界，另一方面应尽快落实政府购买服务和 PPP 的制度衔接，规范政府购买服务项目的实施程序，诸如，将政府购买服务限定于预算内已有相应资金安排，能够落实资金来源的基建项目，如何纳入指导目录管理，政府购买服务的期限与中长期预算管理的年限匹配，并相应完善制度安排等。

（三）建议立法明确可"两标并一标"的具体情形

《招标投标法实施条例》第九条第三款规定，已通过招标方式选定的特许经营项目投资人依法能够自行建设、生产或者提供的，可不进行二次招标，而对于采用竞争性磋商方式开展的政府采购活动，能否适用"两标并一标"，目前法律并无明确规定。我们认为，采用竞争性磋商方式实施采购的，由于采购程序并非法律法规规定的"招标"方式，因此不应适用"两标并一标"，此类项目仍应该按照《招标投标法》的规定另行工程招标。

（四）强化示范项目评审，执行示范项目动态调整机制，实现示范项目"能进能出"

国家各部委和各省市推出的示范项目对于实际操作具有重要的指导意义。但是某些省市在对示范项目进行评审时，往往在 1~2 天内对申报的所有项目进行集中评审，在此时间内，评审几十个甚至近百个项目，只能是形式大于实质。建议将示范项目的评审真正落到实处，使得示范项目能够符合政府的目的及初衷。

而对于已列为示范的项目，应从制度上保证，除主管部门派员抽查，给予持续跟踪、定期评估外，主管部门也可考虑组建与之相应的专家库，让行业专家参与到上述工作中去。将示范项目动态调整机制日渐完善。经评定项目不符合国家关于示范项目要求的，应剔除出示范项目库，并将原因予以公示，实现示范项目"能进能出"，确保示范项目的质量和示范效应。

作者简介：

李炜，毕马威企业咨询（中国）有限公司PPP咨询总监，财政部、发改委PPP专家库定向邀请专家，清华大学PPP研究中心、上海社会科学院PPP研究中心，上海交通大学PPP项目研究中心、国家会计学院、E20商学院特聘讲师。参与了PPP、特许经营相关立法意见征询及财政部、发改委PPP示范项目的评审、督导工作。参与发改委PPP项目典型案例评审工作，是发改委PPP主题征文13名评委之一。参与财政部PPP示范项目案例选编第一、第二辑的编撰工作和污水和垃圾标准化合同的研讨和编制工作。